"代建 + 监理" 一体化
创新实践与研究

李剑波　封　浪　吉前波　等编著

吉林大学出版社
·长春·

图书在版编目（CIP）数据

"代建＋监理"一体化创新实践与研究 / 李剑波等编
著 .— 长春：吉林大学出版社，2020.6
ISBN 978-7-5692-6327-5

Ⅰ．①代… Ⅱ．①李… Ⅲ．①交通工程－工程管理－
研究－中国 Ⅳ．①U491

中国版本图书馆 CIP 数据核字（2020）第 063901 号

书　　名	"代建＋监理"一体化创新实践与研究	
	"DAIJIAN+JIANLI" YITIHUA CHUANGXIN SHIJIAN YU YANJIU	
作　　者	李剑波等 编著	
策划编辑	李承章	
责任编辑	安　斌	
责任校对	赵　莹	
装帧设计	刘　丹	
出版发行	吉林大学出版社	
社　　址	长春市人民大街 4059 号	
邮政编码	130021	
发行电话	0431-89580028/29/21	
网　　址	http://www.jlup.com.cn	
电子邮箱	jdcbs@jlu.edu.cn	
印　　刷	湖南省众鑫印务有限公司	
开　　本	787mm×1092mm　　1/16	
印　　张	20.5	
字　　数	340 千字	
版　　次	2020 年 6 月　第 1 版	
印　　次	2020 年 6 月　第 1 次	
书　　号	ISBN 978-7-5692-6327-5	
定　　价	100.00 元	

本书作者

李剑波　封　浪　吉前波

段元振　鞠　杨　庄永强

谢志潮　赵发强　陈玉刚

崔宇鹏　王家玉　穆卓辉

陈　华

前　言

随着国家投资的减少，多元化资本陆续涌入公路建设领域，加之国家进一步深化体制改革、探索业务革新，交通建设各方（含各级交通主管部门、业主、监理咨询公司、试验检测机构及施工单位）面临巨大的生存压力。如何拓展新业务、实现可持续发展？我们不得不认真考虑这些棘手的问题。

在全国公路水运建设项目代建座谈会上，部安全与质量监督管理司相关领导说："市场需求是无限的，也是多样化的，谁有前瞻性，谁把握住了需求，谁就占领了市场。"同时，他们指出，面对新的发展形势，企业必须加强自身能力建设，向产业链的上游和下游延伸，在与可以做代建的设计、施工等单位的合作与"赛跑"中，放大优势，既要跑快，还要跑稳。

于是，在我国交通建设领域，"代建＋监理"一体化试点后推行，积极参与"一带一路"建设，成为炙手可热的两个关键词。它们为我们转型创新发展打开了两个窗口，一个是国内的窗口，一个是国外的窗口。

参与"一带一路"建设情况的资料显示，我国交通运输领域走出国门，参与"一带一路"建设项目的企业逾百家。公路、水运监理企业（含检测机构）"走出去"的主要形式有"借船出海"（受上级央企或投资集团委托，对海外项目实施设计、项目管理、咨询、监理、检测等任务）、自主拓展、跨国并购（并购海外咨询企业或与海外知名企业战略联合，快速融入国际咨询行业）。他们服务内容涉及项目管理、设计咨询、勘察设计、工程建设期全过程咨询、施工监理、试验检测等。而施工单位等也都在陆续"走出去"。

与国内咨询项目相较而言，海外服务范围、权力、风险更大，工程规范标准存在极大差异，各方严格以合同文件为依据开展工作，集技术和管理于一体的复合型人才稀缺。这些都是大家凭借汗水和智慧闯出来的经验与教训。

机遇往往与挑战并存。"走出去"的企业负重前行，克服了"水土不服"，与沿线国家的建设者一起，优势互补、文明互鉴、合作共赢，把"中国技术""中国标准""中国文化""中国精神"的种子撒向世界各地，并逐渐开花、结果。

本书提炼的创新成果，既饱含着收获而激动的泪水，也有不足和教训。它们都是助推我国交通建设行业转型升级和跨越式发展不可或缺的力量，成为我们今后劈风斩浪、更远前行的"航标灯"。

参与"一带一路"建设，带给我们的启示很多。有关专家认为，其中很重要的一点就是要有"理性的价值思维"。

价值思维重视企业长期发展，以为顾客创造价值为核心竞争力。与之对应的价格思维则侧重短期利益，为企业尽可能地争取服务的最高价格。

已经"走出去"的部分交通建设企业（含设计、监理咨询、施工企业和试验检测机构）扎根深厚的中国文化，都有这样一种信念——无论付出怎样的心血和代价，都不能砸了中国牌子。他们通过大胆的成功尝试既提醒我们海外项目并不神秘，也反过来促进了国内项目服务质量的提高。

"代建制"是对我国政府投资的公益性建设项目管理模式进行市场化改革的重要举措。"代建制"包含有"代建"和"制度"两重意义。"代建"是指投资人将建设项目委托给专业化工程项目管理公司代为建设直至交付使用；"制"是制度，规定在政府投资的公益性建设项目中采用这种项目管理模式。委托代建源于国际上通用的工程项目总承包，但我们的"代建制"还包括了制度的内涵，是结合国情的一项政府管理创新。国家在现阶段提出"代建制"，是政府职能转变的需要，实行"代建制"将从根本上转变政府职能，政府由过去的既是掌舵者又是划桨者变成了纯粹的掌舵者。

目前，"代建制"是政府投资项目领域推行的一种新的项目管理模式，"代建制"的实施提高了政府投资工程的建设管理效率和投资效益，实现投资、质量和进度的有效控制。在我国推进"代建制"投资项目管理过程中，取得了一定的效果，但在工程实际中，由于"代建制"尚处于不断完善阶段，仍然存在一些问题，且制约着"代建制"在我国的健康发展。为此，探讨"代建制"的现状与改善措施是十分必要的。

客观地讲，工程"代建"是代表业主对工程进行管理，工程监理则是对工程进行受委托后的监督与管理。由此，"代建＋监理"一体化被视为监理走向全过程咨询的过渡方式，再进一步转型发展则为全过程工程咨询。所以，也有专家认为，"代建＋监理"一体化是两者职能的融合，比代建模式更有优势，也是另一种更高的发展阶段。

经过多年实践，"代建＋监理"一体化形成了较为完善的制度，积累了丰富的操作经验，为行业转型发展提供了新的路径选择。

江西宁都至安远高速公路是我国较早的"代建＋监理"一体化试点项目，其工程代建与工程监理的总体目标和任务基本一致，都是对工程建设质量、进度、成本、安全、环保等进行控制管理，工作职责上存在着较多交叉重复。这种目标的一致性，促使了代建与监理之间做"加法"。在实施过程中，建设者强化管理，注重实效，及时总结和提高，进一步完善方案，形成了可复制、可推广的改革试点成果。目前，北京、河北、上海、重庆、海南、新疆、山东、江苏、安徽、浙江、湖南、福建、黑龙江、贵州、湖北、广东等省份对于代建或"代建＋监理"一体化均有尝试。

2019 年 11 月，中国交通建设监理协会第五届理事会第二次会议隆重表彰了 2018 年度中国交通建设优秀品牌监理企业、交通建设优秀监理企业和交通建设优秀监理工程师。

"优秀品牌监理企业"是交通运输系统重要奖项之一，竞争力大、影响力强，在行业内外有着广泛的美誉度。在连续五届评选活动中，总计五六十家企业被评为中国交通建设优秀品牌监理企业。这些获奖单位实力、水平出类拔萃，被称为"行业的风向标"。

从这些优秀品牌企业身上，我们可以看到，大家在回归高端的路上焕发出崭新的活力，呈现出个性鲜明的文化，传递了同舟共济、开拓创新、责任担当等行业精神。这些企业在"代建＋监理"一体化、"一带一路"建设实践中，发挥了领头雁的作用，树立了良好的形象。

同时，任何改革创新与转型发展都是牵一发而动全身的。无论是各级交通主管部门、业主、监理咨询公司、试验检测机构还是施工单位，都是交通建设链条的重要一环，有着密切的联系。研究一方，必然就要研究与之相关的其他各方，这样的研究才有更大的价值。

广大交通建设者在时代浪潮中筑梦前行，汇聚成实现中华民族伟大复兴盛大景象的一部分。他们是新时代的黄钟大吕，是我们身边的美丽风景，闪现图腾般的印记。

本书的出版，旨在深入学习贯彻习近平新时代中国特色社会主义思想和党的十九大精神，集中展示交通科技工作者的爱国情怀，进一步促进交通行业转型发展阶段的文化交流，努力构筑起中国精神、中国价值、中国力量。

这个方阵存在的特殊意义和价值是，他们洋溢的科技活力、提供的改革样本、呈现的时代精神，无不预示着顺应历史的文化新潮流，在闪亮登场。

我们要深刻领会、宣传贯彻落实《交通强国建设纲要》；要弘扬品牌力量，努力打造平安工程、百年工程、品质工程；要凝心聚力，共创未来，不断推进交通建设行业高质量发展。

一路走来，栉风沐雨，从不言悔；新的时代，我们如何才能不负祖国、不负人民、不负时代？

在某种程度上，本书呈现的丰硕成果已经做了最好的回答。

交通运输部党组书记杨传堂、部长李小鹏回首我国交通人的历史功绩，不由感慨——"工程建设水平大幅提高，一个个技术难关被攻克，一批批'超级工程'陆续问世，中国高速公路成为一张亮丽的'国家名片'，世界为之惊叹。"中国交通建设发展的成果，凝聚了一代又一代建设者的汗水与智慧，值得我们永远铭记。

本书作者均为交通建设行业从业人员，由湖南省交通建设工程监理有限公司的李剑波、抚州博信公路工程监理有限公司的封浪、四川省公路院工程监理有限公司的吉前波、湖南省水运建设投资集团有限公司湘江永州至衡阳三级航道工程项目建设部的段元振、内蒙古交通建设监理咨询（集团）有限公司的鞠杨、福建路信交通建设监理有限公司的庄永强和谢志潮、烟台市公路管理局科研所赵发强、内蒙古新大地建设集团股份有限公司的陈玉刚、河北省交通建设监理咨询有限公司的崔宇鹏、中交一公局第一工程有限公司的王家玉、内蒙古自治区交通建设工程质量监督局穆卓辉、河北省高速公路管理局服务管理中心的陈华共同完成。

限于水平，书稿错漏之处敬请读者提出宝贵意见。

目 录

上篇

"走出去"与国际接轨

1

下篇

"代建＋监理"一体化

PART ONE

上 篇

"走出去"与国际接轨

"走出去"的模式与准备

"一带一路"倡议提出以来，国内交通公路、水运监理行业积极响应，先后已有 20 多家监理企业抓住机遇，走出国门，开拓了海外市场。这些企业为"一带一路"沿线国家的交通基础设施建设做出了贡献，也为即将走出去的监理企业积累了海外项目管理经验，将切实助推监理企业的跨越式发展和转型升级。

一、监理企业走出去的模式

1. 借船出海

"一带一路"海外项目大多为中国投资或合资（中国进出口银行贷款），部分监理企业受"中交建""中电建""中铁建"等央企或国内投资集团的委托，对这些项目实施设计、项目管理、咨询、监理、检测等任务。代表企业有中咨公路工程监理咨询有限公司、西安方舟工程咨询有限责任公司、山东港通工程管理咨询有限公司等。

2. 自主拓展

自主拓展海外市场如攀登高峰，步履维艰。监理企业唯有深入目标国家实地调研，与其主管机构建立联系，了解市场信息和项目采购流程及要求，增进彼此了解与信任，为双方合作奠定坚实基础，方有可能中标海外项目。山东格瑞特监理咨询有限公司、广州华申建设工程管理有限公司等就是自主拓展的代表。

3. 跨国并购

有些企业为加快全球业务的布局，采用并购海外咨询企业或与海外知名企业战略联合，成立海外分支机构，以此为载体，发挥中外咨询公司各自

3

优势，快速融入国际咨询行业，提供优质咨询服务。该模式需要企业有强大财力做支撑，代表企业有苏交科集团股份有限公司。

4. 服务内容存在差异

"一带一路"沿线国家的项目，工程投资方的模式主要有：中国政府援建/贷款/投资、中国企业投资、工程所在国投资、其他海外国际投资等。实施模式主要有工程总承包（EPC）、项目管理服务（PM），项目管理总承包（PMC），设计施工总承包（DB）。无论项目采用何种实施模式，资金来自何方，真正的业主还是属地政府和国外咨询管理公司，他们对项目具有最终的接受权和评价权，参建各方仍需接受他们的监管。

目前，国内监理企业走出去的服务内容包括项目管理、设计咨询、勘察设计、工程建设期全过程咨询、施工监理、试验检测。

二、国内外监理咨询项目的区别

1. 服务范围

欧美工程咨询公司在咨询理念上比国内范围广、权利大，业主需要咨询企业提供一揽子技术服务。如美国福陆公司（FLUOR）业务范围包含：可行性研究、项目规划、工程咨询、融资服务、勘察设计、施工建设、采购服务、工程监理、项目管理、开车服务、设备维护、人力规划、特许经营13项，涉及技术、管理、经济、社会、财务、法律、环保分析等诸多专业。国内则大部分集中在施工阶段的监理，仅少部分拓展了设计、造价、咨询等业务，且业务结构模式较为单一。

较之国内监理项目，海外项目监理服务范围增大，相应权利增大，被认可程度增加，但业主更需要工程咨询企业从工程建设及运营各个阶段提供全过程、全方位的咨询服务，单一的工程监理业务既无政府方面的强制推行，也不适应项目建设的实际需求。

2. 合同范本

国际项目一般使用 FIDIC 标准合同文本，FIDIC 合同条件对于参建各方的工作责任义务及工作流程等的规定，与国内的示范合同规定有很大的差异。国外项目业主、咨询公司、总承包、监理单位、分包单位之间严格以合同文件为依据开展工作，相互约束，关系平等。

在海外项目中，工作信件信息主要传输方式为局域网、电子邮件，这些均为工作采信依据。

3. 建设标准

投资模式决定了应用标准的选择，"一带一路"沿线国家——中国的对外工程项目投资方式较多元：工程所在国政府投资占主要部分，占到44.4%；中国政府援助/贷款/投资占到28.02%。所以采用的工程规范标准也较繁杂，有欧标、美标、英标、法标或属地标准，这些标准与国内标准差异较大。

据统计，目前我国公路工程标准规范共112本，翻译成外文的共43本，占比38.4%，缺少成套的、形成体系的外文版标准，加上标准编制思路国际不通用，技术指标明显落后于国际标准，风俗习惯文化不符合属地国要求，导致中国标准缺乏国际竞争力。

从"一带一路"沿线中国企业569个对外工程项目中执行的主要标准看，中国标准占到35%，属地国标准占到32%，其他为美标、中标、英标、法标。其中，公路、机场、港口交通运输领域采用中国标准占比为25%左右，中亚、南亚等国家对中国标准的接受程度较高。

4. 取费标准

国际上咨询项目取费较高，国际咨询工程师（简称"咨工"）的收费标准为税后60美元～200美元/小时，外加交通费、办公费等费用，人均年收入为20万美元左右。通常情况下为工程总造价的1%～5%，由于建设项目的种类、特点、服务内容深度的差异，各国略有不同，如以工程造价为基础，美国收取3%～5%，德国收取5%（含工程设计方案），日本收取2.3%～4.5%（名为"设计监理"），收费标准中因监理资质等级不同而有所浮动。

目前，国内企业参加的海外项目取费标准一般采用按人月费或人年费计算，外加少量办公费及总部或分部支持费用，一般取费可达到国内人均产值的3～4倍（人民币），以人民币、美元或属地国家币种结算。虽然费用比国内高出较多，但与国际咨询费用相比仍比较低，且不可预见成本等高。

5. 人员素质

国外咨询项目对监理工程师、咨询工程师的学历要求高，知识结构要求高，大部分具有硕士、博士学位，能熟练运用 FIDIC 制定的权威性国际通用的范本和国际惯例，如美国的兰德公司，547 名监理咨询人员中，就有 200 名博士、178 名硕士。除了高学历，监理工程师均精通经济合同法、FIDIC 条款等法律法规，能熟练掌握现代化管理方法和手段，有技术专长，是高素质、高智能的复合型人才。

"一带一路"沿线的复杂情况凸显了我国人才和实践经验的不足。国内监理工程师在某一技术领域非常专业，但知识结构比较单一，集技术和管理于一体的复合型人才相对缺乏。语言的障碍，对国际通用管理专业名词的不熟悉，对沿线国家经济体制、法律规范、宗教信仰、文化习俗，包括企业制度、税收制度、劳工制度、外汇政策、环境政策的不了解，导致了在参与国际性咨询监理项目过程中难度大、问题多。

6. 风险增大

中国对外承包工程商会《境外企业项目风险管控评价体系》列出了六大外源风险，即政治风险、经济风险、环境风险、恐怖主义和社会风险、法律风险和医疗卫生风险。

"一带一路"沿线国家经济水平差异较大，抵御外部经济风险的能力较弱，内生的动力不强，大多数国家面临发展陷阱，存在地缘政治安全和互信问题，重大基础设施项目隐含财务风险，这些问题一旦发生，都会对"走出去"的监理企业带来冲击，且沿线国家大部分工程建设环境艰苦复杂，有时政治风险往往成为恐怖主义和社会风险的导火索，并伴随经济风险、医疗卫生风险等，都可能给监理企业带来不可预见的损失。

三、走向国际市场需做好准备

1. 人员储备升级

一是自主培养。培养和储备高素质复合型人才，做到一专多能。突破语言障碍，具备熟练的听说、阅读和回复信函能力，做到业务上无障碍交流；

克服标准差异、属地文化不同，熟悉国际管理及国外标准、经济、法律；掌握一定公关技巧，能随机应变，会处理"伙伴关系"，善于用谈判的方法解决实际问题。至少项目的领导层要具备上述能力。

二是加强引进。通过引进、聘请国内外有能力的技术及管理专业人才，快速解决人才缺失问题。

三是合作交流。与企业实际相结合，通过联盟合作、集中培训、技术交流等多种方式开展多层次、多梯度的人才培训，学习国外先进管理理念。

2. 管理方法国际化

对标国际咨询企业迫在眉睫。美国、英国、荷兰、加拿大等国际咨询企业占据全球咨询业务主导地位，业务涉及范围广泛，国内监理咨询企业需要对标国际知名咨询企业，健全项目管理体系，加强标准执行力，创新工作方式，适应国际工程管理模式。

3. 风险控制标准化

企业要高度重视一些突出的风险点，熟悉属地国家政策及环境，提前做好风险评估、风险预警、风险处置措施，制定好安防的应急预案，防止和减少风险发生，加强对政治风险、经济风险、环境风险、恐怖主义和社会风险、法律风险、医疗卫生风险等风险控制能力。可与第三方或国际权威机构共建，并尽可能吸引更多的合作伙伴共同参与，降低风险。

4. 融合经营属地化

海外项目可以通过属地招聘工程技术、工程管理、人力资源管理、财务管理等方面的高中端人才，组建属地化技术和管理团队，带动当地就业。资金方面也可吸引当地的融资和投入，形成利益共同体，化解管理冲突，提高管理效率，进一步降低管理风险。

"一带一路"既是我国突破空间局限、谋求发展机遇的现实要求，也是融入全球经济、应对危机挑战的契机。在中国与沿线国家共同努力下，"一带一路"将会更加宽广、更加绵长。面对巨大的国际市场，我们交通监理行业应携手各方、跨界合作、优势互补，完成从"借船出海"到"造船出海"的华丽转身，以建设这条互尊互信、合作共赢、文明互鉴之路为契机，真正走出国门，走向世界。

15 个海外项目催生"多位一体"

2013 年 9 月和 10 月，建设"新丝绸之路经济带"和"21 世纪海上丝绸之路"的合作倡议先后提出。"一带一路"旨在借古代丝绸之路的历史符号，高举和平发展旗帜，积极发展与沿线国家的经济合作伙伴关系，共同打造政治互信、经济融合、文化包容的利益共同体、命运共同体和责任共同体。

一、方舟的经营布局

西安方舟工程咨询有限责任公司（简称"方舟公司"）依靠中国交通建设集团有限公司"一体两翼"的经营平台，中交第一公路勘察设计院有限公司充分发挥在高寒地区路面修筑技术、沙漠戈壁地区道路勘察设计技术、雨（丛）林地区路线设计技术等核心优势，重点在巴基斯坦、塔吉克斯坦、伊朗、哈萨克斯坦等国家布局经营。作为中交第一公路勘察设计院有限公司的全资子公司，方舟公司积极开拓海外业务，累计服务 13 个国家，15 个海外项目已落地实施，海外业务类型逐步从传统施工监理发展为项目管理、设计咨询、勘察设计及全过程咨询等多位一体综合服务。

二、四大海外项目各有特色

1. 比什凯克市政路网改造项目

该项目地处吉尔吉斯共和国，是中国政府无偿援助的项目，旨在提高比什凯克市政道路的通行能力，改善交通拥堵状况，满足中长期交通需求。路网改造内容包括普多夫金娜街等 60 条街道的修复改建，道路全长 70.87 千米，立项估算资金 2.79 亿元人民币。项目采用受援方自建模式，吉尔吉斯共和国承担勘察设计任务，方舟公司作为商务部合作局招标选定的中方项目管理公司，对项目的实施进行有限的外部监管，主要工作内容包括协助中方与受援方签订项目对外实施纪要；对受援方施工招标进行监督；施工期间质量、进度、安全以及投资的监管，参加吉尔吉斯斯坦组织的项目验收，确保项目符合立项意图。

2. 利隆圭机场 M1 公路项目

该项目地处非洲马拉维共和国，为中国政府无偿援助项目，援助额约 1.9 亿元人民币，使用中国规范标准，建设里程总长约 9.9 千米，对原有双车道道路进行全线双侧加宽，全线采用沥青混凝土路面，双向四车道。

该项目采用中方代建模式，实行"项目管理＋工程总承包"的实施方式和企业承包责任制，项目管理企业承担成套项目的专业考察、工程勘察、方案设计、深化设计和全过程项目管理任务；工程总承包企业承担施工详图设计和工程建设总承包任务。

其中，方舟公司承担勘察设计及深化设计文件外审确认任务，协助商务部合作局与马拉维公路局进行对外实施协议洽商、签署，对合作局组织的工程总承包企业招标提供技术支持，负责施工过程中的质量、进度、费用、安全管理、对外协调，组织工程验收，协助政府间项目移交。

3. 滚弄大桥项目

该项目地处缅甸联邦共和国，为中国政府无偿援助项目，援助额约 1.4 亿元人民币，使用中国规范标准，包括新建滚弄大桥及其两岸连接线道路，路线全长 4.2 千米。

该项目采用中方代建模式，实行"项目管理＋工程总承包"的实施方式和企业承包责任制，项目管理企业承担成套项目的专业考察、工程勘察、方案设计、深化设计和全过程项目管理任务；工程总承包企业承担施工详图设计和工程建设总承包任务。

受中方项目管理机构云南省商务厅委托，方舟公司承担该项目顾问咨询任务，涵盖从勘察设计到施工阶段。

4. 金港高速公路项目

该项目地处柬埔寨王国西南部，连接首都金边市和全国最大的海港城市西哈努克市，全长 190 千米，设计速度 100 千米 / 小时，双向四车道，使用中国规范标准。项目资金来源于中国进出口银行贷款，约 20.19 亿美元。在特许经营权模式下，考虑的是整个生命周期的成本。

方舟公司承担该项目施工监理和技术咨询服务，跳出传统监理的思维方式，改变人海战术模式，提高工作效率，较国内缩减一半以上监理人员，监理重点是强调对施工单位安全质量保证体系的监管，让安全质量保证体系在施工过程中真正发挥作用，同时对质量、进度、计量、安全等方面建章立制、厘清程序、贯彻落实、巡视检查、及时整改。现场监理工作得到甲方的充分肯定和表扬。

三、国内外业务开展存在差异

方舟公司承监的海外业务既有中国政府对外援助项目的全过程咨询，也有中国工程总承包企业总包项目的监理业务。概括而言，海外项目呈现三大特点：

1. 海外咨询业务多元化

相对于国内的以传统监理业务为主，海外咨询业务囊括的范围更广，从勘察设计阶段到施工直至竣工验收；涵盖的内容也更多元，有施工监理、项目管理服务、技术服务以及顾问咨询等。

2. 海外业主对咨询人员的管理相对灵活

国内监理招标对监理人员资格、数量有严格的要求，海外项目在执行时相对灵活，表现在：其一，对总监等几个核心人员提出明确执业资格要求，企业投标时其他专业人员根据工程需要自主配置；其二，对人员数量只提供参考意见，企业在投标时根据工程需要和工作安排，自主配置；其三，对人员更换更易于操作，在总人员更换率不超过约定比率情况下，同等资格人员经审查合格后均可更换。

3. 海外项目对咨询（监理）人员的认可度较高

国内咨询（监理）人员受业主委托，其日常工作常常受到业主不同程度的干涉。海外咨询（监理）人员行业认可度较高，被赋予了较多的确认权，能够及时、高效处理有关事宜。

综上，我们总结出几点体会：

一是海外项目的技术难度普遍不大，但对人员的综合能力要求较高，需要有很好的商务外交能力，若能让中国的标准、规范得到所在国的认可和接受，更有利于项目的推进和实施。

二是海外项目业主多为商务行政人员，从事海外咨询服务的人员一定要注重个人的职业素养和专业水平，切实解决专业问题，并积极承担责任。

三是海外项目面临的国际环境错综复杂，面对的自然环境千差万别，整体安全形势不容乐观。不论是东南亚、中亚，还是非洲地区，有不同程度的政局不稳、疾病多发等现象，都给海外人员安全带来隐患，所有人员要树立安全第一的警戒意识，建立健全安全预控和保障体系，确保海外工作安全。

四是海外监理项目的从业人员要有勇敢、创新、坚持的精神，长期离家在外，工作、生活要学会平衡，企业也应建立海外人才优先机制，多给予其鼓励和肯定。

"一带一路"是一条互尊互信之路，一条合作共赢之路，一条文明互鉴之路。方舟公司将积极响应"走出去"的号召，用成熟的专业能力为沿线各国人民建设畅通的幸福之路，与沿线各国人民和衷共济、同向而行，一起谱写新的篇章。

KKH 项目见证中巴友谊

　　喀喇昆仑公路 KKH 是中咨公路工程监理咨询有限公司（简称"中咨监理"）海外承监的代表项目，不仅见证了中咨监理的海外成长，也见证了中巴友谊。

　　喀喇昆仑公路 KKH 位于巴基斯坦北部，起于巴基斯坦首都伊斯兰堡以北的曼塞赫拉，终于中国新疆的喀什市，全长 1224 千米。其中，中国境内415 千米，巴方境内 809 千米。作为巴基斯坦联结中国的唯一陆上通道，喀喇昆仑公路 KKH 是中巴经济走廊不可缺少的重要组成部分，对中巴两国及整个南亚地区都具有十分重要的经济、政治及战略意义。

一、项目背景

　　喀喇昆仑公路穿越了喜马拉雅山和喀喇昆仑山两条世界上最大的山脉，由海拔 4733 米的红其拉甫山口降至 460 米的塔科特（Thakot），沿线地形地质十分复杂，山体险峻，河水湍急，气候恶劣。

　　1966 年，中巴双方确定由中国政府援建一条巴基斯坦直通中国的公路，即现在的喀喇昆仑公路，英文缩写为"KKH"。该公路的建设前后花费了10 多年时间，是用一两万名建设者的艰辛劳动和 100 多名中国建设者献身的代价建设而成的，被称为"世界第八大奇迹"。2005 年，巴基斯坦发生大地震，KKH 公路局部损毁，中国政府承诺帮助巴基斯坦全面修复喀喇昆仑公路。

二、一期改建工程概况

　　喀喇昆仑公路 KKH 一期改扩建（塔科特至红其拉甫段）项目距离巴

基斯坦首都 900 多千米，由中国路桥工程有限责任公司以 EPC 模式进行设计、采购、施工总承包，2008 年 8 月 1 日开工，2013 年 11 月 30 日完工。该项目完全采用国内的设计、施工标准，公路等级为山岭重丘区三级，总长约 332 千米，路面宽度为 7.3 米。全线共有 8 家国内分包合作队伍参与施工建设。

2008 年 8 月，中咨监理开始实施 KKH 一期改建工程监理工作。一期项目保通压力大、施工难度大，加上公路沿线自然和地质环境差、灾害类型多、分布广、规模大，项目推进面临诸多困难。2010 年 1 月 4 日，项目中段巴基斯坦阿塔巴德地区发生大规模滑坡，并在道路中央形成一个 24 千米长的堰塞湖，公路被截成两段。堰塞湖形成后中国路桥对原有路段进行了改线设计，在群山间新建 5 条总计约 7 千米的公路隧道，同时架设 4 座桥梁，使喀喇昆仑公路再次贯通。由于道路沿线存在地质灾害，2012 年 9 月，中咨监理承担了堰塞湖改线段工程监理，期间虽历经洪水、山体滑坡等考验，但在建设各方的精诚合作下，这条中断长达五年的战略通道顺利恢复了交通，巴基斯坦总理出席喀喇昆仑公路中巴友谊隧道揭幕仪式。KKH 一期改扩建项目也因此获得中国施工企业管理协会颁发的 2016 至 2017 年度国家优质工程奖。

三、KKH 二期项目困难

中国交建喀喇昆仑公路二期（赫韦利—扬塔科特）项目，位于巴基斯坦北部开伯尔—普什图省 Khyber Pakhtunkhawa，距巴基斯坦约 130 千米。

该项目作为亚洲公路 AH4((Urumqi—Karachi) 的重要组成部分，是巴基斯坦公路网南北主要骨架的组成部分，是中巴经济走廊陆路通道的核心路段，是"一带一路"的旗舰项目，也是中巴经济走廊的早期收获项目，对加强巴基斯坦与邻国及中亚等国家的国际贸易关系，维护巴基斯坦的社会稳定、政府形象等具有重要作用。该项目路线全长 118.124 千米，按照中国标准设计，主要包括大桥 59 座、中桥 39 座、小桥 3 座、隧道 6 座、互通式立交 3 处等。

KKH 二期工程在实施过程中面临多重困难。一是协调难度大：巴基斯坦为土地私有制国家，且项目区域与多条现有国道、乡道、印度河支流多次交叉，人口居住稠密，拆迁量较大，征地拆迁及地方协调难度极大。二是工期压力大：由于施工内容涉及土建、房建、机电，且巴方业主因故在原施工计划基础上，分别提出了前 5 千米提前通车、高速段提前保通等节点计划，工期压缩明显，压力巨大。三是施工环境复杂：项目地区大部分位于中低山岭区，路线跨越的微地貌单元主要有山梁、山间河谷、台地及山体斜坡，地形高低不平，起伏较大。冲沟多为 V 型冲沟，少数与河流一样为 U 型冲沟，两侧岸坡较陡，局部陡立，冲沟与台地相对高差数米、数十米不等。该项目处于高震区，地震频发，且多为强震，对项目桥梁结构建设影响较大。四是安防形势严峻：项目沿线安全环境差，恐怖袭击风险很高，中方人员承受较大心理压力。五是项目地区基础设施落后：区域内基础设施总体上严重滞后、交通拥堵、道路路况差；电力较为紧张，存在间歇性停电问题；电信业尚处初级阶段，对项目人员的即时沟通产生较大影响。

KKH 二期工程完全按照中国交通建设行业标准施工，内部监理工作遵照《公路工程施工监理规范》执行。项目所采用的中国规范标准已全部翻译为英文版本提交外监及巴方公路局，为"中国规范走出去"奠定了基础。

中咨监理负责二期工程全部监理项目的全过程监理，以确保优良工程、确保工期、确保质量、确保安全、控制成本为目标，初始阶段即由总监办中心试验室牵头，用 15 天时间完成了对巴方业主及外监试验工程师的培训工作，将试验相关技术标准翻译成英文。总监办还在积极克服出行困难的前提下，组织召开了隧道纵向排水管施工、梁板预制及安装等现场交流会，并始终把建立与外监的工作互信、质量互信作为首要任务，面对分歧及时共商、高效解决。

四、在 KKH 二期工程监理中，中咨监理创下了多个亮点

1.专项方案规范化。有效结合二期项目特点，制定并下发各类开工报告、专项施工方案、重大安全专项施工方案的申报制度。要求施工部结合施工安

排，建立健全方案申报台账，严格按照时间节点完成对各类方案的申报审批，把方案的指导性意义贯穿工程建设始终，对高填方、高墩高支模、石方爆破、隧道施工等方案召开专项评审会议，完善资源整合高效利用，落实提质增效。

2. 内业资料双语化。在 EPC 合同体制的双重监理体制下，土耳其监理公司（简称"AER"）实施真正意义上的监管权。项目总监办为顺利完成工程建设任务，对项目所使用的内业资料进行了双语版翻译。为了提高专业术语翻译的准确度，还特邀 AER 对翻译完成的测量、试验、质检表进行校验。该举措赢得项目总经理部和 AER 的高度认可。

3. 试验工作双标化。鉴于项目是以中国规范及行业标准招投标，有的按中国规范标准进行第三方验证后合格准入，但 AER 在参考美标后认为需进一步验证，总监理工程师要求中心试验室以试验工作双重标准为管理理念，在前期、中期、后期严格完成各项试验参数的认证，高效完成试验检测任务。

4. 技术指导常态化。总监办对"事前监理"工作常抓不懈，根据项目进程组织开展各项技术指导活动，先后编写或下发《沥青路面施工作业指南》《路面拌和站作业指导书》《路面平整度技术标准》等，并将技术指导翻译成英文版本，及时提供外监、齐抓共管。

5. 思想交流人本化。项目线路长、作业面多，部分监理工程师出现负面情绪。对此，总监办提出"工作重心前移、强化验收机制、加强沟通协调"的理念，有效解决了这一问题，并通过与监理工程师促膝谈心和思想交流等方法，进一步增强了员工的责任感与归属感。

当然，在巴基斯坦，我们必须要直面的是政治风险、经济风险、环境风险、恐怖主义和社会风险、法律风险、医疗卫生风险。KKH 二期项目最主要的安全风险也来源于巴基斯坦的政治动荡、恐袭事件升级等。为此，中方项目部聘请第三方专业机构提供专业安全咨询服务，并积极加强与当地的文化交流、了解当地风俗人情。一方面，切实履行社会责任，在当地做好中国企业品质宣传、加强与当地政府及群众的沟通，建立良好的协作互助机制；另一方面，强化党建工作，通过基层党员"先锋示范岗"，发挥示范引领带头作用，保障各项工作的顺利实施。

五、KKH 项目的示范意义

KKH 项目的监理实践对中咨监理具有重要意义：

1. 践行了国家"一带一路"倡议，顺应了社会新形势，为将工程技术咨询向国外输出做了准备。

2. 响应了上级单位提出的海外优先战略以及中央"转商转产转场"的要求，拓展了海外监理咨询业务。

3. 通过中国交建一体两翼的平台"借船出海"，逐步培育能够独立运作海外市场的能力，进入商务部对外咨询公司的短名单，为独立参与海外工程的投标积累经验和业绩。

4. 培养一批能适应海外工作、开展海外监理咨询业务的骨干人员。有意识地遴选国内的优秀技术人员，尽快熟悉开展海外工程咨询业务的流程以及通行的国际规范和标准，积极了解各方的市场需求。

5. 吸纳一批具有一定海外工作经历和能力的监理咨询骨干队伍，培养企业海外市场经营和从业的能力，积极向国际化咨询公司转型进行业务实践。

6. 积极接触国际先进的工程咨询公司，开展交流、寻求合作，学习海外咨询企业成熟的经验。

六、KKH 项目对国内监理企业的四个建议

国内监理企业参与"一带一路"建设，是国际化咨询公司的发展方向，其中关键是要完成从人员储备升级化、海外制度特殊化、数据信息准确化、自主运营四个方面的转型。

1. 人员储备升级化。要培养和储备高素质专业技术人才，特别是同时具备外语沟通能力、专业技术能力和应变能力的复合人才，避免因无法及时顺畅沟通而降低工作效率，致使问题搁置，影响互信共进。

2. 依据项目所在地的情况完成海外监理团队管理转型。监理企业应实现制度"特殊化"，从经济收入、往返探亲假期、年终奖励等方面保障海外

监理人员的稳定。应建立薪酬激励机制、福利保障机制，最大限度地降低海外监理人员流失率，尽最大努力确保海外监理初始团队的完整性。

3.完成国内监理企业海外业务数据信息化的转型。要着眼于项目前期调研、监理过程及后期的服务，全方位掌握项目的所在国家、区域政治局势、法律法规、建设标准等的变化。做好国内新工艺、新技术的收集与传递，与海外监理项目互通讯息、交流经验，做好海外工程技术标准、法律法规等数据信息储备，全面提升监理人员的海外业务素质水平。

4.因地制宜尝试独立自主的监理运营模式。鉴于不同国家安全风险等级不同，可通过先期考察准确梳理各类风险等级，力争独立自主的监理运营模式，树立起监理的独立性和权威性。

检查巴基斯坦项目

"建、营、养"一体化有"机"可乘

跟随中国交通建设集团有限公司（简称"中国交建"）"一带一路"海外业务的发展步伐，近几年，中咨公路养护检测技术有限公司（简称"中咨养护检测公司"）开始拓展海外检测业务，先后承接了多个海外项目。

一、从塞图高速开始

2017 年，中咨养护检测公司承接首个海外项目——塞内加尔捷斯至图巴高速公路检测项目，主要负责桥梁桩基检测、单梁质量检测、成桥荷载试验等多项检测工作。该项目已于 2018 年底顺利通车。

2018 年，中咨养护检测公司又承接了尼日利亚凯菲至马库尔迪公路改扩建工程质量管理项目，负责综合质量管理与试验检测技术服务工作。

除了实际实施的项目之外，中咨养护检测公司还参与了马来西亚东海岸铁路等多个海外项目的投标及调研工作，期间深刻体会到国外检测业务的拓展始终是机遇伴随着挑战。

二、海外检测业务拓展有机遇

1. 推行"建、营、养"一体化有"机"可乘

与国内即将进入"后建设"时代不同，"一带一路"沿线许多国家正处于经济快速发展阶段，交通基础设施建设空间巨大，向"一带一路"沿线国家推行"建设、营运、养护"一体化思路，既有利于所在国家的交通发展，也有利于实现"一带一路"项目的二次开发，实现效益最大化。而检测作为建设过程中的质量控制手段、运营过程中的路产性能评估方法、维

修养护设计与质量评价的基础数据来源，可以为公路全寿命周期提供服务，保障公路长期服务性能，若抓住机遇将大有可为。

2. 涉及安全的隧道检测等业务机遇增加

和国内工程一样，国外项目的业主对工程质量特别是涉及安全的结构物工程质量尤为重视。因此，涉及隧道、桥梁特别是特殊地质条件下的结构物施工质量检测与监控成为中国交建海外项目的关注重点，这也给国内检测机构在隧道地质超前预报、监控量测以及桥梁施工监控、健康监测、安全评估等业务领域带来了机遇。

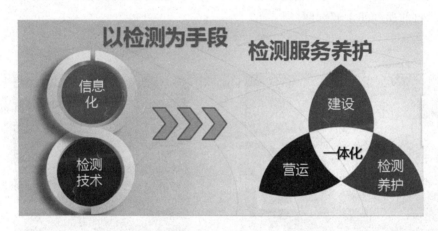

国外检测业务推行"建、管、养"一体化面临新机遇

三、项目集中的区域等可培育检测市场

随着"一带一路"建设项目的推进，一些区域和国家的项目会持续增加。针对这些地区业主缺乏工程质量控制经验的现状，可通过培育工程质量意识，给当地展示检测工作的重要性，提供"看得着""说的清"的检测数据等，提高业主对检测工作的重视程度。

同时，一些项目存在移交当地政府、移交跨国公司运营的问题，必然会产生大量相关服务需求，需要通过检测评估提供必不可少的数据支持，所以这也是未来检测业务开拓的机会。

四、困难和挑战并存

1. 工程各方对质量控制理解不一致

中国交建在"一带一路"沿线国家的工程项目分布较散，各国采用的规范系统繁杂，有欧标、法标、美标以及所在国的地方标准，这些标准与国内差异很大，检测方法和检测结果容易引起争议，检测业务开展需要适应不同地区的标准、语言、地方做法，在项目实施过程中常需反复沟通、协调，这是目前遇到的主要问题。

国外项目通常为中国投资或合资（中国进出口银行贷款），施工方多为中国企业，监理多为当地监理，各方对质量控制标准理解的差异，容易给检测工作的开展造成困扰。

2. 海外项目因前期考虑不周导致检测内容常需变更

海外项目因地域而不同，各国对检测的要求也不一样，部分海外项目前期工作团队不是特别清楚当地的检测参数要求，同时，项目部人员多为设计或施工背景，对检测不熟悉，前期招投标文件中可能会出现很多与现场可开展的检测工作不一致的内容，需进行大量变更，从而增加了沟通成本和时间。

3.海外检测价格与国内基本持平，导致"食之无味，弃之可惜"

目前，中咨养护检测公司海外检测业务均是通过"中国路桥"和"中国港湾"两个窗口，企业定价的话语权不强，存在"赔本赚吆喝"现象。海外项目人员及运输等成本偏高，造成海外项目利润很低，影响拓展海外检测业务的积极性。

4.海外政治风险大，检测的资金风险也大

部分国家的政局不稳定，领导人换届等都可能会对项目造成重大影响。如某项目开工时正值总统选举，造成项目工期延误；新总理上任后把项目取消，给参建单位造成损失。

总的来说，"一带一路"倡议的提出和落地，为我国工程建设企业走出国门创造了良好条件，也为检测企业走向海外带来了机遇。机遇总是伴随挑战，我们相信，办法总比困难多，中国企业的海外检测业务一定会不断发展壮大。

叩开埃塞俄比亚之门

"一带一路"倡议给沿线国家的基础设施建设带来了巨大的发展空间，但因一些国家经济相对落后，工程资金缺乏，容易造成项目建设延期、成本较高，加之这些国家对发达国家技术、规范和企业相对更高的认可度，使得中国企业"走出去"面临很多挑战。

山东格瑞特监理咨询有限公司（简称"格瑞特公司"）积极响应"一带一路"倡议，进行海外市场开拓。

一、海外事业的探索与发展

1. "走出去"的历程

"走出去"的历程崎岖坎坷，但格瑞特公司坚定信念，积极开展市场调查、科学制定战略规划、坚决执行既定规划，排除干扰、持续投入，实现了从响应国家倡议到投标履约海外，最终赢得了各界认可。

2. 海外市场的探索

2014年，我们中标公司成立以来的第一个海外项目，并于2017年顺势承接了第二个监理咨询项目。

格瑞特公司选择性地对"一带一路"沿线国家进行个案研究，一方面深入目标国家调研走访，打通官方接触渠道，与所在国主管机构建立联系并推介公司，了解市场信息、项目采购流程及要求，获得所在国基建市场第一手资料；另一方面通过网络，寻访有关项目信息和招标采购要求。同时，致力于"请进来"，邀请有关国家工程管理部门考察公司，增进了解、洽谈合作。

我们认为，中国标准在国外的应用情况应得到重视。外文版中国标准的发布是在海外推广中国标准的基础，但目前仍有大量规范尚未翻译发布，规范部分条文不完整，经验数值缺乏说服力，部分规定不符合项目环境特点等，导致中国标准还不能完全满足在国外应用的需求。

以埃塞俄比亚为例，其公路桥梁设计施工规范基本脱胎于美国 AASHTO 或英国 BS 标准，在非中资背景项目中很难看到中国标准或规范的存在和影响。在我们承监的两个公路项目中，均明确规定埃塞俄比亚公路局规范及标准为首选标准，美国、英国标准作为备选标准。

我们同时发现，中国的设计、施工、监理、咨询单位对中国规范理解运用和执行基本到位，但项目所在国业主和其他非中方工程技术人员则存在较大理解和执行障碍。

中国工程技术标准的输出任重而道远，不能仅仅依靠中国资金背景的项目被动或略带强制性的输出，不能仅仅局限于中国工程技术人员在国外的局部应用，关键还要靠国家力量系统组织有关标准的系统化翻译、更新及推广，组织国际学习和培训，让我们的标准变成大家的主动选择。

二、重点工程 DD 项目

经过前期多重努力，我们进入了埃塞俄比亚市场，第一个海外监理项目是德力达瓦至德瓦利项目（简称"DD 项目"）。

1. 项目概况

DD 项目起始于德力达瓦市东北部，沿既有道路终止于埃塞边境德瓦利市，全长 220 千米，是设计施工总承包的项目。

该项目于 2019 年 6 月 16 日正式通车。格瑞特海外团队在圆满完成监理任务的同时，还为项目创造了较好的经济效益。我们通过分析原路面设计和实际交通量的情况，得出原路面设计不符合交通量要求的结论，并结合项目区域高温、降雨集中和交通量分布及轴载等调查论证，提出路面结构必须进行补强设计，以适应大比例重载车及交通量的大幅增加。最终，我们建议并说服业主接受补强变更方案，追加投资，在原路面结构层基础上增加一层 5 厘米厚 AC16 沥青混凝土，避免了路面的早期疲劳破坏，改善了路面使用性能，延长了道路使用寿命，维护了项目各方长远利益，获得各界一致好评。

2. 工程要求

在 DD 项目中，格瑞特公司积极借鉴国际通行规则开展全过程、全方位工程咨询服务，结合国际工程咨询公司的经验，熟悉国际规则，并结合国内市场需求，积极参与国际竞争。鉴于该项目使用的规范为当地公路局提供的规范，为加强其与中国标准的融合，格瑞特公司组织国内专家就相关技术问题进行了分析论证。其中，关于新增 5 厘米路面面层的级配类型，我们参考中国规范 LH16 相关级配指标选定 AC16 作为其结构形式，在预算有限的情况下，通过提高沥青混合料中粗集料含量，形成沥青混凝土中偏骨架结构，有效解决了面层防水问题，提高了面层的重载及高温变形抵抗能力。

由于埃塞俄比亚规范中仅规定了 AC19 和 AC13 两种沥青混凝土路面结构形式，对于我们提出的 AC16 选型方案，埃塞俄比亚公路局专门组织其国内学者专家进行了专题论证，最后给出肯定结论，认为该级配形式更加适合项目实际、更合理。

3. 资金来源

中国在埃塞俄比亚进行了大量投资，DD 项目 85% 的项目资金来自中国进出口银行，支付货币为比尔和美元。

4. 工程难点

海外项目对监理公司来说有着更广泛的服务范围和更大的权力，要求对设计和施工全过程进行监督管理，且对工程质量、进度、费用及合同管理均有实际的控制和监督权力，这要求监理人员具备更多的技能。根据人力资源的实际，格瑞特公司大力发展属地化经营，通过在当地招聘工程技术、工程管理、人力资源管理、财务管理等方面的中高端人才，组建本土化技术和管理团队，以提高管理效率，减少管理冲突，最大程度化解国际化风险。

从技术规范看，埃塞俄比亚的施工技术规范参照了多个国家现行的规范和标准。在传统的施工工艺和方法上，其规范具有一定的指导意义，但随着新材料、新工艺、新设备的引进并付诸应用，需要引进新的施工技术规范或在施工过程中参考其他国家成熟的经验技术。

从思想观念看，沿线很多国家更注重生态的保护，当地居民对基础设施建设的排斥与国家想要发展的思想相冲突，给工程项目的开展带来了阻碍。而且海外项目轻人情、重合同，合同履行过程中做好变更与索赔，保证合同全面履行，是监理项目管理的核心内容。

从人员情况看，海外工人相对散漫、技能较弱、效率偏低，质量和安全意识也比较薄弱，再加上宗教和文化信仰等问题，易造成工期延误等现象，这就需要注重团队的培养。

同时，由于文化、思维习惯、沟通方式等的差异，以及业主要求监理单位自主开展工作的代建制思维，工程开展之初，我们面临诸多挑战。但随着我们技术优势和坚守品质的工作态度逐渐得到当地政府的认可，相互之间的沟通日益顺畅。

山东格瑞特监理咨询有限公司到北美洲进行考察

三、海外市场的经验分享

1. 海外工作的开展方式

目前，我国开展海外监理工作的方式有三种：我国政府对外援建项目，承办单位委托国内监理企业对项目实施监理；我国企业在国外投资建设工程项目，国内业主委托中国的监理企业对国外项目进行管理和监理；监理企业在工程咨询市场上自己承揽到海外项目。

2. 团队组建

格瑞特公司海外团队组建主要有三大来源：一是企业内部选拔懂技术、英语好的优秀人才；二是与外部技术合作劳务公司签订用人合同，面试选拔优秀的劳务人员；三是招聘当地有能力的人员。

3. 注重海外团队培养

格瑞特公司在海外工作人员出国前都会对其进行目标国家法律法规、风俗习惯、自然环境、治安状况、常见疾病等相关培训；要求员工增强责任感，自觉维护企业、国家的形象。同时，公司高度重视企业文化建设，表达公司领导对海外团队的关怀，促进海外团队与国内团队的交流沟通。

4. 注重与各方的沟通合作

格瑞特公司注重与海外各层面的合作，建立与当地咨询公司的合作，并与来访的当地公路局官员建立合作备忘录；与国内优势互补的同行建立合作关系，组成联营体共同"走出去"开拓项目；建立英文网站，作为信息平台、沟通平台和资信资源；高层引领推动，跟随政府团队出访，推动海外市场拓展。

5. 施工过程中的进度控制

格瑞特公司严格监管施工人员数量，根据总进度计划要求，适时确认劳动力需求量和现场劳动力保障情况，并要求施工单位报知劳动力计划并动态跟踪现场情况。同时认真审查施工单位材料计划，并提出合理化建议。

四、企业的发展规划

我国监理业与国际咨询行业相比差距明显，要想在"一带一路"建设中取得成功，必须练好内功。建议从以下四个方面提升企业高度。

1. 明确监理定位，积极与国际接轨

要将监理行业定位为智力密集型的高效咨询业，明确发展方向。要做好"走出去"的前期各项调研，搜集国外行业发展信息对比分析，明确差异和差距。要对企业内部进行合理调整，制定海外业务规划，组建业务团队开拓海外市场。同时，要积极跟踪研究国际上工程咨询业发展动态，深入研究国外相关法律规范、菲迪克条款等对工程咨询业的要求，以知名咨询企业为蓝本，不断提升参与海外项目的竞争力。

2.拓宽业务广度，提供全过程服务

要摒弃国内只重施工过程质量管理的做法，加深对国际上咨询业的理解，提高对工程全面咨询的能力，真正参与工程全生命周期，担当起全方位、全过程的咨询任务。

3.注重人才培养，建设高素质人才队伍

要培养高学历、经验丰富、知识结构合理、集技术和管理于一体的复合型咨询人才，以及具备良好外语沟通能力、能参与国际性咨询行业竞争的高素质咨询工程师。培养具有较高素质和管理能力的总监，适当吸收经验丰富的外籍人才，完善企业内部的人才结构。

4.加强企业间合作，积极参与国际竞争

国际市场上存在各种市场管制，目前来看，"走出去"的中国企业往往只能被动适应既有的国际标准，在国际市场上缺乏话语权，从而大大增加了成本，压缩了利润空间。因此，要充分调研不同国家的法律体系及技术和市场的准入标准，对市场潜在风险进行充分预警。我们可以寻求与工程总承包企业的合作，在"走出去"过程中携手共进、优势互补，共同在国际市场上打响中国品牌。

"独立"＋"联合"

进入"十三五"以来，江苏科兴项目管理有限公司（简称"科兴公司"）以"创建国内一流的咨询企业"为目标，制定了横向提升资质平台，扩大监理业务范围；纵向通过转型升级，将业务向上下游延伸，开拓项目管理与代建、检测监测和国际工程业务的发展战略。

一、四类参与模式

2014年起，面对"一带一路"的发展机遇，科兴公司依托南京水利科学研究院的国际科研平台，重点着眼于"21世纪海上丝绸之路"中的港口建设，陆续参与了多个建设项目，参与模式主要可分为以下四类：

1. 派遣专业咨询团队与投资方共同组建现场管理机构。代表项目为恒逸文莱PMB石油化工项目。

恒逸文莱PMB石油化工项目位于文莱达鲁萨兰国大摩拉岛，由浙江恒逸集团有限公司和文莱财政部全资设立的主权基金合资建设，是以原油、凝析油为原料的千万吨炼油化工一体化项目。该项目是中国民营企业在海外最

大的建设投资项目，是深入贯彻"一带一路"倡议，将南海建设成和平之海、友谊之海、合作之海的典范工程，获文莱国王苏丹批准，利用 PMB 岛 260 公顷土地作为项目用地。一期工程包括一座年处理 800 万吨原油的石油化工厂，以及配套的罐区、码头、电站、海水淡化厂和公用工程等。总占地面积约 195 公顷，总投资 42.92 亿美元。

因文莱无相关工程建设经验和标准，该项目执行的是欧洲标准，安全、环保等方面执行当地法规。项目要求人员能适应长期外海登岛作业环境或具有海外工程项目管理经历，熟悉欧标及文莱的相关施工规范；具有丰富的设计或工程施工经验，从事过大中型石化、化工、港口类工程建设的项目管理工作；熟悉各专业施工现场管理，能独立编制各专业施工组组织设计、方案，熟悉各类验收规范等。

科兴公司承担的具体咨询服务包括：提供项目各种招投标、合同谈判、开工前的施工准备、工程设计管理、项目网络计划、项目程序文件编制及政府部门报批；提供四控制、两管理、一协调等。

2. 派遣专业咨询团队独立组建现场管理机构。代表项目为越南海阳 2×600MW 热电厂项目。

越南海阳燃煤电厂位于越南海阳省，建设规模为两台 60 万千瓦亚临界机组。项目总投资 18.685 亿美元，以 BOT 模式建设，建设期 54 个月。EPC 总承包商为中电工程西南院和中电工程国际公司组成的联营体。该项目是迄今为止中国公司在越南单笔投资额最大的项目，国家有关部委非常重视，已将其列入"一带一路"建设重点示范项目。

该项目由中国企业设计，使用中国规范标准。实施过程中参考越南国家标准，涉及安全、环保、职业健康方面的全部按照最高、最严、最新标准执行。对人员要求也很高，需要具备较高的英语水平，能够阅读英文版的合同、工程报告、信函、设计文件、规范、图纸等，能够起草英文版合同、工程报告等；具有丰富的类似工程项目管理经验，全面掌握相关施工技术；熟悉国标及越南颁布的相关施工规范、质量要求、过程检验等；熟悉授权范围内项目管理过程中所需的各种资源，具有较强的组织、管理、领导和协调能力等。

科兴公司承担的具体咨询服务包括：代表投资方组织设计、施工及设备采购招标工作；对设计、施工、设备制造安装的合同、质量、进度、投资、职业健康、安全环保以及组织协调工作开展咨询管理服务；组织中间交工验收、竣工验收等。

3. 派遣咨询团队与EPC总包单位共同组建项目部管理机构。代表项目为印尼西加里曼丹2×100MW电站项目。

该项目位于印尼西加里曼丹省，距三口洋市约20千米。项目建设2台净出力为100兆瓦的超高压燃煤机组，采用海水一次直流循环冷却，建成后年发电量14千瓦·时。项目招标方为印尼电力公司PLN，投资方为中国

协鑫能源控股公司及印尼公司 Indonesia Power，山东电建三公司与中交第三航务工程勘察设计院有限公司及当地伙伴组成联合体 EPC 总承包。总承包范围除电厂外，还包括 2 千米进厂道路、30 千米输变电线路及对侧变电站改造。

印尼素有"千岛之国"之称，境内煤炭和天然气资源丰富，人口数量约为中国江苏省人口数的 3 倍，发电装机容量却只有江苏省装机容量的一半，仅为 5600 万千瓦。该项目是印尼政府电力规划项目之一，不但能够为该地区提供丰富、可靠的电力保障，而且能够高效利用煤矸石等废弃资源，为当地居民提供上千个就业机会，有效带动地区经济发展。

安全、质量方面，项目基本执行国内标准；环境保护方面，则基本执行印尼标准。项目要求人员具有较为丰富的海外工作经验，具备较强的英语沟通能力，有印尼或周边国家生活或工作经历，熟悉印尼相关法律法规；具备较高的专业技术能力，熟悉国内施工规范标准和各种施工工艺，熟悉施工现场管理方法和施工技术，能熟练制定各种施工方案和运用常用办公绘图软件；具备较强的项目管理能力，在一定的授权范围内应能够独立开展本专业咨询服务等。

科兴公司承担的具体咨询服务包括：协助 EPC 总包单位落实出资方相关管理工作的目标和措施，制定该项目的工程进度、技术交底、变更设计等制度，检查、督促各施工队的执行情况；编制该项目的实施性施工组织设计及重、难点工程的施工方案，审定各施工队编制的分部工程施工组织设计；主持图纸会审及现场核对，参加设计交底，负责对施工队进行技术交底等。

4. 派遣专业技术团队为科研项目服务。代表项目有孟加拉巴瑞萨 350 兆瓦燃煤电站项目。

该项目位于孟加拉国的南部巴尔古纳（Barguna）地区，紧邻孟加拉湾，按 2 台机组设计，装机容量 2×350 兆瓦，拟采用超临界燃煤机组，新建专用供煤码头和约 30 千米的 400 千伏输电线路。项目由中国电建集团海外投资有限公司旗下的巴瑞萨发电有限公司投资建设，总投资约 35.8 亿美元。

孟加拉国近年经济发展势头良好，年均 GDP 增长率 6% 以上，基础设施市场前景很大，巴瑞萨 350 兆瓦燃煤电站项目的建设，将进一步深化巩固中孟两国传统友谊，调整孟加拉国电力及能源结构、缓解供需矛盾、优化投资环境、促进基础设施建设和人口就业。

项目要求咨询人员具备较高的身体素质，尤其是能吃苦耐劳；具备丰富的专业知识和勘测工作经验，有一定的课题研究经历；具备较强的沟通协调能力，有与项目所在地的居民和谐相处的能力；具有试验检测工程师、测绘工程师等职业资格证书。

代表项目拟建港址位于孟加拉湾北岸。该区域多以沙质海岸为主、潮流较弱、波浪较强，沿岸流是该海区的主要运动形式，沿岸输沙量较大。EPC总包单位委托南京水利科学研究院对该项目的海岸稳定性、港口平面布置优化、港池、航道泥沙回淤等问题进行研究。科兴公司参与该课题研究，委派专业技术团队对港口所在海域的水下地形进行勘测，为后续港址附近海域海岸稳定性及泥沙运动研究、波浪数学模型研究、潮流泥沙数学模型研究、极端天气下的航道骤淤估算等课题研究提供基础数据支撑。

二、承接海外项目过好"六道关"

1. 规范标准关。要熟练掌握国际及国内规范标准，熟悉项目所在地的安全、环保等地方要求，并认识到国内规范比较细致，如试验检测项目比国际规范要求更多。

2. 协调难度关。一般海外投资项目都存在投资体量大、协作单位多的特点，项目参与各方利益纠葛多，组织协调工作难度比国内项目咨询管理大得多。

3. 语言差异关。海外项目参与方多、人员构成复杂，除项目规定的官方语言外，或多或少还会涉及其他语种，因此，配备好必要的外语人才，特别是合同约定官方语言的人才十分重要。

4. 工人管理关。海外项目属地员工受教育程度普遍较低，学习新技术的能力差；纪律性差、普遍较懒散；做事缺乏时间观、计划性，工效低。

5. 设计审查关。目前国外项目施工图纸大部分是国内设计单位设计，存在设计材料与当地材料供应不匹配现象，常导致无法购买符合设计规格的材料。

6. 人员要求关。国外施工项目一般投资较大，项目管理模式均为规模化管理，要求外派咨询团队细化专业分工，对各监理人员专业技能要求高。

三、海外项目要求及建议

1. 人员综合素质要求高。咨询管理服务人员必须一专多能，具备至少一种工程建设技术技能，掌握经济、管理、法律知识，并具有较强的组织领导能力和系统化、信息化思维。

2. 人员身体条件要求高。要能适应国外的气候、水土和饮食；能适应长期在外、野外工作，并且耐得住寂寞。

3. 技能要求全面。要熟悉国际工程项目建设方针、政策和法规；掌握一定公关技巧，有快速反应能力，懂得"双赢"原则，会处理"伙伴关系"，善于用谈判解决实际问题和难题；具有熟练的外语听说、阅读和信函及简单的写作能力。最好熟悉一点国际通用的管理和有关国际工程管理专业的词汇、用语及其含义，达到业务上无障碍交流与合作。

4. 风险评估要到位。要充分评估员工人身安全风险、经济风险（汇率变动、合同报价、保险内容涉及范围等）、合同执行风险（当地自然环境、政治局势、资源情况等），以及所在国法律、法规对工程建设的进度影响等。

时任中华人民共和国驻文莱达鲁萨兰国特命全权大使前往江苏科兴项目管理有限公司参建的恒逸文莱 PMB 石油化工项目考察

5. 团队精神要求高。派驻海外的员工必须形成一个团队，有相应的项目负责人、较为完善的内部管理架构，保证人员间的顺畅沟通，定期组织内外交流活动，增强团队凝聚力。

对于国内监理企业如何更好地参与"一带一路"建设，我们建议：

1. 做好内部准备。包括做好一专多能综合性人才的储备，特别是外语人才的培养；做好 BIM、大数据和虚拟现实等新技术的开发利用，以提升工作效率与精细化管理水平等。

2. 做好外部调查。要提前做好拟参与"一带一路"项目建设所在国家的基本情况调查，包括相关法律法规、标准规范的辨识与翻译，以及其他参与单位的经验及教训等。同时，建议在人员出国前以集中授课方式开展针对性的培训。

3. 建立行之有效的应急预案。要针对海外工程项目管理的特点与复杂性，制定相关应急预案，以降低风险，达到事半功倍的效果。

构建"复合式"咨询模式

　　天津中北港湾工程建设监理有限公司 (简称"中北监理公司") 是中国水运工程系统首批成立的工程监理单位之一，自 1990 年成立以来，先后承揽了缅甸蒂洛瓦船厂一期工程（商业项目）、毛里塔尼亚友谊港丁坝和防砂堤维修工程（援外项目）、援巴基斯坦瓜达尔港口项目一期工程（援外项目）、援斯里兰卡渔业码头修复工程（援外项目）等施工监理或项目管理任务。

一、项目基本情况

序号	国别	工程项目名称	建设规模	建设资金来源
1	缅甸	缅甸蒂洛瓦船厂一期工程	具备年建造 5 搜 1500-3000DWT 船和修理 50 艘同等吨位范围船的船厂及相应配套设施，1 个 5000T 升船机系统，2 个 1500-3000DWT 船台，2 个 3000-5000DWT 船台，水平横移区、舾装码头、浮码头、相应车间及设施等	中国政府财政资金
2	巴基斯坦	援巴基斯坦瓜达尔港一期工程	建设 3 个 2 万吨级多用途泊位及配套设施，水工结构按 5 万吨级集装箱泊位设计，码头岸线长 602 米，进港航道 4.24 千米，港区道路面积 5.9 万平方米，吹填造陆面积 149.4 万平方米	中国政府财政资金
3	毛里塔尼亚	援毛里塔尼亚友谊港丁坝及挡砂堤维修工程	250 米长丁坝及挡砂坝	中国政府财政资金
4	缅甸	中缅原油管道项目原油码头及航道、水库工程	建设 1 座 30 万吨级原油码头及约 30 千米长的航道疏浚工程和水库等相应的配套工程	中国企业投资

可以看出，中北监理公司目前参与完成的项目以援助项目为主、部分商业项目为辅，业主主要为中国政府或中国企业，采用标准仍为中国标准，可见我们在"一带一路"建设中，参与的国际化程度不高，还有很大的努力空间。

二、服务内容及实施方式

对援外项目或中国业主项目，大多仍沿用国内监理模式，主要是质量控制、进度控制、费用控制、合同管理、信息管理、HSE 管理与综合协调。但随着国内项目管理模式的变化，代建制、PMC 的出现，近期援外项目的管理要求也发生了变化。如《对外援助成套和技术援助项目实施企业工作指导手册》增加了如下内容：

1. 落实项目建设用地，复核现场情况，督促受援方政府相关部门办理土地使用手续、进场许可证、项目建设许可证等。

2. 督促受援方政府相关部门完成场址红线范围内的拆迁、拆除和清腾工作，修建进入施工现场的临时道路，并将施工供水管线和供电线路接到指定地点。如受援方无法接通施工用水、用电以及修建临时进场道路的，工程总承包企业应通过自发电、购水或打井等方式自行解决开工所需的各项条件并承担所需费用，不构成业主责任，现场不得以此为由延误项目开工日期，否则应承担违约责任。

3. 确定临时设施建设（设置）用地，并与受援方政府相关部门办理必要的手续。

4. 复核采购文件及考察报告建议的当地材料采购来源的可靠性，落实取弃土场。

5. 落实施工机械设备租赁和当地工人招聘工作。

6. 与受援方指定机构协商免税事宜，并明确清关提货程序和手续。 如因受援方配套资金落实、技术能力和行政效率等因素导致免税无法落实，工程总承包企业应在投标报价风险预涨费项下自行解决，不构成业主责任，不得以此为由延误项目开工日期以及施工工期，否则应承担违约责任。

7. 其他开工前必要的对内对外工作。施工先遣组对外协商工作应在我驻受援方使馆经商机构指导下开展，如遇外方无法履行相关责任义务、现场条件重大变化等情况，须及时提出处理意见报项目管理企业审核。

三、来自中缅项目的启示

由于项目在国外施工，项目所在国的气候、地质、施工环境、人员等都与国内有所差异，且由于运输周期较长，工期一般都在两年以上，因此，项目管理也具有一定的特殊性，我们以中缅原油码头航道水库工程准备为例进行简述。

1. 文化差异。我们所执行的项目一般为中方总承包项目，施工企业大部分为中方人员，但按照当地的法律要求，必须有一定的当地工人。因此，在工作过程中一定要尊重当地人的宗教信仰和民族习惯，适当做一些公益，取得当地人的支持。我们在缅甸援建了民工学校以及为居民供水、供电的项目，并开展了捐赠活动，让当地居民受益。

2. 气象条件的差异。在东南亚、非洲，雨季是影响施工进度的一个重要因素。施工计划要合理考虑雨季交通及气象条件对施工的影响，对受雨影响的分项工程提前或延后施工；合理组织施工安排，做到晴天抓紧室外工作，雨天安排室内工作；做好建筑材料的防雨防潮；保证施工现场道路、设施的排水畅通；遇到大雨应立即停止混凝土的浇筑；雨季施工要做好防滑加固。

3. 地质。中缅原油码头位于缅甸诺开邦皎漂，地质条件复杂，迥异于国内的砂质海岸和淤泥质海岸，该处地质条件为泥岩、砂岩交互分布，必须采取技术措施对其进行防护、隔离。该工程在实施过程中采用水下不分散混凝土技术进行处理，确保了基床的稳定。

4. 物资组织。皎漂处于诺开山以西，石料丰富，但强度普遍不高，不能满足基床抛石及混凝土施工要求。该项目石料主要来自缅甸东部毛来棉地区，采用海上运输。陆路运输因缅甸采用东盟道路设计标准，受限较大，基床炸礁等火工材料完全依赖中国进口。马德岛当地也没有水电供应，完全靠施工单位自行解决。

四、国际化转型的两个阶段

随着国家"一带一路"倡议的深入实施，政府或央企投资集团将成为全过程工程咨询的主要需求者，政府和央企投资的海外工程建设项目将构成庞大的市场基数。其中哪怕只是一小部分用于进行全过程工程咨询，也将是非常巨大的市场需求。这种潜在的市场需求一旦打开，将彻底改变现有工程咨询服务市场的"碎片化"结构模式。但鉴于历史与现状，在"一带一路"国际工程项目对工程全过程咨询和项目管理提出更高要求的情况下，监理企业服务能力基础较弱、业主价值认同不高、业态版块缺失等诸多问题进一步暴露。

因此，有实力的监理企业应顺应时代潮流，尽早借鉴国际通行惯例开展全过程工程咨询服务，加速向具备全过程工程咨询服务能力的国际化企业转型发展，具体可分两阶段进行。

1. 第一阶段：加强建设，补短板

（1）加强创新能力。监理企业要强化技术创新和管理创新能力，提升创新增值服务，延伸核心竞争力。要发挥监理协调能力强的优势，利用全过程管理所掌握的各类信息，提高监理企业技术部门、项目总监、监理工程师等对设计的深入理解能力、造价管理能力、施工技术管理能力，准确把握业主的建设意图，更好地统筹协调参建各方，不断提升对业主的服务价值。要加强公司总部对各项目的支持和远程监控能力，实施"强后台 - 精前端"的管理模式，同时加强项目管理标准化建设，在实践中持续提升企业的整体管理水平和能力。

（2）加强人才建设。要实现监理企业的可持续发展，最重要的是采用自主培养人才方式来聚集适合企业发展的人才，同时适时引进企业急需的专业人才。可借鉴国外先进管理理念，通过联盟合作、集中培训、技术交流等多种方式开展多层次、多梯度的人才培养队伍，打造学习型组织。此外，还应持续研究、改进人才晋升考评体系、待遇与能力关联制度，将薪酬分配向对企业贡献大的核心人才和潜力人才倾斜，让人才真正愿意在企业发展，实现与企业的共同成长。

（3）加强信用建设。监理企业的诚信口碑和品牌效应对企业的健康发展至关重要，因此监理企业应按照政府监管部门和行业协会的要求，着力打造企业诚信体系建设，加强企业履约合规性建设，提高监理人员职业道德素养，坚决抵制破坏监理公约和执业道德的不良行为，努力提高工程监理行业的社会公信力。

2. 第二阶段：完善组织模式，与国际接轨

全过程工程咨询是在投融资、勘察、设计、工程管理（监理）、造价与招投标一体化功能的基础上，为工程建设业主提供综合型工程咨询服务。目前，国际上大中型基础建设项目，无论是中国政府对外援助项目、中国对外投资项目或是国际间资本合作项目，均包含项目的融资、策划、规划、建设、运维等。而项目投资方需求的是项目全生命周期的全过程咨询服务。因此，监理企业要想开展全过程工程咨询，必须完成工程建设组织模式向全过程工程咨询组织模式的建立和转型，必须整合投资咨询、勘察、设计、监理、招标代理、造价、运维等建设工程全过程的技术咨询服务能力。

鉴于设计在全过程工程咨询中的主导作用，监理企业欲"整合"设计环节，从目前看尚有较大的难度，应积极发展与勘察设计、造价咨询、运维管理的联合经营，采取以设计策划为先导的"复合式"咨询服务组织，致力于积累全过程工程咨询经验，努力向工程上下游延伸服务发展，真正做到与国际接轨。

"面对百年未有之大变局，惟改革者进，惟创新者强，惟改革创新者胜。"监理行业不忘初心、抓住机遇、改革创新、砥砺奋进，必将为交通建设高质量发展做出新贡献。

打好咨询这张"牌"

苏交科集团股份有限公司(简称"苏交科")作为一家基础设施领域综合解决方案提供商,始终致力于"为客户价值持续创新。"苏交科成立于1978年,2012年正式上市,2015年成立"苏交科集团股份有限公司"。目

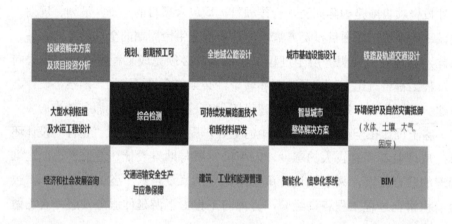

前共有29个一级子公司,在全球55个国家有常设机构,62个国家有在运营项目,是一家属地化、贴合客户需求、贴近所服务社会的全球化企业,致力于为客户提供高品质的工程咨询一站式综合解决方案。

一、基础设施领域一站式综合解决方案

苏交科连续15年被美国《工程新闻记录》(ENR)/建筑时报评为"中国工程设计企业60强"(2018年位列第6位),2019年在美国《工程新闻记录》(ENR)"全球工程设计公司150强"中位列第46位、在"国际

工程设计公司 225 强"中位列第 44 位。

江苏苏科建设项目管理有限公司 (原常州市交通建设监理咨询有限公司) 作为苏交科的全资子公司,从 2018 年开始承接海外业务,走向国际市场。

二、中国工程咨询企业发展现状

近十年来,中国对外承包工程新签合同额持续增长,整体业务保持良好的发展势头,对外承包工程业务领域主要分布在交通运输建设、电力工程、房屋建筑、通信工程和石油化工。

其中,中国工程建设的龙头企业已逐步成长为国际顶尖建筑承包商,典型代表有中国电力建设集团有限公司、中国交通建设集团有限公司等。但中国工程咨询企业国际地位和话语权明显不足,海外项目收入相较国外龙头占比过少,仍由美国、英国、荷兰、加拿大等国咨询企业占据主导。

中国工程咨询与国际同行的对比

	国际巨头	国内企业
业务模式 (国内工程企业很难为业主提供全方位的一揽子技术服务)	跨多领域以及全寿命周期咨询 例如美国福陆公司 (FLUOR) 业务涉及范围包含:可行性研究、项目规划、工程咨询、融资服务、勘察设计、施工建设、采购服务、工程监理、项目管理、开车服务、设备维护、人力规划、特许经营 13 项服务	局限在某一、两个行业领域或某些特定阶段,分散咨询
技术话语权 (与国际龙头咨询企业竞争中的先天不足)	欧美国家的工程技术标准体系成为国际上的主流	我国虽然在改革开放以后,取得了举世瞩目的跨越式发展,但还难以撼动欧美体系的主流影响
咨询理念 (一项工程的咨询往往包含经济、社会、财务、法律、环保分析等诸多方面)	以功能设计为主导 方案设计层面 工程决策层面	更加关注工程的实施,工程决策层面,欧美的工程咨询企业在咨询理念上比我国的企业涉及更广

三、苏交科"走出去"的足迹

苏交科于 2009 年开始自主拓展的海外探索，安哥拉公司是他们设立的第一家海外子公司，此后又相继设立了马来西亚、斯里兰卡等海外分支机构。2013 年，苏交科公司成立海外部，通过与"中电建""国机集团""中国路桥""中信建设"等央企合作，共同开拓海外市场，提供各阶段咨询服务。

随着国家"一带一路"建设的进一步推进，苏交科公司进一步加快全球业务布局和国际化步伐，2016 年完成了与欧美知名企业西班牙 EPTISA 公司的战略联合。这是苏交科主营咨询业务"国际化"战略的重要组成部分，旨在为国际客户提供咨询服务，发挥中外咨询公司各自的业务特长，联手拓展"一带一路"市场。目前，苏交科已在"一带一路"沿线国家开展了基础设施咨询、经济社会发展顾问、智慧城市、环境保护、自然灾害抵御、农田灌溉、水资源管理等系列业务。

2018 年，苏交科与中国央企合作参与"一带一路"EPC 项目（孟加拉国达卡高架高速公路全过程咨询项目）。该项目北起阿苏利亚地区的达卡出口加工区（Dhaka EPZ）附近，向南延伸至达卡国际机场环岛，并在此与建设中的达卡高架高速公路（DEEP）对接，是亚洲公路网在孟加拉国境内的重要组成部分。

该项目主体工程为长 24 千米的高架路，设计速度 80 千米 / 小时，车道宽 3.65 米，高架桥全宽 20.56 米，主线多为跨径 30 米至 35 米的工字梁。其他主要工程项目有匝道 7.3 千米，地面道路两车道改四车道 14.28 千米，匝道收费站 9 处，跨线桥 1.9 千米。项目主要采用美国 AASHTO、ASTM 检测规范和孟加拉本国建筑 BNBC 规范标准。合同总造价 13.1 亿美元（约合 85.2 亿元人民币），其中建安费约 8.2 亿美元（约合 53 亿元人民币）。建设资金来源为 85% 中国进出口行银行贷款 +15% 孟加拉国自筹资金。总工期 5+2 年，勘测设计施工为 5 年，运营期为 2 年。

该项目主要服务内容包括孟加拉国 DAEEP 项目达卡高架道路、桥涵、管线、交安设施及相关附属工程的施工以及为实施以上工程所必需的临时工程的设计咨询、施工及工程缺陷修复的施工监理与缺陷责任期服务。

鉴于首次在海外开展 EPC 项目，苏交科预计了项目开展难点，并制定了相应措施：针对政治动荡、突发事件、疫情疾病等项目执行风险，提出"积极参保，包括单个工程项目职业责任保险、人身险等"；针对语言交流障碍，提出"组织专业培训、配备翻译工具、聘请翻译人员"；针对"菲迪克条款理解深度：对美标 AASHTO、ASTM 规范标准和孟加拉国建筑 BNBC 标准了解不足"问题，提出"联合地方企业，聘请海外专业咨询师，与地方同行交流，积极吸取海外国家的工程监理工作经验"；针对人员选拔难度大的问题，提出"人选可靠、少而精、工作综合能力强"；针对质量、进度、投资风险控制问题，提出"收集掌握所在国有关工程的法律法规、技术标准，吸收有经验的海外咨询工程师参与"；针对法律法规、风俗习惯、宗教规定等，指出要遵纪守法，注意言行，友好社交，保持与大使馆的良好联系。

三、合作多赢需要各方共同努力

文化融合方面，对当地文化风俗、法律政策不熟悉、不理解，会造成项目推进困难甚至引发冲突。

全过程咨询要求方面，"一带一路"项目建设地区按照国际惯例要求咨询企业提供全过程咨询服务，这对工程咨询企业提出了更高的要求。

技术标准方面，各国执行的技术标准不一，甚至同一国家的不同地区都可能执行不同的标准。

市场环境方面，部分国家市场秩序不够规范，带来收益难以保障、资金安全等问题；部分国家政权更迭、政策不稳定，导致投资风险，沉没成本高昂。

"一带一路"要真正实现合作多赢，需要各方共同努力—— 中国央企要选择熟悉目标地区文化、技术标准的咨询企业共同参与市场。同时，对咨询企业要有正确的定位，收益共享、风险共担，建立紧密的伙伴关系。

全过程咨询服务

前期阶段
- DBR设计监理与咨询、造价咨询等
- 项目建议书、前期谈判支持、招投标支持

- 公路、城市道路勘测设计（初步设计、详细设计）
- 设计优化和咨询
- 设计管理

设计阶段

施工阶段
- 工程检测、路面技术服务
- 施工监理
- 项目管理

  中国工程咨询企业要加强对"一带一路"沿线国家文化、法律、技术标准、工程惯例的学习，致力提升全过程咨询服务能力，适应国际项目咨询惯例。

  "一带一路"沿线国家要努力营造良好的市场环境与规则，建立秩序，招商引资，并给予投资企业一定的政策保障支持，包括基本的人身安全。

  中国政府与专业协会要为"走出去"的企业搭建信息平台，提供辅导，帮助企业了解当地的风土人情、投资政策等，并给予相应的风险提示。同时要鼓励其他企业积极参与"一带一路"建设，并建立相应配套政策。

海外成为"主战场"

广州华申建设工程管理有限公司（简称"华申公司"）2008 年就开始了海外工程建设咨询（监理）市场的拓展，并逐步将其作为公司的主营发展方向，从中提升了能力、积累了经验，也培养出了稳定的客户渠道。目前，华申公司已成为我国监理行业"走出去"的骨干力量。

一、华申公司海外咨询的足迹

经过十多年探索，华申公司参与了多个沿线国家的海外项目，具体如下：

序号	工程概况	资金来源	使用规范	监理人员资质要求	服务内容
1	印尼西爪洼 INDRAMAYU（3×330MW）电厂项目码头工程	印尼国家电力公司	中国规范	总监监理证、高工、英语好	设计咨询、施工管理
2	印尼 SULAWESI（2×50MW）燃煤电厂工程配套码头工程	印尼国家电力公司	中国规范	总监监理证、高工、英语好	施工管理
3	中缅原油管道工程工作船码头及附属设施	东南亚原油管道公司	中国规范	总监监理证、高工、类似业绩	施工监理
4	斯里兰卡普特拉姆 1×300MW 燃煤电站项目循环水系统	中国进出口银行	中国规范英国规范	总监监理证、高工、英语好	施工管理
5	印尼巴齐丹（2×315MW）燃煤电厂工程配套水工工程	印尼国家电力公司	中国规范	总监监理证、高工	设计咨询、施工管理

6	印尼 DBP 项目运煤通道工程	印尼 DBP 项目公司	中国规范	总监监理证、高工、专业人员配套	设计咨询、施工管理
7	印尼 AWAR-AWAR2×350MW 燃煤电站项目码头工程	印尼国家电力公司	中国规范	总监监理证、高工，具类似业绩	设计咨询、施工管理
8	菲律宾 Mariveles（2×300）MW 级电站项目码头工程技术咨询与施工管理	美国黑石集团	中国规范、美国规范	总监高工、英语好	技术咨询、施工管理
9	印尼 Adipala66 万千瓦超临界燃煤电站项目海工施工管理	印尼国家电力公司	中国规范、英国规范	总监监理证、高工、英语好	技术咨询、施工管理
10	柬埔寨西哈努克港 7×135MW 机组海水冷却取排水及码头工程	C.I.I.D.G 鄂尔多斯鸿骏电力有限公司	中国规范	总监高工，类似业绩	施工监理
11	越南永新二期 2×622MW 火力发电机组总承包项目深水码头工程技术服务与施工管理	南方电网股份公司	中国规范	总监监理证、高工	技术服务、施工管理
12	马来西亚 1000MW MANJUNG 燃煤电站取水及泵站工程	法国阿尔斯通公司	中国规范、英国规范	总监高工、英语好	施工管理
13	印尼 BATAM TJK2×65MW 燃煤机组电厂码头及循环水取水设施工工程	印尼国家公司	中国规范	总监监理证、高工、类似业绩	技术咨询、施工管理
14	柬埔寨西港 2×50MW 燃煤电厂海工工程	柬埔寨能源集团	中国规范	总监监理证、高工、英语好	技术咨询、施工管理
15	柬埔寨滨海旅游度假区 1 万吨级多用途码头工程（设计阶段）技术咨询服务合同协议书	柬埔寨海滨集团公司	中国规范	总监监理证、高工、英语好	技术咨询
16	印尼巴厘岛一期 3×142MW 燃煤电厂项目码头及取水设施工程	印尼巴厘岛能源公司	中国标准、美国标准	总监高工、英语好	施工管理
17	国投印尼巴布亚 2×3200t/d 新型干法水泥生产线项目配套专用码头工程	中国国家开发投资公司	中国标准	总监高工、类似业绩	施工管理

46

18	印尼塔卡拉2×100MW燃煤电厂项目码头及取排水工程技术咨询及工程管理	印尼国家电力公司	中国标准、美国标准	总监高工、英语好	技术咨询、工程管理
19	印度尼西亚棉兰工业园2×150MW燃煤电厂工程码头工程	中国泛海控股集团有限公司	中国规范	总监监理证、高工、类似业绩	施工监理
20	越南永新燃煤电厂一期BOT项目临时码头及煤码头建筑安装施工管理	越南电力公司	中国规范	总监监理证、高工、类似业绩	施工管理
21	安巴圣约翰港改扩建项目	中国进出口银行	中国规范、美国规范	总监监理证、高工、英语好	施工监理
22	越南沿海二期2×660MW燃煤电厂工程	越南电力公司	中国规范	总监高工，英语好	施工监理
23	印度尼西亚明古鲁2×100MW燃煤电厂工程码头等项目业主工程师合作合同	印尼明古鲁能源集团	中国规范	总监监理证、高工、类似业绩	施工监理

二、国内外工程咨询（监理）服务差异

从华申公司承接的海外项目咨询（监理）情况看，海外与国内既有相似的地方，也有差异之处：

1. 雇主不同：不管项目资金来自何方、采取什么承包方式，真正的业主还是国外公司或政府，他们对项目具有最终的接受权和评价权。因此，大多数项目他们都派有现场管理人员，对建设参与各方进行监管，我们咨询（监理）同样需接受其监管。

2. 用工规定：根据项目所在国的用工规定，我们的机构需要招纳部分当地员工。因此，管理时的语言、文化、工作时间等会有所不同，如何与他们相处好、把他们的能力发挥好，是一门新学问。

3. 条件艰苦：国外项目所在地远离中国，距离以及文化、制度、饮食、气候等差异，对奔波在外特别是常驻工程现场的人员提出了挑战。

4. 技术要求高：有的项目使用国外规范，需要技术人员具备很强的综合

能力，既要外语流利，又要有对技术的透彻理解。

5. 管理对象不同：在海外工程建设管理队伍中，除了中国的承包商，也会有国外的。欠发达国家的承包商往往设备差、技术管理水平低，并使用当地语言，对完成好工作挑战很大。

三、海外项目拓展注意六个方面

海外项目拓展与国内存在诸多不同，具体表现在：

1. 国情有别：国际形势风起云涌，区域发展很不平衡。因此，承接海外工程建设项目，首要是规避风险，包括政治风险、法律风险和自然风险等。同时，在海外工作生活，要充分了解并严格遵守项目所在国法律法规，尊重当地宗教习惯。正式进驻前，还需充分了解当地气候、自然环境以及交通情况等。

2. 使用新标准：必须充分掌握项目所在国项目管理标准或规范，熟悉国际通用的技术标准和规范，遵守国际技术标准，了解技术法规。

3. 讲究法律制度：国外项目实施模式主要有工程总承包（EPC）、项目管理服务（PM）、项目管理总承包（PMC）、设计施工总承包，不管通过哪种方式，建设各方都完全以合同为依据相互约束，所以作为咨询（监理）人员必须熟悉工程相关的合同文件并严格执行。

4. 保持和国内联动：海外项目中，工作信件信息的主要传输方式为局域网、电子邮件等，要随时保证网络的通畅，并定时做好电子邮件的分类整理，以作为日后工作采信的依据。

5. 按国际惯例工作：业主直接融资的项目多会聘请国外知名的项目管理公司做咨询管理，作为EPC聘请的技术咨询或现场施工管理单位，要适应他们的管理模式，学会分解目标、编制计划。

6. 知识结构要求高：海外项目对计划及进度管理极为重视，会通过各种软件对项目全过程进行监控，主合同中对进度要求一般都会附带罚款及索赔条款。这要求我们具有较好的知识结构，熟练掌握各种新的工作工具。

四、练好内功还要利用好保险机制

"一带一路"建设前景广阔，我们建议：

1. 积极主动参与：共建"一带一路"既是使命和责任，也是企业拓展业务、转型升级的重要途径。特别是在国内水运建设市场总体缩减的形势下，积极开拓国外市场是实现监理企业健康持续发展的重要方式。建议同行们大胆走出去，利用中国工程师的丰富经验和技术实力，为建设美好世界添砖加瓦。

2. 练好自身内功：监理行业在中国发展了几十年，但和国际同行相比差距还很大，为此，必须加紧苦练内功。

3. 杜绝低价竞争：低价竞争是目前国内监理市场的常态，若将这阵风刮到国际市场，则不光砸了自己饭碗，也毁了"中国制造"形象。因此，建议同行们宁愿不出国门，也不要和中国同行搞低价竞争。

4. 利用好保险机制：海外项目所在地多为不发达地区，政治、气候、社会治安等都较差。建议走出去的企业要加强保险意识，在选择国家时要有充分的风险意识，做好保险安排，同时加强对人员的培训，提高防范意识。

依托传统业主布局海外项目

作为国家"一带一路"倡议重点建设的 15 个港口之一，烟台港积极探索海外拓展战略，布局海外物流运输体系，成功携手山东魏桥创业集团、新加坡韦立国际集团和几内亚 USM 公司组建"赢联盟"，共同打造了由几内亚矿山至中国氧化铝厂的铝土矿全程物流链条。

山东港通工程管理咨询有限公司（简称"港通公司"）跟随烟台港的拓展步伐，依托传统业主在海外项目的布局，在印尼、几内亚、缅甸三国承担了相关设计、项目管理业务，其中几内亚和印尼项目已投产运营。

一、重要项目概况及服务内容

1. 赢联盟几内亚铝土矿港口项目

几内亚铝土矿资源丰富，具有储量高、品位高等特点，探明储量约 290 亿吨，占世界探明储量的 30%。赢联盟在几内亚建设了 2 个铝土矿港区，分别位于 Nunez 河畔左岸和右岸，主要功能为：港口周边 100 千米范围内铝土矿开采后，通过陆路运输至港区，由该项目码头装载至 8000 吨驳船，再通过航道运输至外海锚地，过驳至 18 万至 30 万吨远洋运输船后运输至烟台港。

该工程包括新建 2 个港区及相应的运矿道路。其中，1 号港区占地 65 公顷，共建设 8000 吨驳船泊位 4 个，包括 2 个重力式泊位和 2 个桩基泊位，分别采用固定吊和皮带机装船工艺，年通过能力约 2000 万吨。后方除布置办公生活区和生产辅助区外，还结合当地缺少相关配套的现状，建设了油罐区、加油站、重油电站、氧气乙炔厂、净化水厂、垃圾焚烧站、污水处理站等设施。运矿道路全长 53.5 千米，路宽 16 米，沿线设置涵洞 48 座，并修建了港口至博凯市区的 16 千米联锁块硬化道路。

2 号港区总占地 800 公顷，为综合性港区。一期共建设重力式 8000 吨

运行中的 1 号港区

驳船泊位 5 个，采用固定吊装船工艺，年通过能力约 3000 万吨。后方除建设有办公生活区、机修设施、仓储设施、加油站、重油电站外，还建设了造船船台和修船浮坞各一座，可满足年 20 余艘驳船建造及上百艘运输船舶的维修需求。港区运矿道路全长 81.3 千米，路宽 20 米，沿线修建了 5 座桥梁。

赢联盟几内亚铝土矿项目资金为企业自筹，共投资约 3 亿美元。港通公司承担了其中的勘察、设计及全过程项目管理工作。

运行中的 2 号港区

修建完成的运矿道路

运行中的运矿道路大桥

项目投资方为中国、新加坡、几内亚三国，建设标准采用中国现行建设规范标准。人员参照中国相关要求，基本和国内项目一致。

该项目除建设常规港口工程外，还要建设油罐区、电站、氧气乙炔厂、净化水厂、垃圾焚烧站、污水处理站等。因此，既要求人员配置体现多专业全方位，又要求人员具备实际操作能力。项目建设过程中，业主仅派遣了4个人组成的管理机构，尤需强大的项目管理团队。港通公司参与该项目勘察、设计、项目管理的人员达到百余人，其中派驻现场各专业人员60余人，高峰时段常驻现场项目管理人员36人。

魏桥集团携手韦立集团、印尼哈利达集团在印尼建设了一座 200 万吨 / 年氧化铝厂，并配套建设相应港口设施。宏发韦立氧化铝公司码头工程位于印尼西加里曼丹岛西海岸，共建设 5 个 8000 吨级驳船泊位及 1 个 11000 吨氧化铝专用泊位，并建设相应的配套设施。

该码头工程由中国、新加坡、印度尼西亚三国企业合资建设，资金来源主要为自有资金和银行贷款，项目投资约 1.5 亿美元。建设标准采用中国规范标准。港通公司在该项目中承担了一期工程的全过程项目管理和二期工程的勘察、测量、设计及全过程项目管理。

项目投资方主要为矿山开采、氧化铝厂建设、远洋运输等企业，港口建设经验较少，且项目投资方对投资控制较为严格，急需具有丰富咨询经验和项目管理经验的人员进行现场服务。为此，港通公司从一期水义观测阶段即派员进驻，共派遣项目管理人员 7 人。

2. 丰益缅甸项目

缅甸国内粮油加工市场规模较小，市场需求量大，Wilmar 集团与 Resource Group Trading 2014 年合资成立丰益缅甸有限公司后，积极筹划粮油加工项目建设。丰益缅甸项目正位于缅甸仰光省迪拉瓦经济特区皎丹镇迪拉瓦港。

该工程是集码头运营、米面油加工仓储、物流于一体的综合性项目。占

工程一瞥

地4.4万平方米，主要建设内容包括6万吨级码头工程、600吨/天的面粉厂、小包装油及罐区、1200吨/天水稻综合加工、发电厂、米糠油厂、仓储物流项目等。项目建设方为国际合资企业，建设资金为企业自筹。

该项目投资方为新加坡企业，除面粉、码头项目外，其余均按中国国家标准进行设计、施工、监理。咨询（监理）人员的资格要求基本和国内项目一致。港通公司承担了部分项目的监理、设计、招标、造价咨询等，先后派遣项目管理人员10人（其中当地招聘2人）。

二、海外项目四大特色

与国内项目相比，海外项目具有以下特点：

1.工程建设管理更需要全过程、全方位的工程咨询服务

从港通公司参与的几个国外项目看，业主更需要工程咨询企业从工程前期咨询、项目手续办理、招标代理、造价咨询、设备物资物流及报关管理、退税管理、工程监理、交工验收、生产运营等各个方面提供全过程、多方位的咨询服务。单一的工程监理服务既无政府方面的强制推行，也不适应项目建设的实际需求。

2.学习适用国外标准体系，推动使用中国标准

（1）国际项目（非中方投资）很多使用英国标准，规范标准的内容与我国有很大差异，需要国内咨询企业学习掌握。

厂区俯瞰

（2）国际项目一般使用菲迪克标准合同文本，其对于参建各方的责任义务及工作程序等的规定，与国内有很大差异。项目开始前应注重学习，过程中应注重研究并依据合同，此外，还要在维护和保持自身地位的同时，建立与合同相关方的良好工作关系。

（3）中国投资的海外建设项目，各方大都有中国企业参与，经向当地政府争取，一般可以采用或参照中国建设标准。

3.工程建设环境是影响工程项目设计和实施的重要因素

（1）几内亚项目所在地没有公共电力供应，基本没有建设主要材料供应，因此设计方案要考虑所有材料和构件在国内采购、完成，尽可能采用燃油动力的设备，在项目管理的组织结构和人员安排上也必须考虑这些特点。

（2）在没有工程经验的地区开展价格调研是合理确定工程造价、保证合同顺利执行的关键，为此，应考虑在当地条件下人、机、料、法等的供应状况，研究分析价格构成和调整的方式方法。

（3）当地的建设条件，如当地政局、社会治安、卫生医疗、民风习俗等影响着工程建设的多个方面，尤其对人员安全健康影响重大。工程项目咨询前期要做多方面的调查，并在建设过程中补充完善，形成文件供参建人员交流。

4.投资方更关注项目实际投入产出情况

受国外政局等环境影响，投资国外项目更注重项目的实际投入产出，投资方更希望实现资金的快速回笼，降低项目的风险。因此，在项目设计和管理组织过程中，应充分考虑合理的分阶段施工和投产问题。

三、提供有价值的服务是制胜之本

1.要充分熟悉国外的税收政策、政策法规和民族风俗。

（1）充分掌握每个国家乃至每个项目的税收政策。不同国家有不同的税收政策，同一国家为了引进项目都会有不同的税收减免政策。我们投标印尼项目工程咨询服务时，按照国内的税收标准考虑，实际执行时税费高达20%（增值税10%、所得税10%）。几内亚项目由于海关免税证明审批未通过，导致项目部分钢材在当地缴纳高达 47% 的进口关税。

（2）要研究海外项目当地的政策法规，特别是用工政策、签证政策等。在我们参与的项目中，由于承包商使用当地工人数量不足，导致当地工会多次组织工人游行、罢工，阻碍现场施工，导致工期滞后。此外，部分国家对国外人员工作签证审核过严，费用也高，非工作签证入境从事劳务工作的风险较高，需要提前了解相关政策并采取相应的组织措施。

（3）国外很多法律法规，特别是民族风俗与我国有很大不同，要尊重各国公民的信仰，出国前应认真学习大使馆编制的一本通，并组织出国人员学习了解相应信息。

2. 海外项目的建设模式提出了更高要求。

海外项目多采用 EPC 或设计管理一体化等类似的建设模式，可实现项目管理全过程和扁平化、项目设计和实施有机衔接、业主人员少投入等多方面目的。但同时，这种方式对 EPC 牵头单位和项目管理团队的工作提出了更多更高的要求。

我们的项目需要报关、物流管理、物资管理等方面的人才，且需要外派人员在商务、合同、法律、税收等方面的技能。因此，项目咨询单位应组织好人力资源并着力提高相关人员的技术技能。

3. 海外项目对咨询单位的需求主要不是制度上的强制要求，而是项目建设的实际需要，能否提供有价值的服务是企业取得业务市场的根本。

（1）几内亚项目工期紧，于是我们根据现场设备和物资供应情况，提出工艺适用的方案，采取水下现浇方块的重力式码头结构，三个月完成了一个泊位的简易投产，实现了当年出矿 100 万吨的目标。业主得到了较好的经济和社会效益，我们也借此进一步承接了其他业务。

（2）充分利用先进的技术服务水平。在几内亚铝土矿码头项目初步设计过程中，因河道存在 2 处浅区，需要乘潮通航；为提高运输速度、降低运输成本，需要顺流航行，我们利用 BIM 技术，根据潮汐、装船效率、过驳效率以及航行速度等特点，对整个航道的运营进行模拟，制定了详细可靠的物流运营方案。

（3）我们利用在几内亚设计及管理方面的经验和优势，与其他单位合作开展海外的设计施工总承包业务，实现了企业的多元化发展，拓展了海外业务范围。

四、利用中国智慧树立中国形象

1. 在与国际市场的接轨过程中逐步认识和提高自己。

在参与"一带一路"的建设过程中，要充分了解国外的建设环境、规则标准、咨询服务水平，认识我们自身的差距和不足，改进服务、提升能力，树立企业形象。利用中国智慧、中国建设能力及中国影响，推动应用中国标准、树立中国形象。

2. 多方协同、跨界合作、优势互补，提供可靠服务。

海外项目很多是综合类，涉及多个专业乃至多个行业，比如一个矿山开采运回国的项目涉及矿山开采工程、水运工程、道路桥梁工程、铁路工程、电力工程等，而业主更倾向于委托一个咨询单位，这就需要咨询企业组织利用优势，实现多方协同、跨界合作，利用各行各专业的优势，为项目提供更优良的服务。

推动中国标准与国际接轨

面对"一带一路"的发展机遇，西安铁一院工程咨询监理有限责任公司（简称"西安铁一院"）先行先试、大胆探索，为推动中国标准与国际接轨做出了努力，也为制胜海外市场积累了经验。

一、斯里兰卡南部高速公路延长线咨询监理项目

该项目是中国咨询企业首次使用中国优惠贷款执行国际咨询项目，西安铁一院及早谋划、全力以赴：

1. 发挥设计前端优势，积极开拓国际高端市场。获得项目信息后，积极主动和国家有关部委、进出口银行、大使馆经商处和业主等汇报沟通，最终促成项目落地。

2. 项目目标居首位，多方沟通与协调。主动和承包商沟通协调，积极解决项目现场的实际问题，保证项目顺利推进。

3. 与欧美规范对标，合理推广中国标准。在咨询管理过程中，通过进一步对标欧美规范，适时推广中国标准。

4. 全球资源配置，加强属地化建设。提升全球资源配置能力，建立国际化项目团队，在项目管理的关键岗位外聘欧美专家16人。

5. 税务筹划早筹谋，确保项目收益点。项目商务谈判阶段就向业主申请汇出税、国家建设税、增值税的豁免，成功争取税务减免的有利政策。

由于该项目涉及的利益相关方多，矛盾错综复杂，项目执行过程中遇到诸多挑战。

（1）人员问题。一是招聘难。国际工程咨询项目对工程师的要求极高，如需将英语作为工作语言；很多岗位要求本科毕业后15年以上的工作经验，

合同索赔专家更需 20 年以上工作经验。二是进场难。业主对中国工程师不甚信任。三是管理难。项目工程师来源复杂，不同国家、不同文化的工程师融合在一起，对项目管理而言是大挑战。

（2）沟通协调。项目建设过程中，面对承包商抱怨、双方政府高层施加压力以及其他利益相关方的阻挠等，都需积极妥善沟通。

（3）资金问题。因方案优化带来的造价变化，以及前期垫资、计量、汇率等层出不穷的问题都需面对。

（4）承包商、业主等的核心诉求不同，咨询监理常面临进度与质量、灵活高效与流程僵化等矛盾。

此外，复杂的外部环境下，保障国家利益与履行工程师职责双重责任对监理咨询提出了更加严苛的要求。

西安铁一院在参与该项目过程中也积累了一定的经验：

1. 正视国际工程咨询与国内现状的差异。在该项目中，西安铁一院承担的是实施阶段设计咨询、施工咨询监理及项目管理。我们要正视国内外的差异，对标业内先进公司，在参与国际项目的过程中推动中国咨询行业与国际接轨。

2. 加强海外项目人力资源配置。该项目专家的进场门槛非常高，但西安铁一院用多种方式集结了众多国际优秀咨询专家及具有丰富海外项目经验的专家，确保了项目的顺利运行。海外人员储备不仅要注重外语能力，更重要的是思维方式要与国际接轨，要切实培养一批经验丰富、具备良好外语沟通能力、能参与国际性咨询行业竞争的高素质复合型国际咨询工程师。

3. 以融资带动项目落地。该项目是由中国进出口银行提供贷款的项目。面对国际工程发展的新趋势，要围绕业主开拓市场，以投资、融资、建设多角色推动项目落地。

4. 加强合同管理意识。在该项目中，有一个高级岗位设置——合同索赔专家，足见国际项目对合同的重视程度。中国企业要走出去，就必须提升合同意识，做好合同管理，加强预控，防范风险。

5. 关注海外项目政治风险。政治风险是海外项目需要高度关注的内容，斯里兰卡靠近欧亚国际货运主航线，战略作用备受关注，是大国博弈的战场。

项目进程中,西安铁一院时刻关注政治动态,力争提前预判风险。

二、秘鲁利马—卡亚俄地铁 2 号线和福西特大街

该项目是南美秘鲁第一条实际意义的地铁项目,由秘鲁政府与承包方签订协议,由承包方承担项目部分工程款的融资、全项目建设、阶段性特许运营,最终移交给秘鲁政府。项目的全过程咨询以联合国项目服务办公室组织牵头,采用全球化商业招标,中国、秘鲁、韩国三国监理联合体自由联合方式竞得。这也是中国咨询企业第一次以国际竞标方式获得技术服务合同。

三、从项目实践看,中外咨询项目差异明显

1. 从监理的阶段看,国内咨询包含设计咨询和工程监理,前期规划是投标前阶段进行的,一般不纳入全过程监理;而国外大多从初步设计阶段介入,内容宽泛。从职责单位看,国内有监理法律法规,有些具有强制性;国外监理范围严格按合同约定。从合同责任看,国内的合同责任和设计变更,业主有较大的权利;海外咨询强调严格遵守合同。从工作严谨性看,国内业主凭借其优势管理地位,影响设计、施工和监理,常突破合同标准;国外工作严谨性很强,必须在合同框架内进行优化。从技术标准看,国内标准分类细致,标准针对性强,通用性弱,应用时需针对性查阅,缺乏多语种版本,被认可程度低;国外标准分类宽泛,标准针对性弱,通用性强,应用需要多标准综合考虑,主要标准有多语种版本,被认可程度高。

2. 国外客户对咨询服务的关切点不同。海外业主往往希望在合同的框架内解决技术问题。给业主提供好的技术方案和参考意见,帮助承包商按合同进度完成工程,是工程师的基本职责。

3. 中方咨询人员有长处也有短板。从工程经验看,见多识广,对工程开展顺序、部署规划和过程重难点把控,以及工艺流程、要求掌握娴熟,对问题处理方案多;缺点则是对欧美和当地规范不熟悉,对海外工程的运作

特点了解不足，对于工程开展后的一些特定性要求掌握不多，处理问题不够灵活。从工作方式看，重视技术问题，对技术问题的处理以相关规范为准；缺点则是对职责范围内的管理责任认识不足，沟通方式不多，对外方组织机构中对中方关键岗位职责定位，容易按在中国的惯性思维考虑，对属地管理状态慢热。从技术能力看，中方人员设计与施工经验丰富，擅长现场管理；缺点则是中国工程师工作习惯与当地工作习惯有很大差异，对多方协调及商务管理方面的意识有欠缺。从语言看，对中文规范熟悉，对中方地铁规范熟悉；缺点则是对外方语言不熟悉，对现场合同要求和技术资料信息掌握不全面，大量欧美规范，能熟练应用母语以外语言的不多，大多靠翻译。

4. 配合模式。中方工程师主要在于语言能力不足，口语不流畅、阅读速度慢；其次对于欧美技术标准、规范不熟悉。但中方工程师的强项是技术问题的处理和对图纸的理解。通过近两年的工作时间，从没有外方语言基础到逐步可以进行阅读部分文件，已经有了进步，对欧美相关规范的常用条款也有了理解。但是从适应国外的工作节奏讲，仍需要积极提高外方语言阅读能力。当地工程师强项是语言交流，以及对法律和合同方面比较了解情况，对规范和标准的熟悉度要高于中方工程师，这就需要双方能有效地配合，取长补短，才能将双方的优势发挥到极致，审查出全面、完整和技术含量高的意见。

四、防控风险迎接挑战

相比于国内，开展海外咨询项目风险较多，需高度重视。

1. 商务风险。投标阶段应充分考虑是否存在法律障碍或业绩要求等硬性规定。如果自身资格无法满足招标文件要求，可以通过成立合资公司、组建联合体等方式规避此类风险。不同国家对 HSE 和劳工限制的要求差别较大，如果沿用国内的惯性思维投标会对项目执行造成灾难性的影响。同时还应对项目所在国的强制性要求进行充分调研，考虑其对工期、费用等影响，通过对投标工期、投标价格的调整来降低该风险，不建议参与规模较小的项目。

在合同谈判阶段，应全面分析合同条款是否苛刻，包括工期、罚款、责任上限、风险分摊原则等主要条款的规定，还应考虑报价范围、税务政策、报价币种及汇率、风险费额度、利润空间等因素。

实施阶段的建设环境变化也会对项目成本造成较大影响。比如政治经济形势出现较大变化，地质、气候等情况出现重大偏差。比如该项目进场两年已经历了两次总统更替，对项目进度均产生了不小影响。

2. 管理风险。首先，政府政策风险。对于重大项目，总统更换、内阁更替、官员更替等都会影响工程进展及连续性。此外，政策也会影响监理合同的延续。其次，进度风险（资金进款）。一是工程拖延造成支付延后。二是征地拆迁和特许人设计和施工进度不可控，2018年以来主要矛盾是政府征地拆迁、规划未批、管道迁改滞后影响工程开工进程。

3. 合同风险。项目存在的违约风险主要包括：人员到位情况不符合要求、人员未按规定上下班，EDI审查被业主判定不合格、施工方案审批出现重大失误、保函不能及时开具、现场出现重大质量问题与监理方有关等。海外项目重视法律及合同，项目开展必须深刻了解和应用当地的工作习惯和工程经验，严格执行合同规定的责任。合同约定不清晰的，须业主给出正式解释，方参照执行。作为外来工程师，须做好日常岗位问题的收集和思考，积极构建处理当地工程的思维模式。

4. 劳工纠纷风险。工期的不确定性，导致人员聘用时间存在变数，聘用期在签订合同时只能按估计时间签订，按当地法律，合同期一旦确定，无理由辞退员工，除非员工自愿。

5. 财务税收风险。国际工程类项目是否采用恰当的税收筹划方式直接关系到项目的利润水平及获取项目能力。因此，如何充分利用各国的税收政策及相互之间的税收差异进行国际税收筹划，合法合理地降低国际工程业务的税赋，实现利润最大化，应受到高度重视。海外财务税收体系不同，与国内存在较大差异，走出去的中国企业必须严格遵守当地法律法规，依法纳税，合理规避风险。

基于项目实践，我们的思考：

1. 关于语言困局。繁重的工作和语言的生疏，导致工作配合、交流理解

结下深厚友谊

和执行的不和谐。而国外综合咨询项目的显著特点是必须把专业工程师的专业水准和语言能力这两条腿有机结合起来，进行高层次的技术服务。这就需要大量拥有一定工程技术认识能力、能够理解同一语种在不同地区有含义差别的、高度敬业的工程翻译人员。关于语言交流问题，目前西安铁一院已采取一系列措施并初显成效。

2. 关于国内外规范的专业针对性和中国规范的推广。国外规范缺乏针对性的专业工程分类，需要查阅多地区、多版本规范才能相对准确地找到技术性解释规定。该项目涉及的美标与欧标达上千册。

而国内虽有专业工程分类明确的规范，却没有外文版，不利于技术交流和中国工程技术标准的推广，也影响到中国企业走出国门开拓市场。2017年8月，在秘鲁大使馆，秘鲁利马地铁二号线项目部中方执行经理代表中方给秘鲁交通部部长等讲解中国铁路技术及标准，随后将相关规范资料递交秘鲁交通部。这是秘鲁三号线、四号线项目研究中重要的工作之一，为实现中国技术标准走进南美做出了实质性尝试。走出去的中国企业在默默努力，也希望有关部门能重视中国规范的翻译及推广。

3. 关于管理理念的转变。对国外工程项目认知上的差别，需要引起国内专业人士的注意。中方团队 FSDI 长期在国内从事地铁项目的咨询监理，潜移默化地受到国内传统监理模式的影响。因此，当他们一踏入秘鲁领土，就深深体会到了在该项目中面临的诸多挑战，如语言障碍、文化差异、法律法规的欠缺、管理理念的变化、与 EPC 项目特许人较高的独立性之间的强烈冲突等。

因此，认真熟悉当地（包括欧美）法律法规、技术标准与规范，反复精读监理合同、特许合同（包括合同附件、补充协议等）至关重要。而优势互补、分工协作也十分关键。在该项目中，我们就发挥中方技术团队丰富的工程经验，同时利用秘鲁方熟悉当地语言、了解当地建设规则的优势，从总体上把控工程设计和施工质量方向。

4. 关于人才的培养与引进。海外项目的监理业务范围远比国内宽广，中国监理企业应制定中长期人力资源计划，一方面按照复合型、外向型和开拓型的要求，大力培育人才。另一方面，顺应设计／建造及 EPC 交钥匙这一类大型项目的管理，引进既有设计能力又懂现场管理，特别是具有国际工程项目管理或国际工程承包经验且精通外语的人才。

5. 关于电子文件的应用与管理。电子邮件是参建各方主要的交流方式、重要的工作证据，也是日后解决相关纠纷的重要依据，因此电子文件的日常管理至关重要。

发展与挑战同在，机遇和风险并存。海外项目的全过程咨询服务尚无成熟的先例，需要我们迎难而上、大胆探索。相信随着"一带一路"建设的推进，中国监理必将自立自强、开拓创新，逐步走向更加广阔的国际市场。

PART TWO

下 篇

"代建 + 监理" 一体化

"代建＋监理"一体化的定义、目标及组织

"代建＋监理"一体化是一种项目建设管理模式，是指由建设单位通过招标方式选择符合项目建设管理要求的代建单位承担公路建设工程项目建设管理工作和施工监理工作（简称"项目管理"）。

代建单位应按代建合同约定的范围履行项目管理职责，实现代建合同约定的项目管理目标，代建单位既要承担合同违约责任还要承担相应的建设单位的法定责任。

代建项目宜实行第三方工程质量检测，为项目提供准确的检测数据或内在质量评价。检测单位应由代建单位的现场管理机构通过依法招标产生。

如果代建单位不具备诸如机电工程、房建工程等附属工程监理能力的，可以将相关服务事项依法采取购买服务方式聘请专业监理企业来完成相关工作。

建设单位自行或委托代建单位对项目的施工和材料设备采购依法进行招标，并签订合同。代建单位应依据合同对施工单位和材料设备供应单位进行管理。

代建项目可实行全过程代建，也可实行从中间某一阶段介入至竣工验收后的项目实施过程代建。本篇章所指的"代建＋监理"一体化模式属于项目实施过程代建，代建单位从施工图设计文件批复后介入。

一、适用范围

"代建＋监理"一体化模式主要适用于项目法人自身的管理能力和经验较为薄弱，需要委托专业化的项目管理单位协助管理的情况，在下列情况下可采用"代建＋监理"一体化模式。

项目规模较大、技术较为复杂，项目建设管理的任务重、协调工作量较大，建设单位实施建设管理的工作量和难度较大。

建设单位的专业技术人员、管理人员、设备资源等不充分，依靠自身力量不足以实施项目建设管理，委托专业单位协助可显著增强项目建设管理的力量。

建设单位自身的管理工作量本来就较为繁重，没有很多的精力和意愿进行公路建设管理的专业性探索，更愿意借助已有的专业机构力量来完成管理工作。

建设单位信任专业化管理机构，愿意将主要管理职责（含监理工作）交给代建单位，形成"小业主、大咨询"的管理模式。主要适用于高速公路、一级公路及独立桥梁、隧道新建和改扩建工程项目。其他公路工程项目可参照执行。

二、资格条件

"代建＋监理"一体化模式下对建设单位的建设管理能力可不提出过高要求，只要具备统筹管理和资金管理能力，以及相关合同履行能力。

代建单位应具有与项目相适应的项目管理能力和经验，包括但不限于：能够提出详细、先进、可行的项目管理方案，鼓励采用建筑信息模型等新型建设管理技术提高代建项目管理水平。

代建单位应具有与项目相适应的专业力量，包括但不限于：在提交的相关文件中应明确实际参与代建项目的首席责任人及其他主要专业责任人。

代建单位应具有良好的资信水平，包括但不限于：代建单位和主要专业责任人近三年内无不良信用记录，未被列入代建单位（或监理企业）黑名单，能够提供足额担保。

代建单位应符合《公路建设项目代建管理办法》（交通运输部令 2015年第 3 号）第八条的规定，并应具有与项目主体工程相适应的交通运输部颁发的公路工程监理企业资质。

检测单位应具有与项目工程相适应的检测机构等级。

三、选择方式

代建单位应由建设单位依法招标产生,应按《公路工程建设项目招标投标管理办法》(交通运输部令第 24 号)执行,应符合公路工程建设项目施工监理招标投标活动的有关规定。

四、费用计取

"代建＋监理"一体化模式的项目管理服务费应由代建费用和工程监理费用两部分叠加而成。

代建费用应按财政部《基本建设项目建设成本管理规定》执行。

工程监理费应根据"代建＋监理"一体化模式的需要对主体工程监理费、附属工程监理费、试验检测费在工程监理费中所占的比例进行合理划分。如在江西省宁安高速试点项目上的划分比例为:主体工程监理费 75%,附属工程监理费 5%,试验检测费 20%。

相关服务事项费用可先按暂定价,以总概算批复为准。

五、认定程序

拟实行委托代建的项目,建设单位在报送项目初步设计文件时,应将"代建＋监理"一体化模式实施方案一并上报。

在初步设计批准文件中确定"代建＋监理"一体化模式,明确代建单位选择方式、代建项目组织实施方式、代建合同计价和监督方式、建设单位法定责任的归属等内容。

批准文件应当抄送同级财政、建设等有关主管部门。

六、项目管理目标

1.总体目标

项目管理应遵守国家、交通运输部有关公路建设的法律法规,贯彻执行基本建设程序和四项基本制度。

项目管理应按批准的施工图设计文件执行。

2. 分项目标

项目造价管理应保证工程投资不超过代建合同的约定，应保证资金合理有效使用。

项目进度管理应保证在代建合同工期内完成项目代建任务。

项目质量管理应保证工程质量符合代建合同约定的工程质量标准。

项目安全生产管理应保证安全生产达到合同约定的标准。

项目环境保护管理应保证工程施工符合环境保护的要求。

七、项目管理组织

1. 一般规定

代建单位必须在现场组建项目管理机构，负责具体实施项目。代建单位应书面授权委托项目管理机构负责人，并实行项目管理机构负责人全面负责制。

项目管理机构应按照优质、精干、高效的原则设置。

项目管理机构可设主任、副主任、总工程师、总监理工程师等领导职务，并设工程技术处、计划合同处、工程监理处、纪检监察处、财务处、综合处、现场管理处、第三方检测等部门。现场管理处和第三方检测管辖幅度太大时可分化部门。

2. 机构职能

在项目管理架构确定后，应将项目管理工作任务分配给项目管理机构各部门，形成部门主要职责。项目管理工作任务应建立在项目管理规程的基础上，与项目管理规程描述的项目管理活动保持一致。项目管理机构各部门应履行的主要职责如表所示。

任务名称	工程技术处	计划合同处	工程监理处	纪检监察处	财务处	综合处	现场管理处	现场管理处
施工准备阶段								
项目招标		负责						
编写招标工作计划		负责						
编写招标方案	配合	负责						
编制招标文件		负责						
提供招标图纸和工程量清单	负责							
编制项目专用合同条款和技术规范	负责							
编制最高投标限价	负责							
发布招标公告		负责						
投标组织		负责						
定标组织		负责						
投标文件澄清		负责						
签订合同		负责						
征地拆迁						负责		
征地测量放线						负责		
实物量调查						负责	配合	
制订计划						负责		
合同谈判		配合				负责		
签订合同		配合				负责		
办理付款					负责			
用地移交						负责		
拆迁建筑物调查						负责	配合	
确定拆迁方案	配合					负责		
拆迁合同执行监督						负责	配合	
项目图纸会审与联合复测	负责							
设计交底与交桩	负责							
图纸会审	负责							
联合复测	负责						配合	
原始地面线测定	负责						配合	
现场核查	负责						配合	
施工阶段								
项目开工管理		负责						

71

任务名称	工程技术处	计划合同处	工程监理处	纪检监察处	财务处	综合处	现场管理处	第三方检测
施工许可申请		负责						
下达开工通知书		负责						
项目管理交底会		负责						
审批施工组织设计	配合	负责	配合					
核查开工条件		负责						
第一次工地会议		负责						
签发开工令		负责						
项目质量管理			负责					
质量问题处理			负责				参与	参与
建立健全管理制度			负责					
施组质量内容审查			负责					
审批试验检测计划			负责					
核查质量保证体系							负责	
核查工地试验室			负责					配合
申请工程质量监督			负责					
工程质量责任登记			负责					
核查和平行复测原始基准点	负责						配合	
审核工程划分			负责				配合	
重点桩位复测							负责	
事前审验材料								负责
审批分部工程开工			负责				配合	
审批主要分项工程开工			负责				配合	
工序控制							负责	
审查施工测量放线数据和成果							负责	
巡视施工的主要工程							负责	
旁站项目工艺过程旁站							负责	
主要工程关键项目检测见证							负责	
主要材料抽检								负责
分项工程关键项目抽检							负责	负责
分项工程结构主要尺寸抽检							负责	
无破损检测								负责
工序验收							负责	
构配件验收							负责	配合
隐蔽工程质量验收			负责				配合	
分项工程交工验收			负责				配合	

任务名称	工程技术处	计划合同处	工程监理处	纪检监察处	财务处	综合处	现场管理处	第三方检测
分部工程质量检验评定			负责				配合	配合
单位工程质量评定			负责				配合	配合
合同段工程质量评定			负责				配合	配合
管理人员岗前培训		负责						
业务技术交流	负责							
监督评价一线作业工人的培训考核							负责	
首件验收			负责				配合	配合
工艺试验验证			负责				配合	配合
大临设施建设管理			负责				配合	
项目进度管理			负责					
进度问题管理		参与	负责				参与	
编制控制性进度计划	负责						配合	
审批合同进度计划			负责				配合	
审批关键工程进度计划			负责				配合	
审批月度进度计划							负责	
召开生产调度会							负责	
组织劳动竞赛		负责						
实际进度统计							负责	
月度进度监督评价							负责	
进度里程碑验收			负责				配合	
进度计划调整			负责				配合	
项目费用管理			负责					
中间计量							负责	
期中支付			负责					
分项工程完工计量							负责	
交工支付			负责					
竣工结算			负责				配合	
项目安全生管理			负责					
建立健全管理制度		负责						
施组安全内容审查			负责					
专项安全生产管理								
教育培训			负责					
排查治理							负责	
费用使用							负责	
专项方案			负责				配合	
特种设备							负责	

任务名称	工程技术处	计划合同处	工程监理处	纪检监察处	财务处	综合处	现场管理处	第三方检测
应急管理			负责					
人员管理							负责	
事故报告			负责				配合	
安全月度例会							负责	
安全管理考核评价			负责					
分项工程交验事故验收销号			负责					
项目环境保护管理			负责					
审查环保措施			负责				配合	
环保检查							负责	
树木、自然保护							负责	
环境监测			负责					
项目事项合同管理								
审批分包		负责					配合	
人员、设备核查		负责					配合	
停 / 复工			负责					
违约处理		负责	负责				负责	
工程变更	负责	参与	参与				配合	
工程延期		负责	参与				配合	
费用索赔		负责	参与				配合	
价格调整		负责	参与				配合	
争端处理		负责					配合	
施工合同解除		负责					配合	
验收与缺陷责任期阶段								
项目交工验收管理	负责							
交工验收准备			负责				配合	配合
审核交工验收申请	负责							
组织合同段交工验收	负责							
组织工程项目交工验收	负责							
组织工程移交	负责							
项目缺陷责任期管理			负责					
确定缺陷期组织结构			负责					
编制缺陷期工作计划			负责					
工程缺陷调查和修复			负责					
组织工程缺陷调查							负责	
下发缺陷整改通知			负责					
审批缺陷修复计划			负责				配合	

74

续上表

任务名称	工程技术处	计划合同处	工程监理处	纪检监察处	财务处	综合处	现场管理处	第三方检测
监督缺陷修复实施							负责	
缺陷修复完工验收			负责				配合	
工程缺陷责任终止			负责					
审核缺陷责任期终止请			负责				配合	
签发责任终止证书			负责					
项目竣工验收准备	负责							
竣工验收准备	负责							
环保专项验收	负责							
水保专项验收	负责							
土地确权专项验收	负责							
涉航专项验收	负责							
安全专项验收	负责							
竣工决算文件编制	负责							
竣工验收准备	负责							
竣工验收申请	负责							
信息与沟通管理								
项目工地会议								
第一次工地会议		负责						
工地例会			负责					
专题会议	根据专题会议的性质由责任部门主持							
项目报表								
施工月报							负责	
项目管理月报	配合	配合	配合	配合	配合	负责		
现场管理月报							负责	
试验检测月报								负责
项目档案								
质量管理						负责		
激励与约束								
项目风险金管理		负责						

75

在工作任务分工完成后应对每项部门职责在决策、计划、执行、检查等管理职能上进一步分工，形成岗位职责。

3. 人员配备

项目管理人员的数量和专业结构，应根据项目管理内容、工程规模、合同工期和建设阶段等因素，按保证有效管理的原则确定。

应对不同岗位提出相应的资历要求，各岗位的人员应满足相应任职条件。

高速公路可以基准配备为基数，根据项目管理内容、工程规模、合同工期和建设阶段等因素进行动态调整，基准配备如下：

基准规模按照双向四车道高速公路，路线长度大约为80千米，建安费大约为50亿元。施工高峰阶段人员基准配备总数为109人。

现场项目管理机构领导岗位4人，其中：主任1人、副主任1人，总工程师1人、总监理工程师1人。

工程技术处2人，其中：主任1人，助理1人，设计代表若干。

计划合同处4人，其中：处长1人，主管2人，助理1人。

工程监理处4人，其中：主任1人，主管2人，助理1人。

纪检监察处2人，其中：处长1人，助理1人。

财务处2人，其中：处长1人，出纳1人。

综合处6人，其中：处长1人，信息主管1人，征拆主管2人，助理2人。

现场管理处18人，其中：处长1人，专业监理工程师4人，主管1人，安全监理工程师1人，测量工程师1人，助理10人。按照基准规模需设立3个现场管理处，总计54人。

第三方检测31人，其中：检测负责人1人，技术负责人1人，试验检测工程师6人，助理试验检测工程师22人，信息管理员1人。

4. 任职条件

项目管理机构主任的任职条件可按下列规定：

应从事工程管理工作12年及以上；应具有工程或经济类高级及以上职称；应担任过一个类似项目的副主任或总监理工程师；年龄宜55周岁以下。

项目管理机构副主任的任职条件可按下列规定：

应从事工程管理工作 10 年及以上；应具有相关专业中级及以上职称；应担任过一个类似项目的部门负责人或施工项目经理或驻地监理工程及以上；年龄宜 55 周岁以下。

项目管理机构总工程师的任职条件可按下列规定：

应从事工程管理工作 10 年及以上；应具有工程类高级及以上职称；应担任过一个类似项目的工程技术部门负责人或施工技术负责人或驻地监理工程师及以上。

项目管理机构总监理工程师的任职条件可按下列规定：

应具有公路工程监理工程师执业资格；应担任过一个类似项目的驻地监理工程师及以上；年龄宜 55 周岁以下。

工程技术处处长的任职条件可按下列规定：

应具有工程类中级及以上职称；应具备 2 个及以上高速公路项目的设计或项目管理经历；年龄宜 55 周岁以下。

计划合同处处长的任职条件可按下列规定：

应具有工程或经济类中级及以上职称；应具备 2 个及以上高速公路项目的项目管理经历；年龄宜 55 周岁以下。

工程监理处处长的任职条件可按下列规定：

具有公路工程监理工程师执业资格；应具备 2 个及以上高速公路项目的项目管理或工程监理，工程施工或工程设计经历；年龄宜 55 周岁以下。

纪检监察处处长的任职条件可按下列规定：

应是中共党员；应从事纪检监察工作 5 年及以上。

财务处处长的任职条件可按下列规定：

应从事工程财务管理工作 8 年及以上；年龄宜 55 周岁以下。

综合处处长的任职条件可按下列规定：

应具有工程或经济类中级及以上职称；应具备 2 个及以上高速公路项目的项目管理，工程监理管理或工程施工管理经历；年龄宜 55 周岁以下。

现场管理处处长的任职条件可按下列规定：

应具有公路工程监理工程师执业资格；应具备 2 个及以上高速公路项目的项目管理，工程监理或工程施工或工程设计经历；年龄宜 55 周岁以下。

第三方检测室主任的任职条件可按下列规定：

应具有道路工程或桥梁工程试验检测师从业资格；应具备 2 个及以上高速公路项目的试验检测经历；年龄宜 55 周岁以下。

施工准备阶段管理

一、项目招标工作内容

招标是指代建单位依据法律、法规、规章和代建合同的规定组织项目的施工、重要材料与设备、购买第三方检测服务与专项监理服务（如有）等的招标活动。

具体绩效评价指标包括：招标活动的合法性、合规性，合同文件的严密性、完整性，专用条款的针对性、操作性。

1. 工作流程详见附录。

2. 工作规则。

编写招标工作计划。应按照项目审批（或核准）部门确定的招标范围、招标方式、招标组织形式编写，在招标时间安排上应符合下列规定：

每个招标周期的具体时间安排必须满足合法性、合规性；应在主体工程招标结束后半年内，完成交安、房建、机电等附属工程的施工招标。

编写招标方案。书面招标方案应按规定报审。招标方案的编写除了满足合法性、合规性外，还应符合下列规定：

应按照有利于施工管理，使施工单位能合理投入，并结合构造物、工程量等情况合理划分施工标段。如江西高速公路项目一般按 2 亿元至 4 亿元的标的金额划分施工标段；机电工程标段应按系统划分，宜大不宜小；在编写招标方案时应系统策划整个项目的总工期、各个标段的总工期以及各个标段的计划开工日期、计划完工日期、区段工期。

编制招标文件。书面招标文件应按规定报备。招标文件应按标准招标文件的规定编制。

提供招标图纸和工程量清单。提供的招标图纸应为批复的施工图设计文件。

编制项目专用合同条款和技术规范。项目专用合同条款和技术规范应按标准招标文件的规定编制，还应符合下列规定：

施工招标要结合路基、桥隧、路面、房建、机电等工程特点和特殊技术要求，编制体现项目施工特点的招标文件；对 SMA、ATB、OGFC 面层结构施工、连续刚构桥梁施工等技术要求高、施工难度大的工程、不能照搬标准施工招标文件，而应根据项目特点编写有关条文。

编制最高投标限价。编制的最高投标限价应按规定报备。最高投标限价应根据工程特点、地材情况，参照类似项目中标价和物价水平认真组织设计单位和造价咨询单位平行编制限价。

发布招标公告。招标公告必须在规定的媒体发布。

组织招标。组织招标是指发售招标文件、组织现场踏勘和标前会、澄清和答疑等。组织招标工作应符合法律法规及招标文件的规定。

组织评标与定标。组织评标与定标是指接受投标文件并开标、抽取专家、组建评标委员会、组织评标、审查评标报告、评标结果公示、协助处理投诉、定标、编写招标工作报告并报备、发中标通知书等。组织评标与定标工作应符合法律法规及招标文件的规定。

签订合同。签订合同应符合招标文件的规定，签订的合同应按规定报备。

二、征地拆迁工作内容

依据国家有关法律法规和当地政府有关规定，对项目永久或临时用地进行征用、租借、补偿；对永久用地范围内的植物、建筑物、其他设施等进行砍伐、拆迁、补偿等活动。

具体绩效评价指标包括：工期延误天数、征地拆迁标准偏差程度。

1. 工作流程详见附录。

2. 工作规则。

征地测量放线。施工图设计批复后应立即组织安排并协助国土管理部门进行征地测量放线工作。

实物量调查。征地测量放线结束后应立即开展征地实物量调查工作，详细绘制地类图、青苗图，并以此编制《征用土地一览表》《青苗赔偿一览表》。

制订计划。计划包括征地计划和拆迁计划。征地计划又包括征地进度计划和资金使用计划，征地进度计划应依据合同进度计划编制，资金使用计划应依据征地进度计划、征地拆迁赔偿标准、实物量编制。拆迁计划又包括拆迁进度计划和资金使用计划，拆迁进度计划应依据合同进度计划编制，资金使用计划应依据拆迁进度计划、拆迁方案编制。征地拆迁计划是征地拆迁合同谈判的依据。

合同谈判。合同谈判以征地拆迁计划为基准，与业主确定征地拆迁范围、赔偿费用、用地移交时间、交易方式等。

签订合同。应根据合同谈判中达成的一致意见，并按国土管理部门要求的格式起草合同，经双方确认后签订合同。同时，应建立征地拆迁合同台账。

办理付款。应按合同规定及时办理付款。

用地移交。合同双方应签署用地移交书，明确移交时间，施工单位接受移交的用地，对照用地范围核实确认。

拆迁建筑物调查。征地测量放线结束后应立即调查拆迁建筑物工程数量，详细绘制拆迁物位置示意图，编制《拆迁建筑物数量一览表》《拆迁电力及电讯设备一览表》《其他附属物拆迁物一览表》。

确定拆迁方案。拆迁建筑物调查结束后应立即与业主沟通制定拆迁方案，包括拆迁设计图和拆迁预算。

拆迁合同执行监督。应定期对拆迁合同执行情况进行监督，发现问题督促整改。

三、项目图纸会审与联合复测

1. 工作内容。

为了避免施工图设计文件的错、漏、碰、缺等问题的发生，在施工单位进场后，在合同段正式开工前，组织图纸会审和联合复测等活动。

具体绩效评价指标包括：合同段可避免的错、漏、碰、缺等问题的比率。

2. 工作流程详见附录。

3. 工作规则。

设计交底与交桩。是指在施工合同签订后应及时组织召开设计交底会，由勘察设计单位向主要参建方进行设计交底和交桩，并形成会议纪要。勘察设计单位应提供书面设计交底与交桩资料，并在现场进行设计交底和交桩。

图纸会审。在设计交底结束后应及时组织召开图纸会审会，由设计、施工、"代建＋监理"一体化现场机构的相关部门结合施工工艺、工法要求对施工图进行核查，并提出核查意见，对核查出的问题协商拟定解决方案，并形成会议纪要。会议纪要作为设计变更以及施工的依据。

联合复测。在设计交桩结束后"代建＋监理"一体化现场机构的相关部门应及时组织施工单位对施工测量控制网进行联合复测，双方独立出具复测意见。当双方复测结果一致或满足有关规范要求时施工单位的复测结果方可使用，否则应查找原因重新复测。

原始地面线测定。测定地面线包括中桩放线、测定中线、测定横断面线。在联合复测结束后应及时组织和监督施工单位在原始地面线未被扰动前测定地面线，并对其测定结果进行必要的抽测，对发现的问题督促改正，出具原始地面线测定报告和监督报告。测定报告作为工程计量和现场核查的依据。

现场核查。在原始地面线测定后应"代建＋监理"一体化现场机构的相关部门及时组织设计、施工单位对施工图设计全面进行现场核查，重点核查现场实际地质、水文、地形及地物的符合程度，桥涵、隧道、防护等构造物的具体位置、洞门形式、标高及坡度等，对核查出的问题协商拟定解决方案，并出具现场核查报告。现场核查报告作为设计变更的依据。

施工阶段项目管理

一、项目开工管理

1. 工作内容。

开工管理是指为了制定最佳的施工组织设计和落实工地建设标准化，对施工单位自下达开工通知书至签发开工令期间的施工准备工作进行的计划、组织、控制、验收活动。

具体绩效评价指标包括：施工组织设计与合同文件的符合程度和其稳健程度、工地建设标准化的实现程度。

2. 工作流程详见附录（开工管理流程）。

施工许可申请。应符合项目所在地行政主管部门的规定。

下达开工通知书。应按合同规定时间下达开工通知书，确认合同工期起算日。

项目管理交底会。在下达开工通知书后，在第一次工地会议召开之前，应召开由各方主要人员参加的项目管理交底会，介绍项目管理计划的相关内容，对疑问进行澄清，并形成会议记录，作为管理计划进一步的补充和说明。

审批施工组织设计。应对施工单位报审的施工组织设计进行审查，并出具审查意见，并在规定期限内批复。审查内容应按照《公路工程施工监理规范》执行。

核查开工条件。在收到施工单位提交的合同段开工申请后，应对合同段的开工条件进行核查，并出具核查意见。核查应包括下列基本内容：

核查征地拆迁完成情况；核查工地建设标准化落实情况；核查施工许可、质量安全监督办理情况；核查图纸会审与联合复测完成情况；核查安全生产条件落实情况。

第一次工地会议。在开工条件核查结束后应及时召开第一次工地会议。会议内容和组织应按照《公路工程施工监理规范》第 8.2 节的有关规定执行。

签发开工令。在第一次工地会议上宣布开工的，依据第一次工地会议纪要及时签发开工令。

二、项目质量管理

1. 工作内容。

质量管理是指为确保项目的质量特性满足施工图设计文件的要求而进行的计划、组织、控制、验收等活动。

具体绩效评价指标包括竣工验收工程质量等级与评分、整个项目交工验收质量等级与评分、合同段交工验收工程质量等级与评分、分项工程交工验收工程质量等级与评分，以及公路建设管理标准化体系的有效性。

2. 工作流程详见附录（质量管理流程）。

3. 工作规则。

质量问题处理。质量问题处理是控制和验收活动不可分割的部分，该项活动在质量管理流程中未单独列出，含在相关的控制和验收活动中，因此本条属于共性规则。质量问题处理是指在进行控制和验收活动过程中发现施工不符合法律法规、技术标准要求及施工合同约定的，应要求施工单位改正和责任追究，并应符合下列规定：

对于质量不合格的材料、构配件，应签发工作指令单，要求施工单位不得在工程上使用；如果在预应力原材料检验中累计发现有两次或两批以上同一厂家、规格、型号不合格的原材料，严禁在工程中继续使用；对工程质量缺陷，应签发工作指令单，要求施工单位整改；对质量不合格的工程，应签发工作指令单，要求施工单位返工处理；对可能危及结构或存在重大隐患的质量问题，应签发停工令并向建设单位报告；对于施工单位拒不整改、不停止施工或者屡改屡犯的，应及时依法按有关规定报告和处理，并及时向建设单位、质量监督机构、交通行政主管部门报告；当发生质量事故时，应依法按有关规定报告和处理；应建立质量问题处理台账。

建立健全管理制度。管理制度包括质量管理责任制度和质量管理规章制度。责任制度是规定质量管理机构和人员分工，建立各方相互协调的管理机制。规章制度是规定工作范围、内容和工作流程、规则。

施组质量内容审查。应审查施工单位报审的施工组织设计中关于质量方面的内容。审查应符合《公路工程施工监理规范》第 4.2.1 条的规定。

审批试验检测计划。应审批施工单位和试验检测机构报审的试验检测计划。应从五个方面对计划进行审查并出具审批意见，一是计划应符合合同约定；二是技术与组织两部分内容的一致性；三是计划能为实现目标提供明确的路径；四是计划能为组织实施提供明确依据；五是计划能为过程控制提供明确标准。

核查质量保证体系。应依据批复的质量保证体系，对施工单位的质量保证体系建立情况进行现场检查核实并出具核查意见。

核查工地试验室。应依据批复的试验检测计划，对施工单位和试验检测机构的工地试验室建设情况进行现场检查核实并出具核查意见。

申请工程质量监督。应按项目所在地质量监督机构的规定向质量监督机构申请工程质量监督。

工程质量责任登记。应按《关于严格落实公路工程质量责任制的若干意见》（交公路发〔2008〕116 号）的规定进行工程质量责任登记。

核查和平行复测原始基准点。应对施工单位提交的原始基准点的复测结果进行核查和平行复测并出具核查意见。

审核工程划分。应审核施工单位提交的单位、分部、分项工程划分并出具审核意见。工程划分应列出所有的单位、分部、分项工程，并按统一的规则分类编号、标明主要分项工程。

重点桩位复测。应按《公路工程施工监理规范》第 5.2.1 条的规定和《公路工程施工监理规范实施手册》第 5.2.1 条的规定对重点桩位进行复测，并出具复测意见。

事前审验材料。应按《公路工程施工监理规范》第 5.2.2 条的规定和《公路工程施工监理规范实施手册》第 5.2.2 条的规定事前审验材料，并应符合下列规定，并出具审验意见。

混凝土配合比设计还应符合公路施工质量控制有关规定；预应力孔道压浆应采用专用压浆料或专用压浆剂配制的浆液，压浆材料应进行进场检验。施工单位应进行压浆浆液试验室试配、生产配合比验证，经试配的浆液其各项性能指标均能满足规范要求后方能使用。对浆液配合比进行验证，审验合格、经批复后方可在工程上使用。

审批分部工程开工。应按《公路工程施工监理规范》和《公路工程施工监理规范实施手册》规定审批分部工程开工申请，并出具审批意见。

审批主要分项工程开工。应按《公路工程施工监理规范》和《公路工程施工监理规范实施手册》的规定审批主要分项工程开工申请，并出具审批意见。

工序控制。控制与验收的异同详见《公路工程施工监理规范实施手册》。

审查施工测量放线数据和成果。应审查施工单位提交的施工测量放线数据和成果并出具审查意见。

巡视施工的主要工程。应按《公路工程施工监理规范》和《公路工程施工监理规范实施手册》规定进行巡视。

旁站项目工艺过程旁站，应按《公路工程施工监理规范》规定进行旁站。

主要工程关键项目检测见证，应按《公路工程施工监理规范》规定进行检测见证。

主要材料抽检，应按《公路工程施工监理规范》规定对主要材料进行抽检，并应符合下列规定：

支座、锚具、钢绞线、防水板、土工格栅、沥青等材料执行"来样封存制""盲样送检制"和"产品厂验制"等三项基本制度。

各种原材料、半成品、成品应按其检验状态和结果、使用部位等进行标识。必须建立详细的水泥、钢筋、钢绞线、锚夹具、支座、土工材料等材料或半成品调拨使用台账，使之具有追溯性。

分项工程关键项目抽检。应按《公路工程施工监理规范》规定对分项工程的关键项目进行抽检。

分项工程结构主要尺寸抽检。应按《公路工程施工监理规范》第5.2.3条2款的规定对分项工程的结构主要尺寸进行抽检。

无破损检测。应对桥梁基桩、梁板、隧道初支厚度、钢支撑间距、二衬厚度、二衬与初期支护之间是否存在空洞等主要质量指标进行无破损检测。

工序验收。控制与验收的异同详见《公路工程施工监理规范实施手册》表。

构配件验收。应按《公路工程施工监理规范》规定对构配件进行验收，并出具验收意见。

隐蔽工程质量验收。应按《公路工程施工监理规范》规定对隐蔽工程质量进行验收，并出具验收意见。

分项工程交工验收。应按《公路工程施工监理规范》规定对分项工程进行交工验收，并出具验收意见。

分部工程质量检验评定。应按《公路工程施工监理规范》规定和《公路工程施工监理规范实施手册》规定对分部工程质量进行检验评定，并出具检验评定意见。

单位工程质量评定。应按《公路工程施工监理规范》和《公路工程施工监理规范实施手册》规定对单位工程质量进行评定。

合同段工程质量评定。应按《公路工程施工监理规范》和《公路工程施工监理规范实施手册》规定对合同段工程质量进行评定。

管理人员岗前培训。应对项目管理人员和监理人员上岗前进行统一培训。

业务技术交流。应在项目建设过程中适时举办专题学习和现场交流观摩学习活动，系统总结，复制推广。应根据项目建设特点和工程进展，定期组织项目管理人员和监理人员业务学习活动，系统总结，复制推广。

监督评价一线作业工人的培训考核。施工单位对一线作业工人的培训考核要求切实做到"三个必须"，即新进场工人必须进行培训、工序改变时必须进行培训、气候环境发生重大变化时必须进行培训，切实提高一线作业人员的操作技能和质量意识。应依据上述要求开展监督评价。

首件验收。应对每个施工合同段所有重要的单项工程、重要工序和重要部位、关键施工环节进行首件验收。

工艺试验验证。应按相关规定对压浆工艺试验梁（段）进行验证。

大临设施建设管理。应按相关规定对混凝土拌和站、预制梁场、隧道洞口临建、钢筋加工厂、黑白站等大临设施的专项方案和设计图纸进行审查、完工后进行验收。

三、项目进度管理

1. 工作内容。

进度管理是指为实现项目的进度目标而进行的计划、组织、控制、验收等活动。

具体绩效评价指标包括：控制性工程工期延误率、合同工期延误率。

2. 工作流程详见附录（进度管理流程）。

3. 工作规则。

进度问题处理。进度问题处理是控制和验收活动不可分割的部分，该项活动在进度管理流程中未单独列出，含在相关的控制和验收活动中，因此本条属于共性规则。进度问题处理是指在进行控制和验收活动过程中发现施工不符合批准的各种进度计划要求及施工合同约定的，应要求施工单位改正和责任追究，并应符合下列规定：

对总体进度起控制作用的分项工程的实际进度严重滞后时，应签发工作指令单，要求施工单位采取措施保证工程进度，并向建设单位报告工期延误风险。施工单位提出的保证工程进度的措施应按原计划审批的程序审批。由于施工单位原因造成工程进度延误，且在签发工作指令后未有明显改进、工程在合同工期内难以完成的，应及时向建设单位报告，并按合同约定处理。建设单位或施工单位提出工程进度重大调整时，应按合同或签订的补充合同执行。

编制控制性进度计划。应将项目进度目标分解为阶段目标，编制项目里程碑进度计划，并应符合下列规定：

高填深挖路基宜确保成型路基至少有一个雨季的沉降稳定期。路基线外和边坡的绿化及生物防护工程宜与路基工程同步实施，确保整个施工期内所有绿化季节能够不间断地种植、补栽。审批合同进度计划。合同进度计划编制应以合同工期和控制性进度计划为基准，按单位、分部、分项三层进行任务划分，以横道图方式描述。审查合同进度计划应按照《公路工程施工监理规范》规定的审查内容执行，并出具审批意见。

审批关键工程进度计划。关键工程是指隧道、跨铁路桥、特大桥等关键工程。关键工程进度计划编制应以合同进度计划为基准，按单位、分部、分项三层进行任务划分，以横道图方式描述。审查合同进度计划应按照《公路工程施工监理规范》规定的审查内容执行，并出具审批意见。

审批月度进度计划。月度进度计划编制应以合同进度计划和关键工程进度计划为基准，按分项工程、部位或段落、工序三层进行任务划分，以网络图方式描述。审查合同进度计划应按照《公路工程施工监理规范》规定的审查内容执行，并出具审批意见。

召开生产调度会。应定期召开月度生产调度会。同时组织劳动竞赛。实际进度统计。应以月为周期，每日采用巡视、现场会议等方式进行实际进度调查，对发现的问题督促整改并实施责任追究，月末分析描述当月的实际进度和累计的实际进度。实际进度统计应编制月度实际进度统计报告。

月度进度监督评价。应按月对照合同进度计划进行监督和评价。监督是指对比合同进度计划和实际进度统计结果，判断当期的进度偏差，督促整改，并实施责任追究。评价是指预测合同进度计划与项目进度目标的适应性，判断是否需要调整合同进度计划。月度进度监督评价应出具监督评价意见。

进度里程碑验收。应对照项目进度里程碑及时进行项目进度验收。

进度计划调整。如果合同进度计划不能满足实现项目进度目标的要求时要及时调整，同时相应调整其他进度计划，在月度进度监督评价时分析是否需要进度计划调整。进度计划调整按原审批程序审批。

四、项目费用管理

1. 工作内容。

费用管理是指为了保证建设资金的合理有效使用所进行的合同计量与支付活动。

具体绩效评价指标包括：计量与支付工作的及时性；计量与支付项目合规性、准确性。

2.工作流程详见附录（费用管理流程）。

3.工作规则。

中间计量。中间计量应每月进行一次，中间计量是期中支付的依据。在收到施工单位中间计量申请后应按下列规定及时进行计量。

计量的前提条件必须是已完工序质量经过施工单位自检和"代建＋监理"一体化现场机构的相关部门抽检，确认工序质量合格，且质量保证资料齐全有效，同时符合安全和环保等规定。

计量应根据设计变更管理台账和管理档案确定实际完成的数量，对根据施工合同约定需要现场确认的项目，应会同建设、设计、施工等单位现场计量确定。

计量项目应不重、不漏。

期中支付。期中支付应每月进行一次。在收到施工单位期中支付申请后应按下列规定及时进行支付；提交的支付申请中应附有相关文件资料；计算应准确。

分项工程完工计量。在分项工程交工验收完成后应及时进行分项工程完工计量，分项工程完工计量是交工支付和竣工结算的依据。在收到施工单位分项工程完工计量申请后应按下列规定及时进行计量。

计量的前提条件必须是已完分项、分部工程质量经过施工单位自检和"代建＋监理"一体化现场机构的相关部门验收，确认工程质量合格，且质量保证资料、评定资料齐全有效，同时符合安全和环保等规定。

计量应根据设计变更管理台账和管理档案确定实际完成的数量，对根据施工合同约定需要现场确认的项目，应会同建设、设计、施工等单位现场计量确定。

交工支付。在合同段工程交工证书签发后应及时进行交工支付。在收到施工单位交工支付申请后应按下列规定及时进行支付。

提交的支付申请中应附有相关各项支持文件资料；计算应准确。

竣工结算。在合同段工程缺陷责任终止证书签发后应及时进行竣工结算。在收到施工单位竣工结算申请后应按下列规定及时进行竣工结算。

提交的支付申请中应附有相关各项支持文件资料；计算应准确。

五、项目安全生产管理

1. 工作内容。

安全生产管理是指施工阶段为使项目实施人员和相关人员规避伤害及影响健康的风险而进行的计划、组织、指挥协调和控制等活动。

具体绩效评价指标包括：平安工地达标等级、安全生产责任事故。

2. 工作流程详见附录（安全生产管理流程）。

3. 工作规则。

建立健全管理制度。管理制度包括安全生产责任制度和安全生产规章制度。责任制度是规定安全生产管理机构和人员分工，建立各方相互协调的管理机制。规章制度是规定工作范围、内容和工作流程、规则。

施组安全内容审查。施组安全内容审查应按《公路工程施工监理规范》第4.2.1条执行。

专项安全生产管理包括"教育培训"即安全生产教育培训管理、"排查治理"即危险源及安全隐患排查治理、"费用使用"即安全生产费用使用管理、"专项方案"即危险性较大的分项分部工程专项施工方案管理、"特种设备"即特种设备管理、"应急管理"即应急预案管理、"人员管理"即三类人员、特种作业人员和劳务队伍的动态管理、"事故报告"即安全事故报告。

专项安全生产管理应符合国家法律法规和项目所在地相关规定。

安全月度例会。会议内容就是从不同层面对当月安全生产管理进行总结评估、协调等，宜每月召开一次。

安全管理考核评价。安全管理考核评价即"平安工地"考核评价，应按相关规定执行。

分项工程交验事故验收销号。分项工程交验事故验收销号就是指分项工程交验时，安全事故的现场处理未完成的，不得签发《分项工程（中间）交工证书》。

六、项目环境保护管理

1. 工作内容。

环境保护管理是指为使工程施工符合环境保护的要求，如噪声、废气、污水等排放应达到有关的标准等，而进行的计划、组织、控制、监测等活动。

具体绩效评价指标包括：环保达标程度。

2. 工作流程详见附录（环境保护管理流程）。

3. 工作规则。

审查环保措施。应审查施工组织设计中是否按施工合同约定制定了防止、减少环境污染和生态破坏的措施。

环保检查。应检查施工单位环保措施的落实情况，检查主要内容应按《公路工程施工监理规范》执行。

树木、自然保护。应对树木和自然环境的保护进行监督，监督应符合下列规定：

应监督施工单位是否依法取得树木砍伐许可，并按许可面积或数量进行砍伐；应督促施工单位依法保护植被、水域和自然景观。

环境监测。根据交通运输部 2008 年颁布的《交通运输行业公路水路环境监测管理办法》的有关规定，建设项目在工程环境影响评价、施工、竣工环境保护验收及运营过程中必须按照有关法规规定进行环境监测，开展环境监测应符合下列规定：

环境监测单位的选择应符合规定；环境监测的内容、方式方法、频率应符合规定；应按规定编制环境监测报告。

七、项目合同事项管理

1. 工作内容。

合同具有四大功能，即锁定交易平台、锁定交易内容、锁定交易方式、锁定问题处理，合同事项管理属于合同的"锁定问题处理"功能范畴。合同事项管理是指为了处理非正常情况、确保交易安全，对工程分包、人员和设备履约、停／复工、工程变更、工程延期、费用索赔、价格调整和计日工、违约处理、争端处理、施工合同解除等非正常情况的处理行为进行的计划、组织、控制活动。

具体绩效评价指标包括：对违约行为和特殊情况处理的合规性。

2. 工作流程详见附录（合同事项管理流程）。

3. 工作规则。

审批分包。应对施工单位提交的施工分包计划和分包合同进行审查和批复，施工分包的审查准则应按照交通行政主管部门的规定和合同约定执行。同时，审查部门应监督施工单位的施工分包行为，发现有转包、违法分包时及时督促整改，并报主管部门。主管部门对转包、违法分包行为进行责任追究。

人员、设备核查。应在施工阶段对施工单位的主要人员和施工机械设备进行核查，人员、设备的核查准则应按照合同约定和是否满足合同目标的要求执行，对发现不合规的行为及时督促整改，对涉及违约行为进行责任追究。

停／复工。在管理过程中发现符合合同约定的停工行为时应及时向签发停／复工部门提出停／复工意见。处理工程停工及复工应符合下列规定：

签发停工令时应根据停工原因的影响和程度，明确停工范围、期限及停工期间施工单位应做的工作等；因施工单位原因停工时，如复工，施工单位应向提议部门提交复工申请，提议部门在收到申请后应对施工单位的停工整改过程和结果进行检查、验收，当具备复工条件时向签发停／复工令部门提出复工意见；停／复工部门确认具备复工条件时签发复工令。

违约处理。违约处理部门在收到违约处理意见后应进行必要核实，并做出处理决定。

工程变更。工程变更包括各种施工变更和设计变更等。工程变更应坚持"先批准、后变更"的原则，杜绝指令变更、串通变更、肢解变更和虚假变更。

施工变更由施工单位提出经设计单位同意，签发工程变更令。

设计变更除应符合交通行政主管部门的规定外，还应符合下列规定：

设计变更一般实行事前变更立项审批和变更工程实施后的变更费用审

批。变更立项未经审批的设计变更不得实施,变更费用未经审批的不得进行决算。变更立项审批应当对设计变更的建议和理由进行审查,并应组织相关方及有关专家对设计变更建议进行经济、技术论证,决定是否同意或上报变更立项。变更费用审批应按合同约定核定,经联席会议审核后批准。应将根据批准的施工图对招标清单进行的清单核查作为项目的 0 号变更,0 号变更仅对招标清单与已批复的施工设计文件有出入的内容进行调整。应建立设计变更管理台账和管理档案,定期及时对设计变更情况进行分类汇总,确保设计变更台账和档案的可追溯性和完整性。

工程延期。应对符合施工合同约定的延期意向或事件进行现场调查,并应在施工单位提出工程延期申请后,对延期原因和拟采取措施等进行审核和批准。

费用索赔。应对符合施工合同约定的索赔意向或事件进行现场调查,并应在施工单位提出工程索赔申请后,对索赔原因和拟采取措施等进行审核和批准。因施工单位原因给建设单位造成损失应及时提出索赔。

价格调整。应对符合施工合同约定的价格调整意向或事件进行现场调查,并应在施工单位提出价格调整申请后,对价格调整原因和拟采取措施等进行审核和批准。

争端处理。应按合同约定执行。

施工合同解除。应按合同约定执行。

验收与缺陷责任期阶段管理

一、项目交工验收管理

交工验收是指整个工程建成后的交工验收，是对工程项目建成后的功能和质量进行全面考核的重要活动，也是工程项目从建设转入到交付使用的必经程序。交工验收分为合同段交工验收和工程项目交工验收。

具体绩效评价指标包括：交工验收的合规性。

1. 工作流程详见附录（交工验收管理流程）。

2. 工作规则。

交工验收准备。是指在施工单位申请合同段交工验收前进行的相关准备工作，应符合下列规定：

应按工程验收办法等规定完成合同段工程质量监理抽检评定，并提交建设单位审定；应按《公路工程施工监理规范》要求归集整理工程监理资料；应按《公路工程施工监理规范》要求编写监理工作报告。

审核交工验收申请。应按《公路工程施工监理规范》执行，对不符合合同段交工验收条件的，应督促整改，重新提交申请。

组织合同段交工验收。应按公路工程验收办法执行。

组织工程项目交工验收。应按公路工程验收办法执行。

组织工程移交。应按有关规定执行。

二、项目缺陷责任期管理

1. 工作内容。

缺陷责任期管理是指为使工程缺陷得到及时和正确的修复，保证通行安全和工程质量标准，而进行的计划、组织、控制活动。

具体绩效评价指标包括：未降低工程质量标准、未发生因工程缺陷造成的车辆通行安全事故。

2. 工作流程详见附录（缺陷责任期管理流程）。

3. 工作规则。

确定缺陷期组织机构。进入缺陷责任期后，可根据合同规定以及工程实际需要，对项目管理机构、施工项目部组织机构等进行调整。调整后的项目管理机构应得到建设单位的批准，调整后的其他组织机构应得到项目管理机构的批准。

编制缺陷期工作计划。进入缺陷责任期后，应编制项目缺陷期工作计划和合同段缺陷期工作计划，项目缺陷期工作计划应得到建设单位的批准，合同段缺陷期工作计划应得到项目管理机构的批准。

工程缺陷调查和修复：

组织工程缺陷调查。应组织施工单位对合同段工程进行缺陷或其他不合格之处进行调查，并编制调查报告。调查报告主要包括合同段的缺陷项目及位置、缺陷情况的描述、缺陷原因的分析、缺陷责任的划分、缺陷修复方案等内容。调查报告应向建设单位报备。

下发缺陷整改通知。应根据调查报告的要求向施工单位下发缺陷整改通知。

审批缺陷修复计划。应审批施工单位报审的缺陷修复计划，重点审查交通疏导方案是否得到批准、缺陷修复方案是否降低了工程质量标准等。

监督缺陷修复实施。应按工程施工阶段的有关规定执行。

缺陷修复完工验收。应按工程施工阶段的有关规定执行。

工程缺陷责任终止。

审核缺陷责任期终止申请。在收到施工单位提交的缺陷责任期终止申请报告后，应成立审核组开展审核工作，并提交审核报告，确认是否签发缺陷责任终止证书。

如经检查，施工现场仍存在施工缺陷影响缺陷责任期终止，应根据审核报告下发缺陷责任延期和缺陷整改通知。待缺陷工程全部修复完成后，重新提出申请。

签发缺陷责任终止证书。根据审核报告的结论，并经建设单位确认，签发合同段缺陷责任终止证书。

三、项目竣工验收准备

1. 工作内容。

竣工验收准备是指为使项目按期组织竣工验收，依据竣工验收应具备的条件和申请要求，而进行的各项准备和申请活动。

具体绩效评价指标包括：竣工验收准备的合规性、竣工验收申请的及时性。

2. 工作流程详见附录（竣工验收准备流程）。

3. 工作规则。

竣工验收准备。

环保专项验收。应按有关规定执行。

水保专项验收。应按有关规定执行。

土地确权专项验收。应按有关规定执行。

涉航专项验收。应按有关规定执行。

安全专项验收。应按有关规定执行。

竣工决算文件编制。应按有关规定编制，并经建设单位确认。

竣工验收准备。应按公路工程验收办法规定执行。

竣工验收申请。应按竣工验收办法的规定准备材料，经建设单位确认后，按项目管理权限向交通运输主管部门提交申请。

信息与沟通管理

一、项目工地会议

1. 一般规定。

工地会议是项目管理机构与参建各方进行指挥协调和系统整合的重要的工作方式。

工地会议根据召开时间、会议内容及参加人员等，可分为第一次工地会议、工地例会、专题会议等形式。

工地会议应由主持单位做好记录，会议形成的纪要应由各参加单位确认，并作为合同文件的一部分。会议中决定执行的有关问题，仍应按规定的项目管理程序办理必要的手续。

各单位需要向会议汇报的问题，事先必须做好调查研究和充分准备，提出处理建议和意见，并准备好各种提交会议的书面材料。

2. 第一次工地会议。

第一次工地会议应按下列规定组织：第一次工地会议应在正式开工前召开；项目管理机构应事先将会议议程及有关事项通知建设单位、施工单位及其他有关单位并做好会议准备，宜邀请工程质量监督部门参加；会议应由总监主持，建设单位、施工单位及其他有关单位的授权代表必须出席，各方在工程项目中担任主要职务的人员及分包单位负责人也应参加会议。

第一次工地会议内容应符合《公路工程施工监理规范》和《公路工程施工监理规范实施手册》规定。

3. 工地例会。

工地例会应按下列规定组织：

会议应定期召开，宜每月召开 1 次；参加单位在会议召开前 48 小时提交书面汇报材料；会议由总监主持；参加人员应为项目管理机构相关人员，有关各方授权代表，分包单位及有关人员，并通知建设单位派有关人员参加。

会议内容应符合《公路工程施工监理规范》和《公路工程施工监理规范实施手册》规定。

4. 专题会议。

专题会议应按工地例会的要求组织；会议应针对工地例会提出的问题进行深入讨论，提出解决方案并形成意见。

二、项目报表

1. 一般规定。

报表是阶段性工作的定期总结和反馈，既是与项目相关方信息交流的重要手段，也是考核评价的基础，其内容应客观、准确、翔实、有针对性。

报表等同于管理体系的内部审核报告，报表的结构应由审核准则、审核证据、审核发现、审核结论、审核建议五部分构成。

报表可分为《施工月报》《项目管理月报》《现场管理月报》《试验检测月报》。

2. 施工月报。

施工月报按合同段由施工单位编制，经项目经理审定后发布。

施工月报应包括下列主要内容：工程概况。实际施工情况。计划执行情况。计划执行的效果与反映。计划的调整或改进。

3. 项目管理月报。

项目管理月报以工程项目为单位，由项目管理机构编制，经项目管理机构负责人审定后发布。

项目管理月报应包括下列主要内容：工程实施情况。实际项目管理情况。项目管理制度执行情况。项目管理制度执行的效果与反映。项目管理制度的调整或改进。

4. 现场管理月报。

现场管理月报以所管辖的范围为单位，由现场管理部门编制，经部门负责人审定后发布。

现场管理月报应包括下列主要内容：主要施工情况；实际现场管理主要工作，以及发现问题及处理情况；现场管理计划执行情况；现场管理计划执行的效果与反映；现场管理计划的调整或改进。

5. 试验检测月报。

试验检测月报以所管辖的范围为单位，由试验检测机构编制，经试验检测负责人审定后发布。

试验检测月报应包括下列主要内容：主要施工情况；实际试验检测主要工作，以及发现问题及处理情况；试验检测计划执行情况；试验检测计划执行的效果与反映；试验检测计划的调整或改进。

三、项目档案

1. 一般规定。

公路建设项目文件材料是指自项目立项审批（核准）至竣工验收全过程产生的，反映项目质量、进度、费用和安全管理基本情况，对建成后运营管理、维护、改建和扩建具有保存、考查利用价值的各种形式和载体的历史记录。

公路建设项目档案是指按照项目档案组卷要求，经系统整理并归档的公路建设项目文件材料。

项目档案应能完整、准确、翔实、系统地反映工程建设的全貌，档案管理与工程建设同步推进、纸质档案与电子档案同步建立、档案应用与工程管理同步见效。

交通运输部审批的初步设计的交通建设项目，项目管理机构应按照《交通建设项目档案管理登记办法》的规定，定期填报交通建设项目档案管理登记表。

按照"谁形成谁负责"的原则，各文件材料形成单位或部门应按照《公路建设项目文件材料立卷归档管理办法》等规定，进行公路建设项目文件材料立卷归档工作的组织；公路建设项目文件材料的收集与整理；公路建设项目档案的移交与汇总整理。

项目管理机构对上述立卷归档工作进行质量管理。

项目管理机构应按照《交通建设项目档案专项验收办法》的规定，准备、申请、配合完成公路建设项目档案专项验收。

在工程竣工验收后3个月内，项目管理机构应按照《交通档案进馆办法》的规定，准备、申请、配合完成公路建设项目档案进馆。

2. 职责调整。

建设单位负责做好前期工作的公路建设项目文件材料的立卷归档。

代建单位对公路建设项目档案工作总体负责，负责做好建设实施期的公路建设项目文件材料和监理文件的立卷归档，并负责办理交通建设项目档案管理登记、交通建设项目档案专项验收、交通档案进馆。

检测单位负责做好建设实施期的试验检测文件的立卷归档，负责提供监理文件所需的试验检测资料和配合监理文件立卷归档。

3. 质量管理。

（1）验收档案工作的组织。项目管理机构应在工程正式开工前对各形成单位的档案工作的组织进行验收，验收不合格可不签发开工令。

（2）组织编制预立卷目录。项目管理机构应在工程正式开工前组织各形成单位档案管理人员（简称"组织相关人员"）编制预立卷目录，按照档案工作标准，结合具体项目，细化立卷归档目录，统一预立卷类目；统一工程划分标准；统一工程用表，使日常的档案工作有章可循、有据可依。通过信息交流平台实时掌握工作实际情况，对预立卷目录适时进行调整。

（3）岗前培训。项目管理机构应在组织编制预立卷目录时首先聘请有关专家进行业务培训。项目管理机构应在预立卷目录编制完成后组织召开培训会，编制人员向各参建单位工程技术人员、资料管理人员等有关人员进行详细讲解。

（4）分项工程完工资料验收。在分项工程交工验收时，项目管理机构进行分项工程完工资料验收并形成验收意见，对存在的问题督促整改。

（5）档案工作半年专家进行一次抽查。项目管理机构每半年邀请有关专家，选取一个施工单位，进行检查并形成检查意见，项目管理机构举一反三，对存在的普遍性问题统一督促整改。

（6）合同段交工档案预验收。各施工合同段交工验收前，项目管理机构应对已经立卷归档的施工文件材料进行预验收，对不符合要求的，应督促整改，符合要求后方可进行合同段交工验收。

激励与约束

一、项目风险金管理

1. 一般规定。

为强化参建各方的责任意识和风险意识，充分调动参建各方的积极性，建设单位宜设立项目管理目标风险金，并建立项目管理目标风险金管理制度。

项目管理目标风险金的设立和管理应纳入招标文件。

项目的主体工程和房建、机电、绿化、交安等附属工程的施工单位、监理单位可设立风险金，其他工程和参建单位原则上不设。

施工单位的风险金总额按本标段投标控制价中"工程量清单第200～700章合计金额（不计暂列金额）"的1.5%设立。其中1.0%由建设单位承担，以总额在工程量清单100章计列；0.5%由施工单位承担并在签订合同协议前以现金形式提交。

购买专项服务的监理与第三方检测单位的风险金总额按本标段投标控制价的5%设立。其中3%由建设单位承担，以总额在管理服务费中计列；2%由专项服务的监理与第三方检测单位承担并在签订合同协议前以现金形式提交。

风险金考评和兑现由项目管理机构负责。

在施工和缺陷责任期，针对参建单位的质量、安全、进度、廉政等管理目标完成情况进行考评，根据考评结果兑现施工单位和专项服务的监理与第三方检测的风险金。

应按合同类型和工程特性分类别对参建单位分别进行考评，风险金根据考评结果在同类别参建单位中统筹使用。

参建单位最终获得的风险金可以少于、等于或多于本标段设立的风险金总额。

2. 考评的组织管理。

考评单位实施前制定风险金考评实施细则，经建设单位核备方可实施。

考评单位应成立独立考评组负责考评工作。

考评组应在考评结束后 15 日内形成考评报告，并报建设单位备案。考评报告主要内容应包括：工程进展概述、现场项目管理机构考评结果、各参建单位得分排序及风险金兑现情况、存在的问题及原因分析、整改措施及下一阶段工作计划等。

3. 施工单位的风险金管理。

施工单位的风险金分配应符合下列规定：

阶段目标风险金占风险金总额的 50%。主要根据施工单位完成经批准的阶段进度目标及质量、安全、廉政等情况进行兑现。当期未兑现部分，60% 风险金可顺延至下一阶段（顺延风险金不得再次顺延）；剩下 40% 风险金和不再次顺延风险金由施工单位提交部分列入缺陷责任期目标风险金。

专项目标风险金占风险金总额的 40%。主要根据施工单位完成现场项目管理机构制定的关键工程进度、质量、安全及标准化施工等专项活动目标情况兑现。当期未兑现部分中，施工单位提交的部分列入缺陷责任期目标风险金。

缺陷责任期目标风险金占风险金总额的 10%。主要根据施工单位在缺陷责任期间的工作完成情况兑现。

在当期考评期内，存在以下情况之一的，施工单位的当期阶段目标风险金为零，且不得顺延。

（1）发生较大及以上安全生产责任事故的；发生重大质量事故的。

（2）项目经理部领导成员在竣工验收前被纪检监察部门或司法机关认定有涉及本项目严重廉政问题的。

（3）存在以下情况之一的，扣除施工单位全部已兑现的风险金，已兑现风险金在工程款中扣回。

（4）工程未如期建成交工的；项目经理部领导成员在竣工验收前被司法机关认定有涉及本项目严重廉政问题并被追究刑事责任的。

4.专项服务的监理与第三方检测单位的风险金管理。

专项服务的监理与第三方检测单位的风险金分配应符合下列规定：

阶段目标风险金占风险金总额的 40％，主要根据所管理的施工标段阶段目标、专项工程目标完成情况进行兑现。当期未兑现部分，60％风险金可顺延至下一阶段（顺延风险金不得再次顺延）；剩下 40％风险金和不再次顺延风险金，由专项服务的监理与第三方检测单位提交部分列入缺陷责任期目标风险金。

工作质量目标风险金占风险金总额的 40％，根据管理人员、设备等履约情况及本职工作完成情况进行兑现。未兑现部分中，由专项服务的监理与第三方检测单位提交的部分列入缺陷责任期目标风险金。

缺陷责任期目标风险金占风险金总额的 20％，主要根据专项服务的监理与第三方检测单位在缺陷责任期间的工作完成情况进行兑现。

在当期考评期内，存在以下情况之一的，专项服务的监理与第三方检测单位当期阶段目标风险金为零，且不得顺延。

1.所管理的施工标段发生较大及以上安全生产责任事故的；

2.所管理的施工标段发生重大质量事故的；

3.其现场机构领导成员在竣工验收前被纪检监察部门或司法机关认定有涉及本项目严重廉政问题的。

存在以下情况之一的，扣除专项服务的监理与第三方检测单位全部已兑现的风险金，已兑现风险金在管理服务费中扣回。

1.所管理的工程交工不合格的；

2.所管理的工程未如期建成交工的；

3.其现场机构领导成员在竣工验收前被司法机关认定有涉及本项目严重廉政问题并被追究刑事责任的。

二、项目责任追究管理

1.一般规定。

为强化参建各方的履约意识和责任意识，充分调动参建各方的积极性，项目管理过程中应建立严格的责任追究制度。责任追究是指在项目管理过程中对发现的问题不仅要督促整改还要追究责任。

责任追究制度应纳入招标文件。

责任追究应坚持权责一致、有责必究、实事求是、依规有序的原则。

合同的违约行为均应受到责任追究。

责任追究的方式包括赔偿损失、通报批评、撤换人员、作为风险金考核证据、提请行政主管部门给予行政处罚、提请主管部门列入不良信用记录，上述方式可并罚。

对施工单位及其人员的责任追究，应由项目管理机构及其各部门按照管理权限决定。

对监理单位及其人员的责任追究，应由建设单位决定。

在工作中发现需要追究责任的问题，对其中事实清楚、责任明确的，可以直接做出责任追究的决定；对事实和责任尚需核实的，应当交由合同管理部门调研决定。

受到责任追究的单位及其人员对决定有异议的，可向合同管理部门申诉，申诉期间不停止决定的执行。

2.施工单位违约处罚标准见附表。

3.专项服务的监理监理单位违约处罚标准。

4.检测单位违约处罚标准。

施工单位违约处罚标准

编号	违约行为	单位	处罚标准
一	合同管理		
1	发包人查实承包人有非法分包的		按国务院《建设工程质量管理条例》（国务院 2000 年 279 号令）第六十二条规定处理
2	项目经理和总工未经批准擅自更换，管理不善经监理人或发包人要求更换	元 / 人·次	项目经理 100000；总工 50000
3	承包人项目经理、总工及主要工程技术人员伪造证书	元 / 人·次	予以清退并通报批评，扣违约金 50000
4	承包人未经监理工程师和业主同意，擅自更换主要工程技术人员	元 / 人·次	10000
5	项目经理、总工和主要技术负责人等主要人员擅自离开工地的		第一次约见谈话，第二次书面通报其总部，第三次清退
6	承包人采取某种手段有意将同一业务分次支付逃避监管		予以通报，每次扣违规金额的5% 的违约金，并要求将违规资金归还
7	承包人未在发包人指定的银行开户、擅自变更开户行		拒绝支付直到改正为止
8	承包人将本项目资金挪用于非本项目合同支出或违规上交上级管理费和其他费用	元 / 次	冻结本期支付，除责令承包人及时将挪用的资金归还外，还将呈报省交通运输主管部门、承包人上级监理单位等部门，并扣违约金 5000
9	主要施工设备没有按合同承诺及时到达施工现场	元 / 台·天	500
10	因施工进度需要增加设备和调整施工组织，未按监理工程师指令执行	元 / 台·天	500
11	主要试验设备没有按合同进场	元 / 台·天	200
12	承包人提供虚假资料以及故意隐瞒与本合同工程无关的债务涉讼案从而严重影响本合同正常履行的情况		扣除不超过合同总价10% 的金额，上报上级主管部门，建议纳入不良信用记录
13	未按时上报相关材料，未及时回复各级管理人员（单位）指令	元 / 次	5000
二	临时工程		
1	承包人驻地建设未按合同要求建设的，整改效果不好	元 / 项	50000 以下
2	便道、便桥、水上施工平台未按合同要求建设，整改效果不好	元 / 项	50000 以下

编号	违约行为	单位	处罚标准
3	临时用电、用水不符合要求	元/次	2000
4	拌和场（站）、集料生产场未按合同要求建设	元/项	30000
5	现场标识不符合合同要求	元/项	1000
三	现场管理		
1	承包人在施工中偷工减料的，使用不合格材料、配件和设备的，或不按图纸施工的；未对材料、配件、设备及涉及结构安全部位进行检验		按国务院《建设工程质量管理条例》（国务院2000年279号令）第六十四条、六十五条规定处理
2	承包人在施工中偷工减料、使用不合格材料、配件和设备，不构成结构和生产安全		按偷减和不合格材料价值的5倍处罚
3	发生重大质量事故隐瞒不报、谎报、有意迟报		按国务院《建设工程质量管理条例》（国务院2000年279号令）第七十条规定处理
4	质量管理混乱、质保体系形同虚设，未真正起到"企业自检"作用，整改不见效	元	10000
5	承包人未及时报送施工、安全、环保方案	元/项	2000
6	承包人现场质量管理员不在现场进行履行质量管理职责	元/次·人	2000
7	承包人进场材料不合格又不按要求及时清理	元/次	清除出场地并处以罚款5000
8	工程通过自检或抽检不合格，由于承包人故意偷工减料造成工程质量不合格		返工处理并按返工量金额的2倍扣违约金
9	要求承包人返工的工程未在规定的时间内进行返工，又没有正当理由	元/天	5000
10	项目经理或总工程师无故缺席发包人和监理主持的各种活动及会议	元/次	5000
11	承包人内业原始资料故意弄虚作假	元/次	通报批评并责令改正扣违约金5000
12	承包人在工程计量或变更中弄虚作假虚报工程量		通报批评
13	质量监督机构在检查中发现工程质量不合格并通报批评的，对承包人进行处罚	元/次	返工处理后并处扣违约金10000

编号	违约行为	单位	处罚标准
四	路基工程		
1	承包人将耕植土、表土、挖基土等非适用填料用作路基填料的，或在未经处理的地基上填筑路基	元／处	返工处理合格并扣违约金5000
2	承包人未按规范要求进行土石方填筑	元／处	返工处理合格并扣违约金5000
3	路基半填半挖或填挖交界处未按规定挖台阶处理的	元／处	返工处理合格并扣违约金5000
4	填石（或土石混填）路基石块粒径超过规定且碾压工序已完成	元／处	返工处理合格并扣违约金5000
5	填土压实度检测达不到规范要求应进行处理而不处理，进行了下一道工序的	元／处	返工处理合格并扣违约金2000
6	边坡整修未及时经监理验收，继续开挖和填筑	元／次	除返工外，扣违约金2000
7	二级及二级以下挖方边坡未曲化修整成自然山包型	元／处	除返工外，扣违约金5000
五	桥涵、构造物工程		
1	隐蔽工程检验未经监理人及发包人到场检验	元／处	重新检验外扣违约金5000
2	预应力张拉设备没有按规范要求标定	元／次	改正并扣违约金5000
3	桩基检测评定为Ⅲ类桩	元／根	通报批评，处理后并扣违约金5000
4	浇筑混凝土时，自由下落高度超过2米而没有采取相应措施防止混凝土拌和料离析	元／次	2000
5	混凝土不按监理工程师批准的施工配合比的进行施工	元／次	5000
6	水泥、钢筋、钢筋笼及砂、石料等的存放不满足《江西省高速公路项目标准化管理指南（工地建设标准）》要求	元／处	2000
7	混凝土工程有严重跑模、漏浆、露筋、蜂窝、麻面、空洞严重	元／处	除返工外，扣违约金5000
8	混凝土无精确电子称量和配水机械装置的强制式混凝土拌，设备或砌体砂浆拌和材料未按要求过称	元／处	2000
9	混凝土构造物不按要求进行养生	元／处	2000
10	结构物未用合同规定模板	元／处	5000
11	浆砌工程存在下列情况之一的：1>砌筑厚度不满足要求；2>垫层厚度不满足要求的；3>砌缝内砂浆不饱满的；4>砂浆不采用机械拌和的；5>砌缝没有错开的；6>未覆盖养生的；6>未按规定勾凹缝、平缝	元／项（处）	除返工外，扣违约金2000

编号	违约行为	单位	处罚标准
12	结构物外观质量不符合要求，未经监理工程师同意，承包人随意采取修整补救措施	元/次	1000
13	台背回填未按要求进行施工	元/次	10000
14	预制构件湿接缝不按要求凿毛	元/处	1000
15	梁板的张拉和压浆未按设计、规范要求进行	元/次	10000
六	隧道工程		
1	未按要求控制出入隧道施工现场的	元/次	1000
2	隧道围岩发生变化后，不及时办理变更手续	元/次	20000
3	未进行隧道围岩变形监控量测	元/次	5000
4	主洞开挖爆破显眼率低于70%的	元/段	2000
5	隧道欠挖或初支不当导致侵限的	元/处	除返工外，扣违约金5000
6	隧道初期支护、锚杆、导管、管棚施工安装的数量、长度、间距、安装与设计不符的。（超前小导管的数量减少；导管间距加大；导管长度减短；设导管后不注浆；将小导管改用超前锚杆；改变钢支撑的结构设计尺寸；加大钢架支撑的间距，减少钢支撑数量，钢支撑环向联接不到位；加大钢支撑纵向连接钢筋间距，减少连接筋的根数；改变注浆锚杆结构设计尺寸，加大径向中空注浆锚杆间距，减少中空注浆锚杆的数量；锚杆注浆不到位，锚固深度不足；将中空注浆锚杆改用砂浆锚杆，虚设锚杆，锚杆锁脚不到位；改变管棚设计尺寸，减少管棚长度或数量，管棚不注浆等）	元/根（榀）	除返工外，扣违约金20000
7	隧道初期支护钢筋网片间距加大或较少网片层数	元/次	除返工外，扣违约金10000
8	锚杆不按要求露头的	元/处	1000
9	用型钢制作钢支撑时，使用非国标型钢	元/次	除返工外，扣违约金10000
10	导管、管棚使用非国标材料，壁厚达不到设计要求	元/次	扣违约金5000并清场处理
11	喷射混凝土中使用回收的喷射混合料	元/次	2000
12	违反隧道新奥法施工操作规程，初衬距掌子面距离超规范要求，长距离不施做锚、网、喷等初期支护的工序，不及时封闭开挖面或钢支撑有吊脚现象	元/处	10000

编号	违约行为	单位	处罚标准
13	两种不同用途的锚杆合并使用	元/次	5000
14	使用干喷法施做喷射混凝土	元/次	2000
15	喷射混凝土用砂未经筛网过筛	元/次	2000
16	隧道超挖用木板、石棉瓦、包装袋等作为受喷面，用片石充填或者喷射混凝土厚度严重不足	元/次	除返工外，扣违约金10000
17	防水板铺设前对锚杆、注浆导管的外露头未作处理，造成防水板破裂	元/处	2000
18	防水板铺设过紧或搭接长度不符合要求	元/次	2000
19	防水板、排水管使用"三无"产品或不符合公路隧道技术要求	元/批	扣违约金5000并清场处理
20	防水板焊接不到位或焊缝搭接宽度不满足要求	元/次	2000
21	防水板采用钢钉固定	元/处	1000
22	二衬钢筋焊接时没有采取措施防止焊渣烧伤防水板	元/次	2000
23	环向软式透水管纵向间距加大或没有与纵向排水管连接	元/处	2000
24	纵向排水管与三通连接不到位，出现脱落或较大缝隙	元/处	2000
25	纵向排水管未有效包裹土工布	元/次	1000
26	橡胶止水带或止水条安设不符合要求	元/次	2000
27	预埋管道堵塞	元/处	1000
28	二衬距掌子面距离超规范和标准要求	元/次	20000
29	二衬钢筋网间距或钢筋保护层厚度，每模量出3处不合格	元/模	5000
30	二衬厚度不足或出现空洞	元/处	扣违约金10000并压浆处理
31	隧道二衬混凝土渗水或漏水	元/处	扣违约金2000并进行处理
32	隧道二衬工作缝错茬较大、超标	元/次	2000
33	隧道二衬混凝土没有采用电脑配料、使用输送泵设备	元/次	5000

编号	违约行为	单位	处罚标准
34	压浆配合比、水灰比失控、压浆不饱满未采用真空压浆	元/处	2000
35	电缆沟、排水沟、盖板钢筋制安不规范	元/处	除返工外，扣违约金5000
36	不按设计要求进行隧道导坑开挖	元/次	10000
37	用隧道出渣回填仰拱或仰拱开挖不到位就进行回填	元/次	10000
38	隧道混凝土路面钢筋尺寸、长度、间距等不符合设计要求	元/处	5000
39	隧道混凝土路面厚度、表面拉毛、切缝、填缝等不符设计要求	元/处	5000
40	隧道混凝土路面盲沟施工等不符合设计要求	元/处	1000
41	防火涂料施工事先不对二衬进行清洗	元/次	2000
42	防火涂料原材不符合要求	元/次	扣违约金10000并清场处理
43	防火涂料喷涂厚度不足	元/处	除返工外，扣违约金5000
七	路面工程		
1	沥青混合料运输未覆盖	元/车	2000
2	水稳层在养生期间，未及时用土工布覆盖养生或未湿润养生	元/200米段	10000
3	路面各层施工未按试验路所取得的参数（松铺系数、碾压遍数、机械设备配套组合等）进行施工	元/段	10000
4	路面各层厚度不符合设计要求	元/200米	返工并扣违约金50000以下
5	沥青拌和设备温度控制器及路面摊铺温度探测器未经标定	元/项	1000
6	沥青混合料拌和、运输、摊铺、碾压温度控制不满足规范要求	元/次	返工并扣违约金5000
7	沥青层摊铺工作缝未进行垂直接缝的、接缝处平整度不符要求	元/段	2000
8	沥青混合料拌和生产使用了回收粉尘	元/次	10000
9	沥青层未按监理工程师批准的油石比进行施工	元/次	沥青混合料废弃并扣违约金20000

编号	违约行为	单位	处罚标准
八	试验检测		
1	承包单位的试验检测设备未按规定进场、标定或标定有效期已过还在使用	元／台	1000
2	试验检测频率不足的，未及时建立试验台账或台账混乱	元／次	2000
3	试验、检测数据存在造假	元／次	2000
九	环保施工		
1	住宅、施工现场没有厕所或有厕所未做化粪池	元／处	1000
2	对下边坡、取弃土场没有及时进行有效防护和绿化	元／处	3000
3	生活和施工垃圾（如废水泥袋，废机油等，余土，废弃的混凝土、砂浆、水稳料、沥青混合料等）没有集中填埋而随地乱扔乱倒	元／处	3000
4	在承诺的期限内，对完工工程的施工场地或已废弃的驻地，未进行必要的清理或恢复	元／处	10000
5	施工废水（拌和站的生产废水、桥梁钻孔桩的泥浆）未经沉淀直接排放	元／处	10000
6	未采取措施防止雨水冲刷路基，出现泥沙冲淤农田、阻塞沟渠等现象	元／处	2000
7	施工过程中对周围植被造成大面积破坏或污染	元／处	10000
8	在沥青层上直接堆放砂浆或拌制砂浆	元／处	5000
9	在进行沥青透层、粘层、封层施工时，污染周围环境和构筑物未及时清除	元／处	5000
10	沥青混凝土拌和站未进行粉尘湿回收或回收粉尘乱倒，造成污染环境	元／处	10000
11	便道和路基运土通道产生扬尘未及时洒水	元／次	2000
十	安全生产		
1	违反国家规定，降低工程质量标准，造成重大安全事故，构成犯罪的		按国务院《建设工程质量管理条例》（国务院 2000 年 279 号令）第七十四条规定处理

编号	违约行为	单位	处罚标准
2	发生安全隐患和事故隐瞒不报、谎报、有意迟报的、故意破坏现场的		按国务院《建设工程质量管理条例》（国务院2000年279号令）第七十条规定处理
3	承包人未编制安全技术方案及应急预案，未层层进行安全技术交底和安全应急预案演练的	元／次	整改到位后扣违约金5000
4	起重机等特种设备未经相关部门进行安全认证而使用的	元／项	10000
5	施工现场无安全监督员或安全监督员脱岗的	元／人·次	2000
6	炸药、雷管等危险品不按规定存放、保管、领用的	元／次	10000
7	施工现场不按规定设立醒目的警示、警戒标志的	元／处	1000
8	未按要求配备消防设施的	元／处	1000
9	施工现场施工人员发生以下情况：不戴安全帽；高空作业不系安全带；水上作业不穿救生衣；赤脚或穿拖鞋	元／次·人	1000
10	特种作业人员无证上岗或违反操作规程的	元／次	1000
11	发现安全隐患并未及时进行整改的	元／处	5000
12	由于违反安全规程，发生质量安全事故的	元／次	20000
13	未封闭施工、挂安全网、采取隔离措施的	元／处	2000
十一	费用、财务管理		
1	未按规定编制报送每月资金使用计划	元／月	5000
2	违反《上万高速公路资金监管协议》，弄虚作假套取建设资金	元／项	50000
3	不配合财务审计、财务检查或财务检查时财务人员不到场	元／项	2000
4	工程建设资金不专款专用，挪用资金	元／次	10000

专项服务的监理单位违约处罚标准

编号	违约行为	单位	处罚标准
一	监理人员		
1	合同中总监未按要求到位或监理人擅自更换的	元/人·次	50000
2	合同中副总监、试验室主任未按要求到位或监理人擅自更换的	元/人·次	20000
3	合同中专业监理工程师未按要求到位或监理人擅自更换的	元/人·次	10000
4	合同中监理员、试验员未按要求到位或监理人擅自更换的	元/人·次	5000
二	监理人员考勤及考核		
1	监理人在签定订合同协议书后7天内，未按投标书的承诺进驻现场开展前期准备工作	元/天	2000
2	总监（副总监）未经批准擅自离开工地	元/人·天	2000
3	专业监理工程师擅自离开工地	元/人·天	1000
4	其他监理人员擅自离开工地	元/人·天	500
5	专业监理工程师及以上人员一个季度请假累计超过12天	元/人·天	500
6	其他监理人员一个季度请假累计超过12天	元/人·天	200
三	办公、生活、交通、试验检测仪器设备		
1	不按投标文件的承诺配备办公设备	台（套）	1000～50000
2	不按投标文件的承诺配备试验检测仪器等设备	台（套）	
3	不按投标文件的承诺配备办公用房和生活用房的空调	台	
4	不按投标文件的承诺配备交通工具	台	
5	擅自撤离交通工具、办公设备、试验检测仪器	元/台·天	100～1000
四	质量控制		
1	监理人员与承包人串通，弄虚作假，降低工程质量，签认不合格的工程、材料、配件和设备	元/处	5000～100000
2	所管辖合同段出现质量事故，经调查是由于监理人的责任	次	提请行政处罚和不良行为记录

115

编号	违约行为	单位	处罚标准
3	所管辖合同段出现质量问题，经调查是由于承包人原因，视为监理人监管不力	次	500～10000
4	所管辖合同段出现质量问题（含永久性外观质量缺陷），经调查是由于监理人的责任	元/处	1000～50000
5	所管辖合同段出现质量问题（含永久性外观质量缺陷），经调查是由于承包人原因，视为监理人监管不力	元/处	500～10000
6	抽验频率达不到规范规定的频率	元/项·次	500
7	利用承包人的试验数据充当抽验数据，试验数据弄虚作假	元/次	1000～10000
8	施工期间监理人在关键工程或工程重要部位未按规定旁站，或监理人在接到承包人施工旁站项目的通知后未能及时到场	元/人·次	1000
9	发包人检查中发现违规施工	元/处	500～5000
10	质量监督机构或上级单位检查中发现工程质量不合格或违规施工并已通报的	元/处	2000～10000
五	进度控制		
1	所辖路段承包人月度进度未完成	元/次·合同段	1000～5000
2	所辖路段承包人阶段进度未完成	元/次·合同段	5000～10000
3	对承包人进度报表审核不严，与事实不符或上报不及时	元/次·合同段	500～5000
六	费用控制		
1	监理人员对工程计量和费用支付的审核结果出现偏差、错计、漏计、重计	元/次	500～5000
2	监理人员在变更工作中签认工程量与实际严重不符	元/次	2000～10000
七	内业资料		
1	内业资料不完整、不齐全，归档不及时、分类不准确	元/次	1000～5000

编号	违约行为	单位	处罚标准
2	现场检测资料未在现场检测完后当场及时签署	元／次	500～2000
3	内业资料签字不规范	元／次	500～2000
4	监理日记和巡视记录不完整或内容空洞，不能客观全面反应工地现状	元／次	200～1000
八	安全生产文明监理		
1	所管辖承包人施工存在安全隐患或出现安全事故	元／次	2000～10000
2	所管辖承包人施工造成环境污染、环境保护不力	元／次	1000～5000
3	监理人员未挂牌上岗，未戴安全帽	元／人·次	200

第三方检测单位违约处罚标准

编号	违约行为	单位	处罚标准
一	人员管理		
1	人员变更、岗位变更未报经现场项目管理机构批准同意	元／人·次	1000
2	试验检测负责人及其他主要试验检测人员每月在岗时间少于2天	元／人·天	1000
3	未经批准擅自离开工地	元／人·天	2000
4	试验检测人员不能胜任本职工作、行为不端、玩忽职守	元／人	按3000元／每人进行处罚，提请行政处罚和不良信用记录
二	资料管理		
1	试验检测报告填写不规范或内业资料管理混乱	元／次	1000～20000
2	报表（日报、周报、月报）上报不及时或数据弄虚作假	元／次	1000
3	现场试验检测频率不满足规定要求	元／次	1000～50000
4	试验数据弄虚作假	元／次	1000～5000
5	未及时对标准试验（如标准击实、混凝土配合比等）验证试验	元／次	3000～30000
三	现场试验管理		
1	指派他人进行取样、制作试件、送样、进行试验检测操作	元／次	1000～5000
2	对建设单位提出的试验工作（如墩柱钢筋保护层厚度、混凝土强度回弹等），试验检测方未执行或不能在规定时间完成	元／次	3000～50000
3	对现场进行日常抽检时，出现不合格数据未按时上报相应监管部监管组及总监办测试部	元／次	1000～5000

4	试验检测母体单位未按照要求对工地试验室每季度至少检查 指导 1 次	元 / 次	10000 ～ 50000
5	试验检测频率少于规定要求	元 / 次 / 项	1000 ～ 5000
6	工作失职未能及时发现质量隐患或存在工程质量问题	元 / 天	1000 ～ 5000
7	已验收的分项工程质量不合格或主要分项工程评定达不到合格		提请行政处罚和不良信用记录
8	其他试验检测管理问题，视其轻重程度	元 / 次	1000 ～ 50000
四	设备管理		
1	试验检测设备不满足规定要求	元 / 台	1000 ～ 50000
2	试验检测设备未完成标定 \ 校准确认工作	元 / 台	1000
3	办公设备未满足招标文件要求数量配备	元 / 台 / 次	1000
4	办公设备未满足招标文件要求数量配备	元 / 台 / 次	2000

附录 项目管理流程

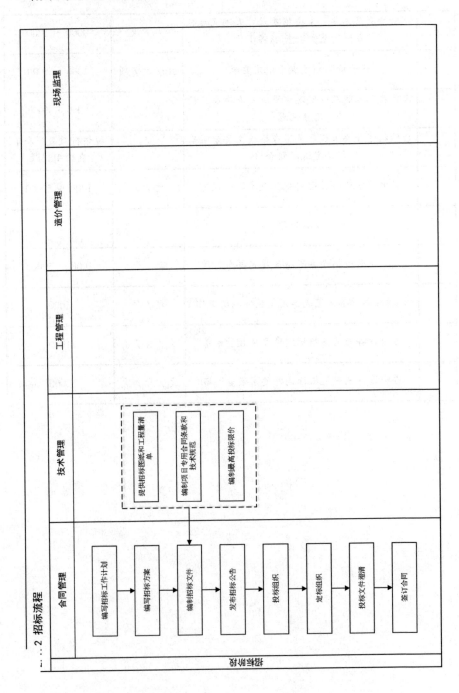

……2 招标流程

120

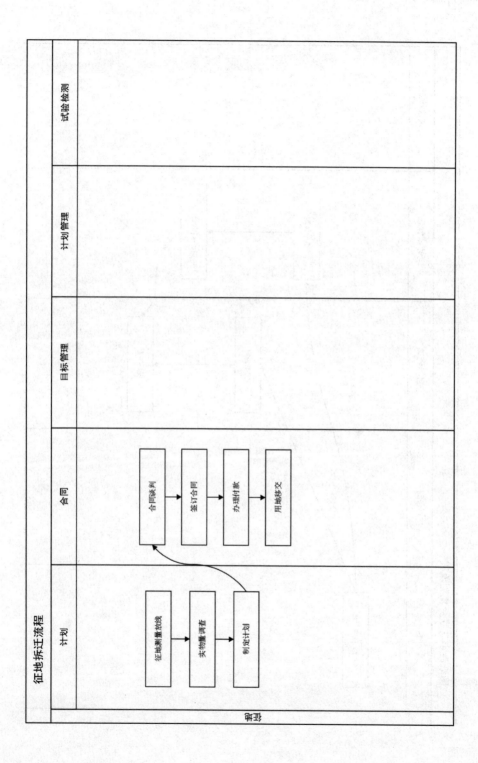

征地拆迁流程

计划	合同	目标管理	计划管理	试验检测
征地测量放线 → 实物量调查 → 制定计划	合同谈判 → 签订合同 → 办理付款 → 用地移交			

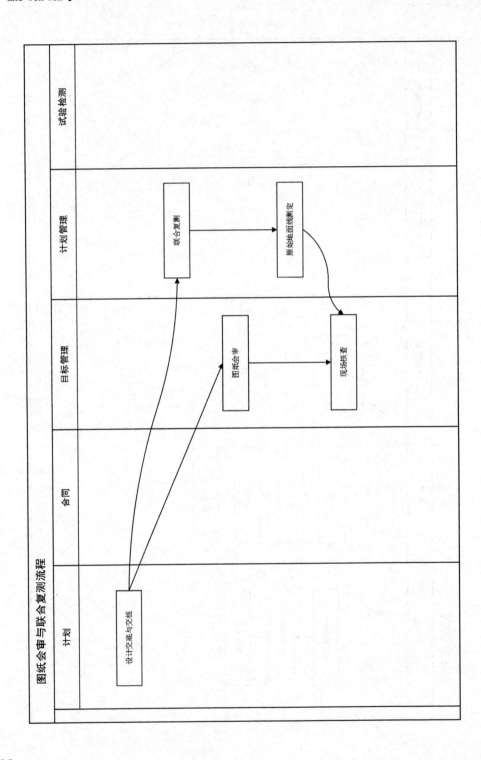

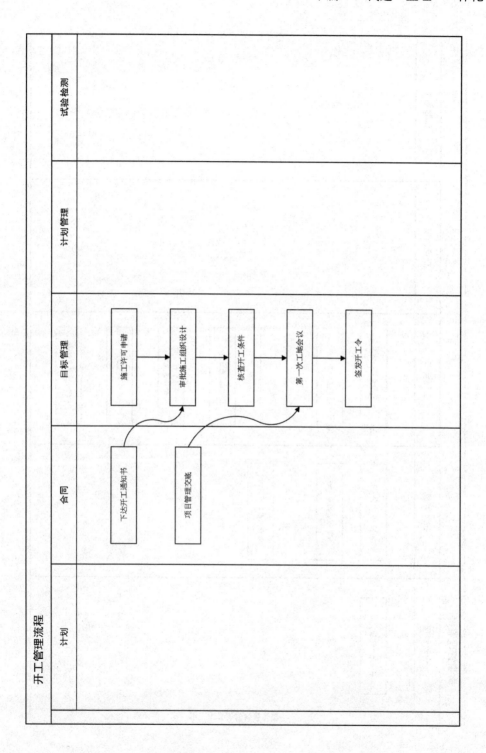

开工管理流程

计划	合同	目标管理	计划管理	试验检测
	下达开工通知书 项目管理交底	施工许可申请 → 审批施工组织设计 → 核查开工条件 → 第一次工地会议 → 签发开工令		

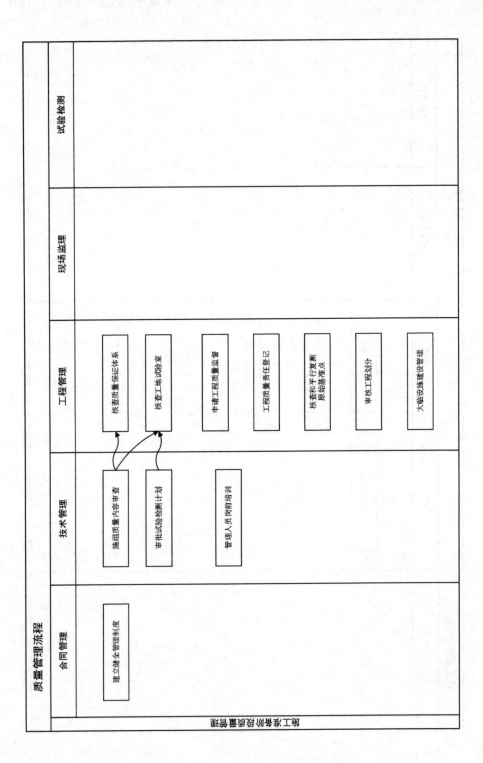

质量管理流程

合同管理	技术管理	工程管理	现场监理	试验检测
建立健全管理制度	施组质量内容审查 审批试验检测计划 管理人员岗前培训	核查质量保证证体系 核查工地试验室 申请工程质量监督 工程质量责任登记 核查和平行复测原始基准点 审核工程划分 大临设施建设管理		

工程咨询分院勘察部

124

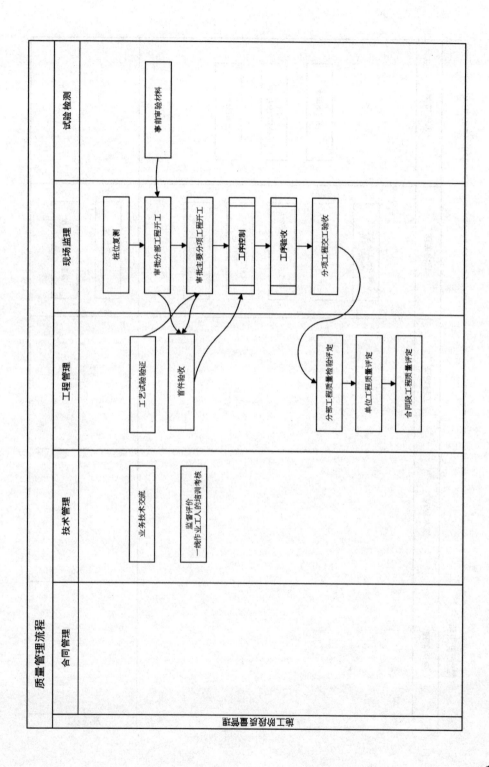

质量管理流程

合同管理	技术管理	工程管理	现场监理	试验检测
	业务技术交流	工艺试验验证	桩位复测	事前审验材料
	一线作业工人的培训考核 监督评价	首件验收	审批分部工程开工	
		分部工程质量检验评定	审批主要分项工程开工	
		单位工程质量评定	工序控制	
		合同段工程质量评定	工程验收	
			分项工程交工验收	

工程咨询管理

125

质量管理流程	合同管理	技术管理	工程管理	现场监理	试验检测	
				审查施工测量放线数据和成果 巡视施工的主要工程 旁站项目工艺过程旁站 主要工程关键项目检测见证 分项工程结构主要尺寸抽检	主要材料抽检 分项工程关键项目抽检 无破损检测	工序质量
				构配件验收 隐蔽工程质量验收		工序质量

126

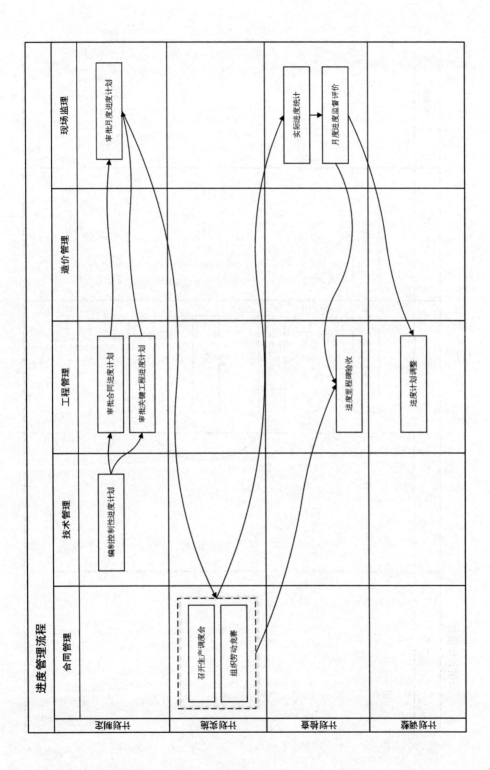

进度管理流程

合同管理	技术管理	工程管理	造价管理	现场监理
	编制控制性进度计划	审批合同进度计划 审批关键工程进度计划		审批月度进度计划
召开生产调度会 组织劳动竞赛		进度里程碑验收 进度计划调整		实际进度统计 月度进度监督评价

127

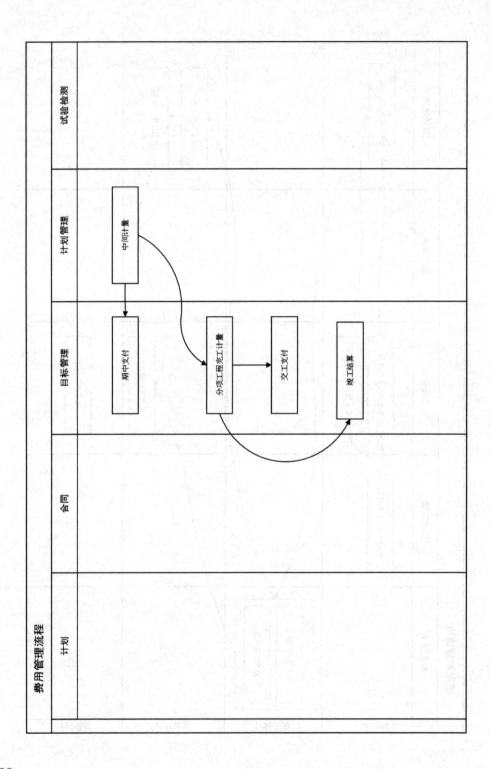

费用管理流程

128

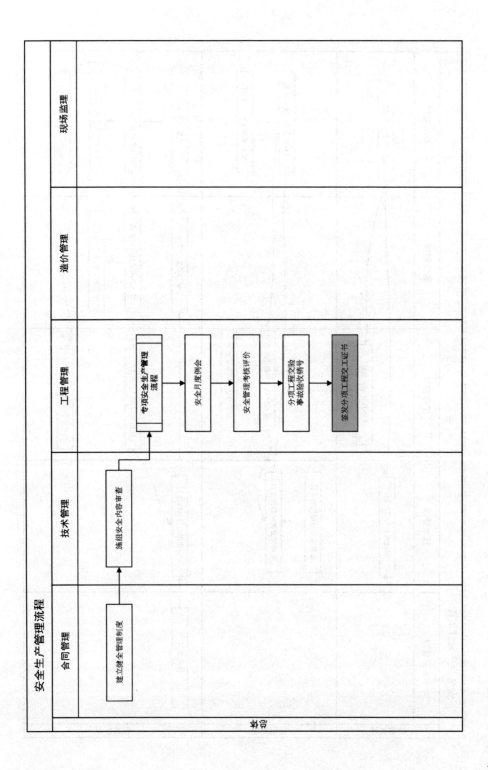

安全生产管理流程

合同管理	技术管理	工程管理	造价管理	现场监理
建立健全管理制度	施组安全内容审查	专项安全生产管理流程 → 安全月度例会 → 安全管理考核评价 → 分项工程交验事故验收销号 → 鉴发分项工程竣工证书		

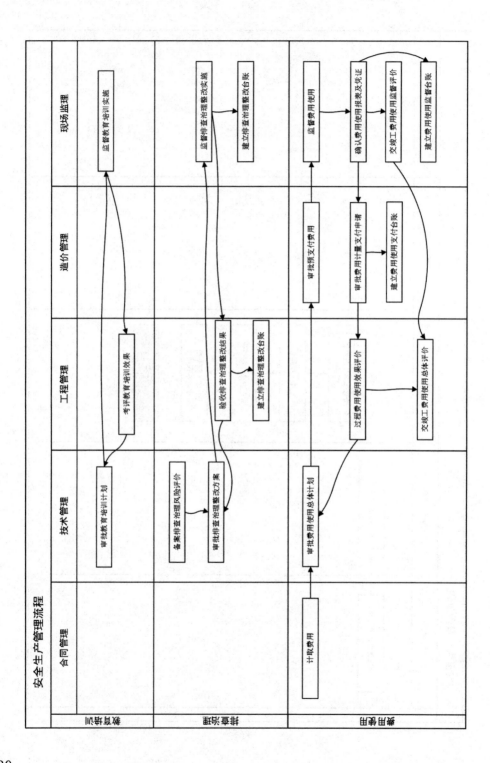

安全生产管理流程

合同管理	技术管理	工程管理	造价管理	现场监理
	审批教育培训计划	考评教育培训效果		监督教育培训实施
	备案排查治理风险评价 / 审批排查治理整改方案	验收排查治理整改结果 / 建立排查治理整改台账		监督排查治理整改实施 / 建立排查治理整改台账
计取费用	审批费用使用总体计划	过程费用使用效果评价 / 交竣工费用使用总体评价	审批预付费用 / 审批费用计量支付申请 / 建立费用支付台账	监督费用使用 / 确认费用使用报表及凭证 / 交竣工费用使用监督评价 / 建立费用使用监督台账

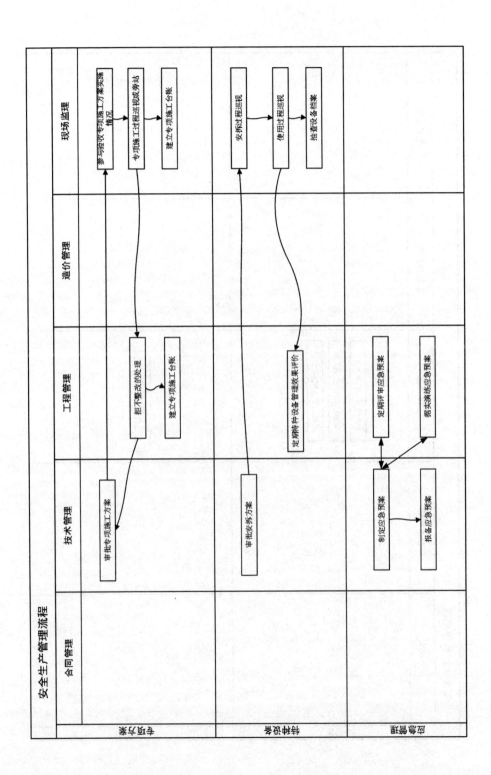

安全生产管理流程

合同管理	技术管理	工程管理	造价管理	现场监理

事前管理
- 审批专项施工方案 → 拒不整改的处理 → 参与验收专项施工方案实施情况
- 建立专项施工台账 → 专项施工过程巡视或旁站
- 建立专项施工台账

事中管理
- 审批拆除方案 → 定期种特种设备管理效果评价 → 安拆过程巡视
- 使用过程巡视
- 抽查设备档案

事后管理
- 制定应急预案 → 定期评审应急预案
- 报备应急预案 → 据实演练应急预案

安全生产管理流程

	合同管理	技术管理	工程管理	造价管理	现场监理
人员管理			动态管理三类人员　动态管理特种作业人员　动态管理劳务队伍		
重大事故处理			安全事故报告		

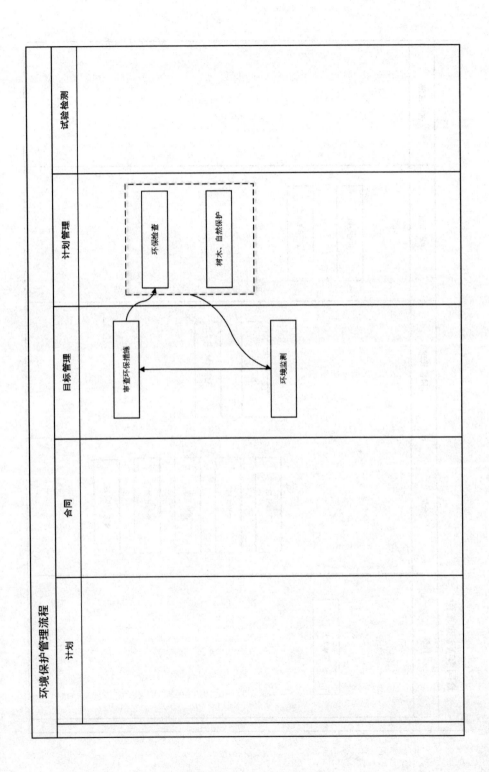

環境保護管理流程

計划	合同	目标管理	计划管理	试验检测

计划管理:
- 环保检查
- 树木、自然保护

目标管理:
- 审查环保措施
- 环境监测

133

合同事项管理流程

计划	合同	目标管理	计划管理	试验检测
工程变更	工程延期 费用索赔 价格调整 争端处理 施工合同解除	停/复工 违约处理	审查分包 人员、设备检查	

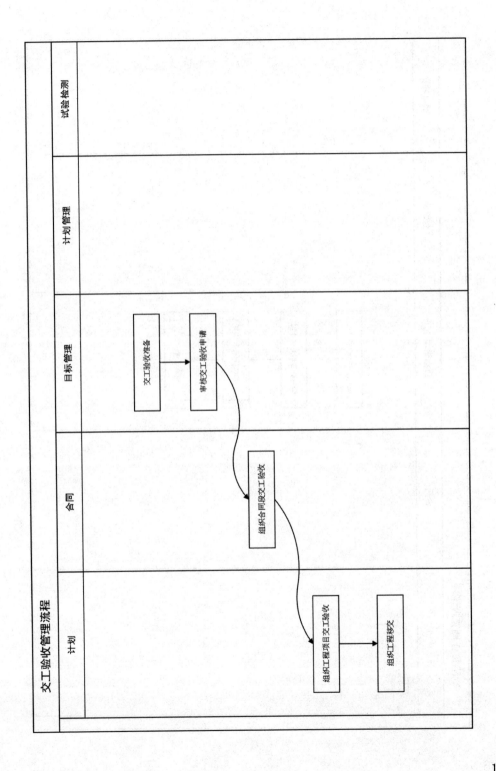

交工验收管理流程

计划	合同	目标管理	计划管理	试验检测
		交工验收准备 → 审核交工验收申请		
	组织合同段交工验收			
组织工程项目交工验收 → 组织工程移交				

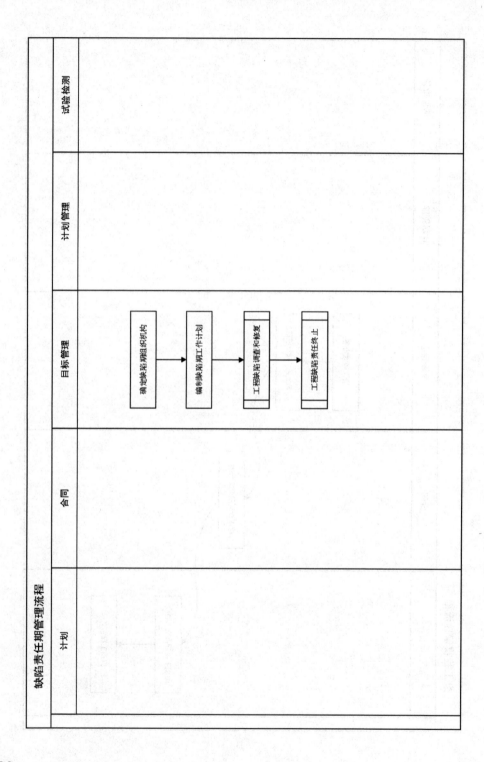

缺陷责任期管理流程

计划	合同	目标管理	计划管理	试验检测
		确定缺陷期组织机构 → 编制缺陷期工作计划 → 工程缺陷调查和修复 → 工程缺陷责任终止		

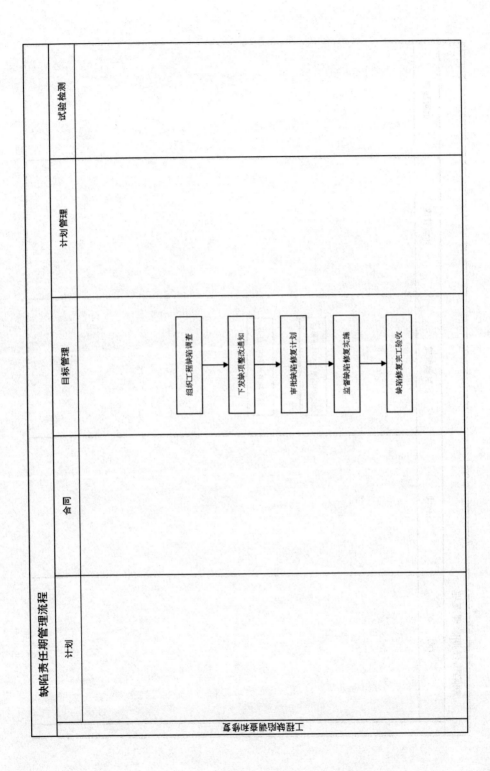

缺陷责任期管理流程

计划	合同	目标管理	计划管理	试验检测
		组织工程缺陷调查		
		↓		
		下发缺项整改通知		
		↓		
		审批缺陷修复计划		
		↓		
		监督缺陷修复实施		
		↓		
		缺陷修复完工验收		

工程质量管理与养护

137

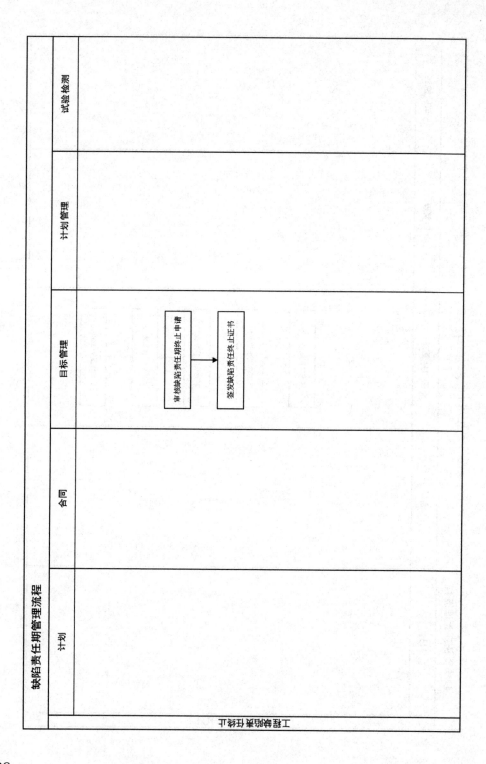

缺陷责任期管理流程

计划	合同	目标管理	计划管理	试验检测
		审核缺陷责任期终止申请 → 签发缺陷责任终止证书		

工程咨询单位 工程

138

竣工验收准备流程

计划	合同	目标管理	计划管理	试验检测
		竣工验收准备 → 竣工验收申请		

竣工验收准备流程

计划	合同	目标管理	计划管理	试验检测
竣工决算文件编制		环保专项验收 水保专项验收 土地确权专项验收 涉航专项验收 安全专项验收 竣工验收准备		

工程竣工验收

140

宁安高速公路"代建＋监理"一体化管理实践

江西省交通运输厅结合本省实际，认真领会交通运输部项目建设管理体制改革文件精神，报请江西省人民政府批准同意、江西省改革和发展委员会批复，由具有公路工程专业甲级监理资质的江西交通咨询公司在宁都至安远高速公路项目试点"代建＋监理"一体化模式，由具有监理资质的项目代建单位江西交通咨询公司作为建设管理法人，统一负责建设管理及监理工作。"代建＋监理"一体化模式，指的是项目法人选择符合代建资格标准、具有监理能力和项目管理能力的代建单位承担项目建设管理工作，由代建单位统一负责建设管理和监理工作。

一、项目概况

"代建＋监理"一体化管理模式中，项目法人为江西省高速公路投资集团有限责任公司，法人委托具有公路工程监理甲级和咨询甲级资质的江西交通咨询公司负责代建，代建单位履行项目建设管理法人职责和施工监理职责。代建单位派出的项目管理机构为宁安高速公路建设项目办公室。

宁安高速公路项目是《江西省高速公路网规划（2013-2030 年）》中路网主骨架 - 南昌至定南 (赣粤界) 高速公路的中段，属于地方加密线。路线起点位于宁都县赖村镇，接南昌至宁都高速公路终点，途经赣州市宁都县、于都县和安远县等 3 个县 17 个乡镇，终点位于安远县车头镇，接在建的安远至定南高速公路。全线采用双向四车道，路基宽度 24.5 米，桥隧比 15.5%，路线全长 163.87 千米，投资概算 109.7745 亿元，平均每千米造价 6700 万元。项目建设工期 24 个月，划分 14 个路基标和 4 个路面标。

在试点项目上同时推行机电工程设计施工维护总承包模式和房建工程

设计监理一体化模式。

二、"代建 + 监理"一体化实施单位的选择

专业的事情由专业化的企业来做。经上级有关部门批准，由具有公路工程监理甲级资质的江西交通咨询公司承担宁安高速公路项目的代建和监理任务，履行项目建设管理法人和监理人的职责，不再通过招标委托另外的社会监理单位，项目概算中的建设项目管理费（大管理费）由江西交通咨询公司包干使用。选择江西交通咨询公司作为宁安项目"代建 + 监理"一体化的实施单位，主要因为其各项资格条件能够满足《公路建设项目代建管理办法》的规定，见下表：

项目	《公路建设项目代建管理办法》中规定代建单位的资格条件	江西交通咨询公司资质情况
资质	具有法人资格，有满足公路工程项目建设需要的组织机构和质量、安全、环境保护等方面的管理制度	具有法人资格，具有公路工程监理甲级、公路工程咨询甲级资质，各项组织机构和管理制度完备
业绩	承担过5个以上高速公路、一级公路或者独立桥梁、隧道工程的建设项目管理相关工作，具有良好的履约评价和市场信誉	承担过7条高速公路、2座独立桥梁的代建工作，所承担的已完工项目均被评为优良工程，具有良好的履约评价和市场信誉
管理人员	拥有专业齐全、结构合理的专业技术人才队伍，工程技术系列中级以上职称人员不少于50人，其中具有高级职称人员不少于15人	拥有教授级高工8人、高级工程师53人、工程师72人、注册监理工程师130人、注册咨询师16人、试验检测工程师58人、项目管理与招标师22人

同时，作为江西省内老牌监理企业，江西交通咨询公司已累计完成2200余千米的高速公路、45座特大桥、12座特长隧道的施工监理任务，培养了一大批工程监理人才，公司人力资源充沛，近年来也承担了多条高速公路项目的代建业务，又有实施首次提出"监管一体化"概念的井睦高速公路的成功经验，具有承担本项目代建及监理任务的能力。

三、"代建＋监理"一体化试点工作举措

1.保障依法试点。本次试点的代建监理一体化模式存在两个方面的法律障碍，一方面由于代建单位是直接委托，存在监理没有按规定招标的问题；另一方面由于要对建设单位管理费和工程监理费统筹包干使用，存在统筹包干使用后的开支和核算问题。针对有些试点措施突破现有法律、法规、规章的问题，交通运输厅专门成立了试点领导小组，合力推进该项工作，试点方案按照法定程序报请省人民政府、交通运输部等批准，取得授权。改革试点做到了于法有据，在依法得到授权后再试点。

授权内容详见《江西省发展改革委关于高速公路建设管理体制改革试点方案的复函》等文件。

2.把好能力关。交通运输厅主要从试点实施方案、管理办法、工程用表三个层次把好能力关。2015年5月厅建管处批复同意试点内容、目标和任务；2016年6月厅建管处批复同意宁安项目办组织机构设置、各部门工作职责及人员配置、主要监管人员资格要求、项目质量安全管理体系、工程质量巡查要点、监管旁站工序或工程部位、试验检测和测量抽检频率；2016年4月质量监督管理局批复同意项目工程用表及工序质检流程。

江西省交通质量监督管理局在传统项目监督基础上，主要采取了以下创新监督模式：

（1）强化质量安全责任登记。施工准备阶段，要求项目办结合改革试点项目特点，明确项目建设单位功能定位、工作职权和主体责任，完善岗位设置和工作职责，建立健全责权利相对统一的项目建设管理机制。通过质量安全责任登记表的形式，明确各岗位人员及相应工作职责，有效保证项目质量安全管理责任落地。

（2）会同项目主管单位、建设从业单位修改完善了项目工程用表。通过管理用表相对固定各方在建设管理和施工工序控制过程中应做的工作和签证确认的内容，规范项目建设管理行为，保证工作质量，提高工作效率。

（3）加大责任追究力度。项目实施过程中，通过对实体工程质量安全

督查，倒查施工管理、项目监管职责落实情况，通过信用扣分、人员清退等方式，加大对违规行为的处罚力度，督促相关管理职责落实到位。对项目监管人员失职行为的处罚，因部分人员没有监理工程师资格，采取了依据项目管理制度处罚或清退的方式进行处理，有效保证了岗位职责的落实。

（4）加大"专项督查"和"暗访检查"的频率，推行"双随机""聘请专家督查"方式。每次综合督查、专项督查通报问题的整改情况，要求项目办带好整改回复报告当面汇报，有效落实了项目质量安全监管的领导责任。因房建、机电等专业技术力量薄弱，房建工程、机电工程采取"聘请专家督查"方式，有效保证了专业督查的实效。

四、法人监管，增强过程控制

项目法人主要采取审查项目办人员机构、项目管理机构绩效考评的手段对试点项目进行监督。主要通过采取建设项目审计等手段对试点项目进行资金监督。

1.过程监管。项目法人根据省厅批复的文件，对项目办组织机构设置、人员配置等进行管理。将项目建设管理机构绩效考评工作一并纳入了集团对所有权属单位绩效考评的范围。按规定，项目办的绩效考评结果与项目办管理人员的绩效薪酬挂钩。

2.资金监管。项目法人要求项目办每月报送资金计划。同时，通过审计监督手段，核实建设项目投资金额，促进建设项目规范管理。因无法收缴追回给项目法人造成损失的，追究相关人员责任，审计查出的其他有关问题按有关规定处理。

五、代建单位配套管理，强化保障措施

代建单位利用自身技术力量和管理制度，对"代建＋监理"一体化试点项目加强了保障措施。

1.建立人员薪酬管理办法。为鼓励公司全体员工在有效控制风险的前提

下，保证公司各项业务的稳定增长，建立起具有公司特色的价值分配机制和内在激励机制，同时根据江西省交通运输厅关于印发《厅管省重点工程工作人员津（补）贴管理办法》，特制定了江西交通咨询公司薪酬管理办法。其中，针对"代建＋监理"一体化项目，提高了人员项目津贴。

2.优化人员配置与考核体系。代建单位组建宁安项目监管队伍，从优配置项目监管人员，精化项目管理团队，其中主要监管人员参与过井睦高速公路"监管一体化"项目的建设管理工作，积累了丰富的项目"代建＋监理"一体化工作融合的成功经验。严格按批复标准配备人员，所有监管人员上岗前必须通过业务能力考核，定期组织监管人员进行业务知识学习，实行人员动态管理，优胜劣汰，对不符合要求的监管人员及时清退，并纳入信用评价管理。

3.提供技术支持。代建单位组建了专家技术团队，对项目上的技术难点进行过程咨询。

六、调整管理架构，明晰工作界面

1.保留传统模式项目办机构中职能相对独立的行政综合处、征地拆迁处、纪检监察处和财务审计处，其职责也相应保持不变。

2.将传统模式项目办工程技术处的前期管理、招标管理、履约管理等职责分解，并与原监理合同履约部的职责合并成立合同履约处。

3.将传统模式项目办工程技术处的质量管理、技术管理、进度管理等职责与原监理总监办职责合并成立总监办，并根据职能划分设立工程部、测试部、安监部、材料部。

4.将传统模式项目办现场管理部与原监理驻地办的职责合并分段成立现场监管部，并针对各施工标段设置监管组，具体负责工程质量、进度、安全、环保、文明施工等的现场监督管理工作。

5.通过招标选定两家试验检测单位从事相关试验检测监理工作，并要求其分别设立中心试验室和工地试验室，中心试验室职责相当于原监理总监办的试验室，工作安排服从总监办测试部的调度，工地试验室职责相当于原监理驻地办的试验室，工作安排服从相应监管部的调度。

根据《关于印发＜江西省高速公路投资集团有限责任公司高速公路项目建设管理机构部门设置及人员配备管理办法（试行）＞通知》精神，结合改革试点工作方案要求，拟定了主要管理人员的任职条件。

七、完善管理制度，提高工作效率

根据改革试点目标和项目建设特点，将项目管理法人编写的管理大纲与监理单位编写的监理计划和监理细则合并，形成一套本项目唯一的管理性文件，制定了改革试点实施方案和管理办法，包括质量、进度、计量支付、合同管理、安全生产、水保环保等各项管理办法和措施，覆盖了管理（监理）工作的全部内容，修改后的管理制度合理简化了建设管理和工程监理相重叠的工作内容和工作程序。

突出巡查为主的方针，项目办成立质量安全巡查工作小组，不定期采取现场查验、随机抽查的飞检方式进行质量安全检查。

八、优化监理流程，回归本质属性

1. 明确旁站监理内容。改革模式中，回归监理规范本意，仅要求对重要工程施工、隐蔽工程和完工后无法检测其质量或返工会造成较大损失的工程进行旁站，同时结合本项目实际需求，在监理规范的基础上增加了强夯一项旁站内容，并在项目管理手册中予以明确。具体旁站要求详见附件三。

2. 优化质量监管流程。传统模式下质量控制流程主线在施工单位和监理单位之间交替，规定每道工序都必须经过监理工程师的验收认可才可以进行下一步施工，而改革后以施工单位为质量控制流程主线，监管单位以巡检为主，关键工序（参与质量评定的工序）进行检查合格后方可进行下一步施工，过程施工记录以施工单位自检为主，相应的质检表格监管人员也不再签证。

同时，优化了质检表格格式，使得监管人员抽检的数据与施工单位自检数据在同一张表格上反映，这样监管人员就不用再单独填写一套抽检资料，也促进监管人员现场检测现场签证。

单位工程	分项工程（道）	改革前			改革后		
		质检表格（张）	监理需签证（张）	监理单独抽检表格（张）	质检表格（张）	监管工程师需签证（张）	监管单独抽检表格（张）
路基工程	81	1278	1278	999	1160	816	289
路面工程	10	259	259	175	219	167	89
桥梁工程	29	396	396	321	356	275	96
隧道工程	11	257	257	176	225	156	67
合计	131	2190	2190	1671	1960	1414	541

3. 合理降低试验检测频率。实践中发现一些现行规范的检测频率总是得不到较好落实，针对这种情况，采取合理降低部分项目的试验检测频率的措施，减少试验人员闭门造车的现象。

4. 细化相应合同流程。改革后细化计量、变更等合同流程，把管理职责往现场前移，充分发挥现场监管部的现场督导作用，明确由现场监管部统一负责工程计量现场核验工作，以及单项工程费用变化在 20 万元以下的一般设计变更立项审批工作。

5. 购买相对专业性的监理服务。针对高速公路相对专业的机电工程和房建工程，项目办通过招标的方式引入了机电监理和房建监理（"房建设计＋施工监理"一体化）。

九、强化自检体系，落实主体责任

1. 严格合同履约监督。项目办通过督促承包人建立健全质量、安全保证体系，强化自检体系，重点检查落实承包人项目经理、技术负责人、工地试验室负责人的资格及质量、安全人员的履约情况，并督促承包人做好开工准备、工程施工和工序交验的各项自检工作。对于管理过程中存在履约不到位的单位，按照管理办法进行扣减风险金、约见法人、信用扣分等，督促承包人积极主动履约。

2. 设置独立质检部。项目办在招标文件中要求中标施工企业设置独立于项目经理部之外的质检部，作为施工企业的另一双眼睛，对项目部的工程质量管理形成有效的内部监督。

十、推进施工标准化，提升质量水平

1. 以建永久工程理念建设大临设施。要求每个拌和站、钢筋加工场、梁板预制场必须有切实可行的设计图纸，由管理部门进行评审，经批复后方可开工建设。同时，严格按照批复后的图纸进行施工，严格过程控制，对实施不到位的坚决不能启用，有效保障大临设施标准化水平。

2. 实施奖惩形成管理标准化激励机制。项目办将管理标准化纳入每月的质量专项检查及月度劳动竞赛中，对月度评比中的优胜单位进行奖励，落后单位进行处罚。对管理标准化实行专门的阶段考核机制，日常考核得分与阶段评比挂钩，不仅有效促进了现场规范化标准化施工，而且促进了管理标准化成效的提升。

健全考评体系，加强责任意识

健全考评体系，除了对试点项目的出资审计和绩效考评外，还采取了如下措施：

（1）实行目标风险金制度。项目办在施工监理和施工招标时，就在招标文件中制定"管理目标风险金"条款。监理人的风险金按投标控制价的5%

设立，其中：3%由发包人承担；2%由监理人承担并提交现金。承包人的风险金按投标控制价的 1.5% 设立，其中：1% 由发包人承担 ；0.5% 由监理人承担并提交现金。上述风险金，在施工和缺陷责任期，针对参建单位的质量、安全、进度、廉政等管理目标完成情况进行考评，根据考评结果兑现承包人及监理人的风险金。若出现重大失误，监理人和承包人不仅得不到奖金，甚至连出资的本金都可能被扣除。

（2）完善监管人员的信用评价。为加强对监管人员的管理，建立监管人员的信用评价体系。将本项目质量、进度、费用、安全等目标逐级逐段分解到每一个监管人员，明确每一个岗位的权限和职责，并建立登记台账，严格落实责任追究制度。

十一、试点成效

1. 项目建设任务顺利完成。宁安试点项目于 2016 年底如期交工，通车试运行，工程建设目标顺利实现。工期方面，与其他 9 个非试点的一般高速公路项目同期开工并同期建成通车；质量方面，试点项目交工验收质量评分均在 95 分以上；安全方面，试点项目在建设期内未发生安全生产事故；综合考核排名方面，从 2015 年度、2016 年度全省高速公路建设管理机构考核评价结果可看出，通过磨合和完善，宁安试点项目排名（12 个项目）稳步提升。

2. 项目管理职责更为清晰。构建了新型项目管理模式的管理体系，克服了传统项目管理模式的不足，提高了项目管理的专业化、集约化水平，能够实现管理和监理的深度融合，避免管理和监理间的职能重合，使责权进一步明晰，提高了项目监管的效率，促进了权利和责任匹配。

3. 提高了管理效能。一是人员配备得到精减。项目建设管理机构与监理机构合二为一，人员优化。原传统模式下三级机构共需要管理和监理人员 348 人，"代建 + 监理"一体化需要监管人员 224 人，人员精减率为 35.6%。这些人员在项目建设过程中即在项目管理方面发挥了传统业主的职能又在工程技术方面发挥了传统监理职能，促进了监理回归咨询服务本质，也培养了一批懂管理、懂监理的复合型人才。二是提高了工作效能。减少了管理层级，提高了工作效率。通过将管理和监理工作有效融合，同时实行机电工程设计施工总承包和房建工程设计＋监理一体化等承发包模式，充分减少传统模式中多层管理的状态，尽量简化多级管理，减少管理流程时间，提高工作效率。降低了管理成本。

4. 为监理行业的转型升级发展提供了示范。监理企业作为代建方的优势是其是独立的法人主体，作为专业从事工程监理业务的经济组织，企业资质和人员资质有明显优势。相比设计单位，现场管理经验更丰富；相比施工企业，管理会更有前瞻性，更客观公正。有助于监理企业回归监理服务的初衷本意符合交通监理企业转型发展的需要。

"代建＋监理"一体化除具有监理单纯代建的优势外，还可以有效解决代建单位与监理单位职能交叉、职责不清的问题，可以缩短项目建设管理机构与监理之间的磨合期。此模式下可以极大地简化工作环节，提高工作效率。以往项目法人、代建单位、监理单位内设机构和岗位重复设置、职责不清，办公、通信、检测等设备重复配置，资源浪费的现象将得到有效地改善，实现资源的最优化配置。

宁安试点项目"代建＋监理"一体化的成功经验为监理行业的转型升级发展提供了示范。

十二、实施过程中的问题

1. 代建市场信用管理体系尚未建立。宁安试点项目代建单位是项目法人的子公司，代建单位的确定是在取得法规许可的条件下由项目法人直接委托。代建单位的信用直接影响到代建项目的实施状况，而目前代建市场信用管理体系尚未建立，公开选择代建单位，项目法人承担的风险较大。信用体系的不健全影响到正在高速、健康发展的代建市场。

2. "代建＋监理"一体化招投标与合同尚无范本。从总体来看，代建单位与项目法人之间是合同关系，代建单位为独立的责任主体，在项目建设管理过程中履行项目管理职责。而目前我国代建市场还没有"代建＋监理"

一体化招投标与合同范本，不利于项目法人对代建单位的选择和代建市场的长远发展。

3. 新增了廉政风险点。实施"代建＋监理"一体化，项目法人将权力大部分推向了市场，代建管理范围基本囊括了建设全过程，廉政风险从项目法人传递给了代建、施工单位等市场主体。防范代建、施工单位的廉政问题直接关系工程项目的顺利实施。同时，不能很好解决廉政风险问题，市场化条件下很难建立项目建设管理法人对代建单位的信任问题。

十三、相关建议

1. 进一步完善风险防范机制。引入信用评价制度。为更好的培育"代建＋监理"市场，明确企业的权利与责任，建议对承担"代建＋监理"一体化模式的企业引入相应的信用评价制度。同时，建议对主要管理人员素质标准进行统一，并纳入统一的信用管理平台。

引入工程质量潜在缺陷保险制度。保险单位对委托单位负责，保费在项目总概算中列支。同时由保险单位委托工程质量安全风险管理机构，费用由保险单位承担，纳入工程质量保险费用中。

2. 建议研究制定"代建＋监理"一体化招标范本。建议借鉴目前全国各地开展的"代建＋监理"一体化模式的成功经验，出台招标范本，规范代建市场招投标和合同管理、明确对代建单位资格和管理人员相关要求。

3. 建议研究制定"代建＋监理"取费标准。"代建＋监理"取费是建设单位管理费与监理费之和，不能体现代建管理的责任风险分担与相应的风险报酬，不利于代建市场的培育。

附件一 各职能部门主要职责划分表

阶段	大项	分项	纪检监察处	征地拆迁处	财务审计处	行政综合处	合同履约处	工程部	测试部	安监部	材料部	现场监管部	现场监管组	试验检测单位
								总监办						
前期管理	前期基建手续	用地报批		★										
		施工图报批					★	△						
		贷款银行及建设资金落实			★									
		质监程序报批					△	★						
		施工许可报批					★	△						
	招标管理	合同条款制定	✓				★							
		技术规范或标准制定	✓					★	△					
		招标实施过程	✓				★							
	设计管理	施工图设计					△	★						
		用地图设计		★				△						
	征拆管理	一般征拆管理		★										
		特殊个案征拆问题谈判	✓	★			✓							
建设期管理	进度管理	总体阶段计划制定					△	★						
		合同进度计划审核						★				△		
		季度或阶段计划审核、检查及调整						★				△	✓	
		月计划审核、检查及调整						△				★	✓	
		旬日计划的检查及调整										★	△	
	质量管理	施工组织、总体开工审核						★				△		
		分部开工审核										★	△	
		巡查						★	★			△	✓	

152

		日常巡视									★	√	
		旁站										★	
		关键工序抽检										★	
		测量							△		★	△	
		标准试验验证批复							△			√	★
建设期管理	质量管理	常规试验抽检							△			√	★
		分项评定、交工									★	√	
		分部、单位评定、交工									★	△	
		合同段评定、交工					★				△	√	
		质量事故的调查、处理					★	△	√		△	√	
	安全管理	安全制度的编制和监督管理								★	△		
		审查承包人安全保证体系及预案措施等								★	△	√	
		安全费使用及监管								★	△		
		现场安全监管								√	△	★	
	费用管理	现场工程量核验									★	△	
		计量报表及台账			√	△					★		
		支付报表及台账			△	★							
	合同管理	履约管理			★	√					△	√	
		分包管理			★	△					√		
		C-1 类变更			√	△					★	√	
		C-1 类及以上变更			△	★					△	√	
		索赔及延期			★	△					√		
		违约管理			★	△					√		
		风险金管理			△	★					√		
	材料管理	甲控材料计划审核								★	√		
		甲控材料质量							△		★	√	√	√
		甲控材料供应协调								★			
		材料预付款及材料调差审核			△					★	√	√	
建理	信息管理	OA 信息模块	★										
		合同信息模块		★									

153

期管理	财务管理	计量支付、进度模块						△	★				
		现场、质量模块								★	△	√	
		资金支付与监管			★								
		财务核算和财务监督			★								
	党务管理	纪检监察	★										
		党建工作	★										
		宣传工作	★				△	√	√		√		
收尾管理	竣工验收管理	环保验收						△	★		√		
		水保验收						△	★		√		
		竣工档案验收					★	△			√		
		工程结算						△	★		√		
		财务决算及审计					★	△	√		√		
	工程交付管理	工程交接						△	★				
		资产登记			★			△	√				
					★								

备注：★：主持；△：协办；√：参与

附件二 安宁项目主要监管人员的资格要求

岗位	职位	人数	资格要求	
			规定来源	任职要求
项目办领导成员	主任兼书记	1人	江西省高速公路投资集团有限责任公司高速公路项目建设管理机构部门设置及人员配备管理办法	具有工程、经济类高级职称；正科及以上职务；担任过一个类似项目的项目办副主任或驻地监理工程师；具备部颁监理工程师资格；年龄55周岁以下
	副书记兼纪委书记	1人		中共党员，有党务工作或纪检工作经验，正科及以上职务；年龄55周岁以下
	项目办副主任	5人		具有相关专业中级及以上职称；担任过一个类似项目的项目办部门负责人或施工项目经理或副驻地监理工程师及以上；分管工程的副主任还应具备部颁专业监理工程师及以上资格；年龄55周岁以下
	项目办财务总监	1人		集团财务人才高级库人员；正科及以上职务或担任过两个项目的财务处长；年龄55周岁以下
代建职能	纪检监察处处长	1人		中共党员，副科及以上职务，年龄50周岁以下

	职位	人数	资格要求	
			规定来源	任职要求
岗位	纪检监察处副处长	1人		具有5年及以上类似工作经历
	综合处行政处长	1人		从事工作10年及以上，大专以上学历，年龄宜50周岁以下
	综合行政处副处长	2人		具有5年及以上类似工作经历
	财务审计处处长	1人		应为集团财务人才高级库或高级后备库人员，从事过一个类似项目的财务工作，年龄50周岁以下
	财务审计处副处长	1人		具有3年及以上类似工作经历
	征地拆迁处处长	1人		从事工作10年及以上，具有相应的项目征迁或类似工作经验，年龄50周岁以下
	征地拆迁处副处长	2人		具有5年及以上类似工作经历
	合同履约处处长	1人	根据"代建+监理"一体化模式制定	具有工程类中级及以上职称；担任过一个类似项目的项目办工程技术部门副处长或副驻地监理工程师及以上；具备部颁合同专业监理工程师资格；年龄50周岁以下
	合同履约处副处长	2人		从事工程管理工作5年及以上，具有工程类中级及以上职称；或从事高速公路项目建设管理工作3年及以上；年龄50周岁以下
监理职能	总监理工程师	1人	根据"代建+监理"一体化模式制定	由1名分管工程副主任兼任，具有工程类中级及以上职称；担任过一个类似项目的副总监或副驻地监理工程师及以上；具备部颁监理工程师资格；年龄55周岁以下
	副总监（同处长级）	3人		具有工程类中级及以上职称；担任过一个类似项目的项目办工程技术部门副处长或副驻地监理工程师及以上；具备部颁专业监理工程师及以上资格；年龄55周岁以下
	工程部部长（同副处长级）	1人		具有工程类中级及以上职称；具备部颁专业监理工程师及以上资格；年龄60周岁以下
	安监部部长（同副处长级）	1人		从事过一个类似项目的安全管理或监理工作；具有安全考核合格B类证书；年龄60周岁以下
	测试部部长（同副处长级）	1人		具有工程类中级及以上职称；从事过一个类似项目的试验检测工作；具备部颁试验检测工程师资格；年龄60周岁以下

岗位	职位	人数	资格要求	
			规定来源	任职要求
岗位	材料部部长（同副处长级）	1人		具备部颁试验检测工程师资格；年龄60周岁以下
	监管部部长（同处长级）	4人		具有工程类中级及以上职称；担任过一个类似项目的项目办工程技术部门副处长或副驻地监理工程师及以上；具备部颁专业监理工程师及以上资格，年龄50周岁以下
	监管部副部长（同副处长级）	8人		具有工程类中级及以上职称、具备部颁专业监理工程师及以上或其他工程类执业资格；或担任过一个类似项目的现场管理处副处长及以上；年龄50周岁以下
	监管组长	18人		具有工程类中级及以上职称；从事工程管理或监理工作5年及以上、具备部颁专业监理工程师及以上或其他工程类执业资格；年龄50周岁以下

附件三 宁安项目旁站项目一览表

单位工程	分部工程	分项工程	旁站工序或部分
路基工程	路基土石方工程	路基土石方	试验段
		软土地基处治，土工合成材料处治层	实施
		强夯	实施
	大型挡土墙	基础	混凝土浇筑
路面工程	路面工程	基层、底基层	试验段
		沥青面层	试验段
		水泥混凝土面层	试验段、摊铺
桥梁工程	基础及下部结构	桩基	试桩、钢筋笼安放、首盘混凝土浇筑
	上部结构预制和安装	预应力筋加工和张拉	张拉、压浆
	上部结构现场浇筑	预应力筋加工和张拉	张拉、压浆
		主要构件浇筑，悬臂浇筑	主梁段混凝土浇筑、压浆
	总体、桥面系和附属工程	桥面铺装	试验段
		大型伸缩缝安装	首件安装
隧道工程	洞身衬砌	支护，钢支撑	试验段、长管棚、小导管安装及注浆
		混凝土衬砌	试验段
	隧道路面	面层、基层	同路面工程
机电工程	监控、收费、通信、供配电等分部工程中的分项工程		首件施工

157

井睦高速公路建设"监管一体化"管理实践

　　井睦高速公路是我国首次采用项目管理与工程监理合并管理模式建设的公路项目，是江西省首次采用设计施工总承包模式建设的高速公路项目，由江西省交通工程集团公司和江西省交通设计院联合体承担。井睦高速全线均处在井冈山红色革命圣地境内，生态环保要求高，社会关注度高，作为江西省推行高速公路管理标准化以来的首条开工建设的高速公路项目，建设标准要求极高。项目 2011 年 1 月 21 日正式开工建设，2013 年完工，分三个阶段开展实施。井睦高速公路"监管一体化"管理模式的探索，为我国监理企业业务扩展提供了较好的借鉴。

一、项目概况

　　江西井冈山厦坪至睦村（赣湘界）高速公路（简称"井睦高速公路"）是江西省高速公路规划网中的重要组成部分，该项目与泰和至井冈山高速公路和湖南省在建的炎陵至睦村高速公路共同组成了江西省中部地区向西通往湖南省炎帝陵、衡山等风景区的快速交通通道，是江西省至湖南省的 6 条高速公路出省通道之一。

　　项目起点位于江西省井冈山市厦坪镇菖蒲村附近（泰井高速 K60+300处），接已建成的泰和至井冈山高速公路，终点为江西省井冈山市与湖南省炎陵县赣湘两省交界处的睦村乡，与湖南省在建的炎陵至睦村高速公路相接，沿线途经井冈山市厦坪镇、井冈山垦殖场、鹅岭乡、白石垦殖场、古城林场、新城乡、荷花乡、葛田乡、碧市镇、睦村乡。

　　井睦高速公路为双向四车道高速公路，路基设计宽度 21.5 米，设计行车速度 80 千米 / 小时。项目批复概算总投资人民币 32.76 亿元。

158

二、主要工程量

路基工程：路基土石方：1175 万立方米 , 涵洞通道 128 道；

桥梁工程：特大桥 1149 米 /1 座，大桥 5130 米 /18 座，分离立交桥 759 米 /6 座；

隧道工程：井冈山特长隧道 6810 米 /1 座；

互通枢纽：泰井枢纽互通、白石互通、砻市互通共 3 处；

其他设施：沿线设主线收费站 1 处，互通收费站 2 处，服务区 1 处，养护工区 1 处，隧道管理所 1 处。

三、项目管理模式

井睦高速公路项目法人为江西省高速公路投资集团有限责任公司（简称"江西高速集团"），采用代建与监理合并管理（"监管一体化"管理），由江西交通咨询公司负责实施；在承发包方式上采用设计施工总承包模式，由江西省交通工程集团公司和江西省交通设计院联合体负责实施。

四、项目管理工作

项目管理工作的范围：从项目决策、组织、实施、收尾到项目竣工全过程的工程项目管理工作。

依据江西高速集团与江西交通咨询公司签订的《委托建设合同》，江西交通咨询公司作为代建单位主要管理工作包括项目前期工作（项目建议书、"工程可行性研究报告"、立项报批、用地报批、勘察设计、招标采购、征地拆迁协调）、建设期管理工作（合同管理、质量管理、进度管理、风险管理、信息管理、安全文明施工管理、财务管理）；高速公路建设缺陷责任期管理。

五、项目管理目标

1. 管理思路：传承井冈山精神，创新监管模式，严格标准化管理，实现全优良品质。

2. 总体目标：建优质工程、创平安工地、修廉洁之身、展生态之美、融人文特色、树标准典范。

3. 分项目标：

（1）严格按质量标准、《技术规范》和国家有关工程技术规范和标准建设完成，建设过程中不发生重大质量事故，项目交工验收合格率100%，工程项目一次性通过竣工验收，工程项目建设质量等级为优良。

（2）建设总工期控制在工程项目合同工期之内，力争提前建成。

（3）投资控制在工程项目概算之内。

（4）建立、健全安全生产管理监督体系，建设工程项目过程中不出现单起重伤3人以上或死亡1人或直接经济损失超过10万元以上的安全责任

项目管理内容表

阶段	项目管理工作内容
建设前期	立项阶段项目管理（预可行性研究报告与项目建议书）
	可行性研究管理
	设计施工总承包招投标管理
	初步设计管理
	施工图设计管理
	建设资金筹措
	征地拆迁管理
建设期	合同管理
	费用管理
	进度管理
	质量管理
	安全管理
	信息管理
	财务管理
收尾	工程交工管理
	缺陷责任期管理
	工程竣工管理

事故，杜绝责任事故。

（5）全面推行井睦高速公路建设管理标准化。

（6）加强廉政监督宣传教育，加强工程项目建设实施过程中的廉政建设，不发生重大违纪、违法事件，不发生违反江西省交通系统廉政建设"八条禁令"的行为。

（7）贯彻"预防为主、防治结合、综合治理"的原则，树立"原始的就是最美的，不破坏就是最好的保护，力求施工中最低程度的破坏、施工后最大限度的恢复"的环保理念，把井睦高速公路项目建成一条精品绿色通道。

六、组织机构和职责

1. 项目管理组织机构。江西高速集团批准由江西交通咨询公司成立江西省高速公路投资集团有限责任公司井冈山厦坪至睦村高速公路项目建设办公室（简称"项目办"），承担井睦高速公路项目建设的组织实施管理。

项目办下设5个职能处办，即政治监察处、综合行政处、工程技术处、财务审计处、总监理工程师办公室（简称"总监办"）。项目办组织机构框图：

井睦高速公路建设实行监管一体化管理模式，施工过程中的工程项目监管则由总监办具体负责实施，总监办根据监管需求，下设5个部门，负责工程变更管理、工程计量、工程质量监督、试验检测等工作。

工程部主要负责施工图审查、施工组织设计批复、专项方案批复、单位分部工程开工报告批复、标准化管理控制、首件示范工程审查、导线水准批复。

合约部负责工程计量质量审查、合同管理。

安全生产部负责专项安全方案批复、施工安全检查、安全生产管理。中心试验室负责原材料控制。

监管部负责工程质量、进度、安全管理、地方协调工作，分项工程开工报告批复、人料机到位检查、指导技术交底。

政治监察处、财务审计处负责井睦高速公路建设项目的监察、审计，由江西省交通运输厅、江西高速集团委派人员组建。

工程技术处负责工程项目前期工作包括项目工程可行性研究报告、初步设计、施工图设计、招标管理等工作。

综合行政处负责工程项目征地拆迁工作并处理项目办日常工作，如档案管理与文件传递、对外接待与后勤保障工作。

2. 工作职责。

项目办各部门职责一览表

						总监办				
阶段	主要工作内容	政监处	财务审计处	综合处	工程技术处	工程	合约	试验	安全	监管
项目前期管理	立项阶段项目管理	△			★					✓
	可行性研究管理	△			★					✓
	设计施工总承包招投标管理	△			★					✓
	初步设计管理	△			★					✓
	施工图设计管理	△			★					✓
	建设资金筹措	△								
	征地拆迁管理	△		★						
项目建设期管理	合同管理	△	✓	△	△		★			✓
	费用管理	△	✓	△	△		★			✓
	进度管理	△	✓	△		✓		✓		★
	质量管理	△		△		★	✓	✓		✓
	安全管理	△		△					★	✓
	信息管理	△		★						
	财务管理	△	★							
工程收尾管理	竣工验收管理	△		△	★	✓	✓			✓
	档案验收	△		△	★					
	水保验收	△			★					
	环保验收	△			★					
	竣工决算	△			△	★				
	工程交付管理	△		△	★	✓	✓			✓
	保修阶段管理	△		△		★				✓

（★：主持　△：协办　✓：参与）

162

政治监察处。政治监察处在厅纪委及监察室、高速集团纪委及监察室和项目办党委的领导下，负责井睦高速公路项目建设的纪检监察工作，对厅纪委监察室、高速集团纪委监察室和项目办负责并报告工作，主要职责是：

（1）认真贯彻执行党的路线、方针、政策，国家法律、法规及省政府、厅党委、高速集团党委和项目办重大决策，结合项目办党委的要求和建设任务特点，针对性地开展党风廉政教育和思想政治工作，切实增强党员及领导干部遵守执行党纪党规的自觉性，强化干部职工的法纪观念和廉政意识。

（2）负责开展效能监察工作。掌握项目办重大决策的贯彻落实情况；督促工程项目建设中的征地拆迁、招标投标、计量变更、质量管理、材料和设备采购、资金使用、农民工工资、竣工验收等程序和制度的落实。

（3）负责党风廉政建设工作。积极开展廉政教育活动，重点抓好项目办工作人员的时事政策、职业道德、反腐倡廉和遵纪守法等政治教育的组织实施工作，不定期进行督促、检查。

（4）受理并调查对本工程项目参建单位及其工作人员和聘请的其他人员违反国家法律、法规以及违反党纪、政纪、"双合同"的检举、控告，并根据有关规定提出处理意见。

（5）受理本工程项目参建单位及其工作人员和聘请的其他人员不服行政处分的申诉，以及法律、法规、"双合同"规定的其他应由政治监察处受理的申诉。

（6）参与并监督本工程项目招投标（包括标底编制、资格预审评审及开标、评标、定标和合同谈判）、施工过程、竣工验收、决算等工作并受理相关申诉；参与项目办办公设备、物资的采购活动；负责对本工程项目参建单位发放农民工工资工作进行监督，按照相关合同对无故拖欠农民工工资的参建单位进行处罚。

（7）负责群众来信来访工作、整理监察工作档案资料。

（8）完成上级交办的其他工作。

综合行政处工作职责如下：

（1）办理来往文书材料的收发、登记、呈阅、承办，负责项目办的档案管理，收集、整理、归档、保管项目办的所有文件、工程技术资料、合同等档案材料；

（2）负责会务工作，做好主任办公会议议题的收集，会议的准备、记录，整理形成会议纪要；

（3）负责项目办公章管理，严格履行审批手续，正确使用公章；

（4）负责资产的采购与管理，做好办公、生活设施的计划、购置、调配、登记等工作，建立固定资产台账；

（5）负责人力资源管理，做好人员借调、聘用、考勤、薪酬及绩效考核等工作，以及劳保用品、办公用品等的采办和配发工作；

（6）负责做好对外接待和后勤保障、环境卫生、食堂管理及水电系统的维护与管理等工作；

（7）负责机务管理，做好车辆和驾驶员管理、油耗及修理费登记、机务统计等工作；

（8）综合整理项目办的年度、季度工作总结和工作安排；

（9）负责项目办机关综合治理，做好安全保卫、消防等工作；

（10）负责本工程项目的宣传、报道工作；

（11）负责矛盾排查工作；

（12）负责工程项目农民工工资发放监督管理工作，按照合同对恶意拖欠农民工工资的施工单位进行处理，督促施工单位建立民工工资档案资料；

（13）编制并报送工程项目建设用地征用计划，完成工程项目征地、拆迁任务；

（14）负责工程项目征地拆迁工作，协调工程项目建设环境；

（15）编制工程项目建设期间损坏地方道路的补偿标准、核算补偿费用，确定补偿方式；

（16）组织工程项目竣工验收；

（17）完成领导交办的其他工作。

工程技术处工作职责如下：

（1）组织编制工程项目可行性报告、初步设计、施工图设计等文件，组织项目办内部审查；参与编制工程项目管理大纲；

（2）报批工程项目实施阶段工程变更、技术变更及费用变更文件；

（3）编制工程项目施工进度计划简报，检查工程项目进度计划执行情况，汇总工程项目实施进度报表；

（4）负责工程竣工决算工作，编制工程决算文件和竣工决算报告，编制工程项目建设总结报告；

（5）制定项目招标工作方案并报批，组织项目招投标活动；

（6）审核工程项目计量支付证书和费用变更文件，审定工程变更、增加合同条款并报批；

（7）编制工程项目工程计量月报；

（8）负责施工履约保函、保证金的管理，索赔与反索赔，约定合同条件等；

（9）负责工程项目科研工作，拟定科研项目，立项、报批和实施；

（10）配合其他处室工作，完成领导交办的其他工作。

财务审计处工作职责如下：

（1）贯彻执行《会计法》和国家有关财经法规、政策，遵守国家财经纪律，对项目办、施工单位本工程项目的财务经济活动实施会计监督。

（2）负责工程项目资金预算编制，合理筹措、调配资金，降低财务费用，提高资金使用效益；

（3）制定项目办的财务内部管理制度，建立和实施适应并睦高速公路建设项目的会计核算体系；

（4）制定工程项目资金监管办法，负责本工程项目建设资金的使用监督，确保建设资金的专款专用；

（5）负责招标工作中有关财务方面的事项；

（6）负责本工程项目建安成本的核算，待摊支出等费用的归集；

（7）负责本项目工程款及费用的支付，严格控制建设成本；

（8）负责项目办的固定资产、低值易耗品的账务登记，协助有关部门做好财产清查工作；

（9）负责本工程项目财务资料的整理、归档和保管工作，办理财务竣工决算；

（10）负责协调银行、税务、审计等相关部门的工作，做好财政、税务、审计及上级机关等部门的迎检工作；

（11）负责项目办日常会计核算工作、编制各类财务报表，正确、及时、完整地反映项目办的财务状况；

（12）负责工程税收代扣代缴工作；

（13）完成领导交办的其他工作。

总监办工作职责如下：

总监办下设工程部、合约部、安全生产部、中心试验室、监管部五个部门，总监办各部门职责根据总监办的职责进行详细分工细化，总监办的职责是：

（1）负责办理本工程项目的施工许可申请；

（2）负责工程技术管理，贯彻执行工程建设管理相关法律、法规、有关规范和技术标准，负责组织编制本工程项目管理大纲、重大技术控制指南；

（3）负责工程项目建设进度管理。编制本工程项目实施的（自批准开工至竣工验收）总体建设计划、阶段性目标计划及调整计划，并督促施工单位对阶段目标任务细化、落实及纠偏，并编制监理月报；

（4）负责工程质量管理。巡视现场，规范化施工、控制施工质量，协助上级质量监督部门进行工程质量监督；组织就工程质量问题、质量事故的调查论证，监督落实各项质量保证措施；

（5）审批施工单位的总体、单位工程开工报告；

（6）审批施工单位的实施性施工组织设计；

（7）负责月度（阶段）检查考核。制定月度、阶段评比方案和考核细则，组织月度、阶段检查考评和专项检查工作；

（8）负责对工程项目施工单位的管理。督促检查履约情况，对严重违约人提出行政处罚建议，拟定合同处罚决定；

（9）负责各类工程变更审查，确定变更方案，组织重大变更方案的论证；

（10）负责工程量清单核查、工程计量审定、审核、控制支付额度；

（11）参加各类工地会议，收集整理施工单位对有关工程建设方面的意见和建议，提出处理意见，组织召开各类工地现场会；

（12）负责中心试验室、第三方试验检测的管理、督促、检查、指导中

心试验室工作;

（13）负责新工艺、新材料、新方法、新设备的推广应用，及时总结工程项目管理经验。参与项目科研工作;

（14）负责工程项目安全生产管理。对设备规范化操作及炸药的使用等进行监管，协调国家特种设备安装使用管理及危险器材管理工作;

（15）负责编制本工程项目安全生产控制管理大纲，审核施工单位的施工组织设计中关于安全生产措施的有效性和可行性，督促检查其在施工进程中的执行情况，并组织对其中重点安全危险源、安全生产措施的审查和必要时组织召开分析会议;督促检查施工单位在工程项目建设过程中对安全生产、文明施工的控制情况;

（16）负责审批施工单位的首件示范工程计划及方案，并对首件示范工程进行验收;

（17）督促检查施工单位对"平安工地"创建工作的落实情况和《江西省公路水运重点工程"一校、一会、一查、一志、一总"质量安全管理制度》执行情况;

（18）参与安全事故调查分析，审定对施工单位的安全事故处理报告;

（19）严格执行国家建设项目有关水土保持、环境保护以及涉水、涉堤、涉航等建设法规;

（20）编制工程项目的水土保持方案、项目环境评价及相应工程措施的报告;

（21）编制工程项目桥梁防洪评价及相应工程措施的报告;

（22）组织中间交工验收工作;

（23）完成领导交办的其他工作。

七、项目建设期管理

1.合同管理是指从合同文本的确定、合同谈判到最终达成协议签署合同文件，并伴随着工程进程发生的工程变更管理、索赔与反索赔活动的全过程。

合同管理工作由工程技术处与总监办共同完成，总监办负责工程变更管理、索赔管理，工程技术处负责合同具体签订、履行、管理存档等事宜。

（1）总监办受理工程变更申报，审查工程变更的理由、必要性、方案和技术条件等要件，对符合条件的申请及时进行审查、确认；

（2）总监办会同工程技术处进行索赔管理工作；

（3）合同及相关文件归档管理工作。合同文本及相关资料同属重要法律文件，签订之后应及时建账并妥善保存。工程技术处委派持有造价工程师资质的专人负责。要加快合同管理信息化步伐，及时应用先进管理手段，改善合同管理条件，不断提高管理水平。

1）工程变更管理分类、定义、范围、原则等根据项目合同条款及交通运输部、省交通运输厅及项目法人的有关规定执行。

工程变更包括由施工单位发起和由建设单位发起两种情况。

施工单位发起时：

a. 由施工单位提出工程变更意向（必须书面申报），应阐述变更理由，说明变更主要内容及对工程进度、外观、质量、费用的影响；同时应附拟变更工程的图纸、计算资料和变更的工程量估价清单等附件。变更意向函件由施工单位报监管部，抄送总监办、工程处。

b. 监管部进行初步核查，不同意的工程变更应做出书面说明，并将书面意见送达施工单位。

c. 如需施工单位根据业主（项目办）、监理（总监办）、设计（总承包设计方）、施工（总承包施工方）四方会议纪要的要求出具变更设计图纸的，由施工单位在规定时间内完成并报送总监办。

d. 变更设计图纸经总监办下发后，施工单位应及时进行正式工程变更申报，申报资料包括工程变更申请单、变更工程量清单、四方会议纪要、变更设计图或现场量测图、原始数据记录、工程量计算资料、单价分析表等；重点部位、隐蔽工程的工程变更，必须提供相关的施工照片或录像资料。

e. 工程变更数量，应由总监办在施工结束后现场核实。重点部位、隐蔽工程的变更由施工单位提供施工照片或录像资料。

f. 经监管部、总监办逐级审核工程变更申报资料并签署意见后，送交项目办工程处，经工程处复审并形成审查意见，报项目办主任办公会议审定。

g. 按照江西省交通运输厅、省高速集团和本项目工程变更审批权限的相关规定，经项目办逐级审核并签批的工程变更，由总监办下达工程变更令。

建设单位提出时：由建设单位提出的工程变更以项目办下发变更图纸，按工程变更程序处理。

变更会议纪要必须在各方人员现场察看核对的基础上，充分对照设计图纸和合同文件的要求，表述理由充分，事实清楚。在纪要中必须说明变更项目的桩号、部位、范围、原设计、现场核查情况、变更的理由和依据的合同条款、变更数量的增减情况（按对应工程量清单项目、序号），对于形成工程变更纪要后不需出具变更设计图的情况，必须附有现场量测的草图和原始数据记录。现场各方代表除在纪要上签名外，还应在草图和原始记录上签字确认。会议纪要应按工程变更顺序号进行编号，由总监办进行注明。

工程变更项目的图纸均由设计代表根据变更会议纪要的要求及时出具，变更项目设计图由项目办工程处拟文经主任签发后转发总监办处理。

形成工程变更会议纪要并签发工程变更图纸后，施工单位即可进行申报工程变更，申报资料的内容由总监办确定，但必须包括四方会议纪要、变更设计图或现场量测草图、原始数据记录、相关的现场照片或录像资料、工程量计算资料、估价清单等；申报资料经总监办审核后报项目办工程处审查并形成审查意见后报主任办公会讨论，主任办公会在审议后上报上级交通运输主管部门审批。

按照工程变更审批权限的相关规定，经主任办公会审定或省交通运输厅审批的工程变更，由总监办下达工程变更令。

2）索赔管理

高速公路建设进程中的索赔通常有：工程延误索赔、工程变更索赔、合同被迫中止索赔、加速施工索赔、意外风险索赔、汇率索赔、物价索赔等。引起索赔的原因通常有项目办违约、合同缺陷、施工条件发生变化、工程变更、监理工程师不适当的指令、第三方干扰等。

反索赔工作一般通过冲账、扣减工程款、扣回保证金的措施来实现，索赔管理工作必须依照索赔程序进行。

根据合同约定，施工单位认为有权得到追加付款和（或）延长工期的，应按以下程序向项目办提出索赔：

a.施工单位应在知道或应当知道索赔事件发生后28天内，向总监办递交索赔意向通知书，并说明发生索赔事件的事由。施工单位未在前述28天内发出索赔意向通知书的，丧失要求追加付款和（或）延长工期的权利；

b.施工单位应在发出索赔意向通知书后28天内，向总监办正式递交索赔通知书。索赔通知书应详细说明索赔理由以及要求追加的付款金额和（或）延长的工期，并附必要的记录和证明材料；

c.索赔事件具有连续影响的，施工单位应按每7天时间间隔继续递交延续索赔通知，说明连续影响的实际情况和记录，列出累计的追加付款金额和（或）工期延长天数；

d.在索赔事件影响结束后的28天内，施工单位应向总监办递交最终索赔通知书，说明最终要求索赔的追加付款金额和（或）延长的工期，并附必要的记录和证明材料。

e.必要的记录和证明材料包括：

工程项目开工报告及进度计划。施工日记，其内容包括每天工地的水位、风力、是否下雨、雨量大小、气温高低、温度、暴风雪等情况；每天出勤的人数、所使用的机械设备情况；施工检查员的检查记录；每天的工程进度、工程质量、安全等情况；进行了多少试验工作；监理工程师检查情况；外来人员参观施工现场情况；每天完工验收记录。有无施工事故及特殊情况发生；有无不利的自然条件和人工障碍；施工材料使用记录；施工图纸收发记录；施工效率降低记录；是否出现索赔事件记录等。来往文件和信函等。会议纪要和备忘录。投标报价时的基础资料。技术规范和工程图纸。工程报告及工程照片。监理工程师的指令。发票及票据、工资表等。

索赔处理程序如下：

a.总监办收到施工单位提交的索赔通知书后，应及时审查索赔通知书的内容、查验施工单位的记录和证明材料，必要时总监办可要求施工单位提交全部原始记录副本。

b.总监办应按合同条款规定商定或确定追加的付款和（或）延长的工期，并在收到上述索赔通知书或有关索赔的进一步证明材料后的42天内，将索赔处理结果报项目办，项目办按基建程序报上级主管部门，经审查批准后答复施工单位。如果施工单位提出的索赔要求未能遵守合同相关的规定，则施工单位只限于索赔由总监办按当时记录予以核实的那部分款额和（或）工期延长天数。

c. 施工单位接受索赔处理结果的，项目办应在做出索赔处理结果答复后28天内完成赔付。施工单位不接受索赔处理结果的，按合同条款相关条款的约定办理。

提出索赔的期限如下：

a. 施工单位按合同条款约定接受了竣工付款证书后，应被认为已无权再提出在合同工程接收证书颁发前所发生的任何索赔。

b. 施工单位按合同约定提交的最终结清申请单中，只限于提出工程接收证书颁发后发生的索赔。提出索赔的期限自接受最终结清证书时终止。

反索赔具体情形如下：

a. 发生索赔事件后，总监办应及时书面通知施工单位，详细说明项目办有权得到的索赔金额和（或）延长缺陷责任期的细节和依据。项目办提出索赔的期限和要求与索赔的约定相同，延长缺陷责任期的通知应在缺陷责任期届满前发出。

b. 总监办按合同条款相关约定商定或确定项目办从施工单位处得到赔付的金额和（或）缺陷责任期的延长期。施工单位应付给项目办的金额可从拟支付给施工单位的合同价款中扣除，或由施工单位以其他方式支付给项目办。

2. 工程费用管理是工程项目建设监管的主要目标之一，费用管理的目的（即工程造价）是在不影响工程质量、进度、安全操作的前提下，保证每笔支付都公正合理。费用管理的关键是在工程项目实施前认真仔细地分析工程项目清单费用构成，制定工程费用管理目标；以组织、经济、技术与合同的措施，以计量、支付的手段合理地加以控制，以保证工程建设项目建设资金使用管理目标的实现。

费用管理工作如下：

（1）根据项目办的要求制定费用管理总目标并结合工程项目实际情况

对总目标进行分解，在施工全过程中严格控制各分目标，以保证总体目标的实现；

（2）严格执行本办法规定的计量支付程序；

（3）在日常管理过程中，严格执行合同条款、技术规范和工程量清单；

（4）采取有效的措施控制费用。

费用管理措施如下：

（1）组织措施

要求施工单位的组织机构设置合理，管理线路通畅，做到职责分明，操作程序流畅；

保证项目管理工作的高效、有力；

编制阶段投资控制工作计划和详细的工作流程图，并保证计划周密、科学合理，以减少不必要的浪费。

（2）经济措施

编制资金使用计划，确定、分解投资控制目标；

进行合理准确的工程计量；

在施工过程中进行投资跟踪监管，定期分析投资支出值与计划目标值发生的偏差；并分析导致偏差的各种因素，采取积极有效的措施加以控制，以避免发生偏差；

认真做好工程施工过程中的投资支出分析与预测。

（3）技术措施

对设计变更进行技术经济分析，严格控制设计变更规模、数量；

继续寻找通过设计挖潜，节约投资的可能性；

认真审核施工单位编制的施工组织计划，对主要施工方案进行技术经济分析。

（4）合同措施

做好工程施工记录，保存各种文件图纸，注意积累费用控制信息，为正确处理可能发生的索赔提供依据；

参与合同修改、补充工作，着重考虑它对投资控制的影响。

工程计量是根据合同文件的有关规定，对施工单位实际完成的质量合格的工程数量进行准确核定。

工程计量原则、依据、条件、办法、资料等，依据项目合同条款及交通运输部、省厅及项目法人有关规定执行。

（1）工程量计量

a. 计量方式

当分项工程进行到一定程度，形成工程量清单中所列项目形式的产品，并符合技术规范规定的质量要求时，总监办组织进行中间计量工作。中间计量采取总监办与施工单位共同计量的方法。

b. 计量程序

对于已签发《中间交工证书》的工程项目（或部位），施工单位提出工程量计量申请后，由双方商定具体时间，施工单位应做好有关计量的准备工作，包括计量工程部位的图纸和其他有关资料，以及计量时所需的仪器设备。由总监办与施工单位委派的负责计量工作的人员组成一个计量小组，按通知的时间到现场进行计量，填写计量的记录及有关资料并共同签认。

c. 填写中间计量证书

总监办合同管理工程师根据现场计量的工程量记录及有关资料填写中间计量证书，经总监理工程师签认后，作为中期付款的依据。

（2）经总监办审核后并出具和签发中期付款证书，报项目办审定批准并支付工程款项。

（3）本项目工程计量和付款证书的审签实行网络传递办理，施工单位通过项目管理系统进行网上申请计量支付，总监办和项目办通过项目管理系统进行计量支付的审核工作。计量和付款证书完成审核流程后，总监办及时打印出一式三份的工程计量和付款证书，签字盖章后留存一份，同时报送项目办和送达施工单位各一份。

（4）中间计量审批权限及期限

工程计量工作主要由总监办负责，总监办应本着严谨、科学的态度审查工程量计量，做到不漏、不重、不超、不少。总监办在接到施工单位工程计量申请资料后，应在7天内完成工程量计量资料的审查及批复工作，项目办收到总监办开具的中期付款证书后，应在7天内完成计量支付核准工作。

工程结清内容如下：

（1）工程结清申请程序

施工单位提交工程最终结清申请（即最终财务报告及结算清单）

施工单位只有完成下述工作，才具备提交最终支付申请的条件：

全部遗留工程或缺陷工程均已完成且达到合同的要求，并获得总监办签发的《工程缺陷责任终止证书》；

有关合同方面的遗留事宜（如：费用索赔、工程变更、价格调整、中期支付中有争议而未解决的问题等）均已与项目办协商取得一致，并按合同规定办理了有关手续；

竣工图及有关的竣工资料已按合同规定全部完成，并得到总监办的签认；

对合同工期内所有支付的款项进行了全面清理，对所需的支付凭证进行了必要的补充与完善；

已通过项目办上级主管部门审核和审计单位审计。

若不具备上述条件，总监办有权拒绝受理施工单位的工程结清申请。

施工单位报送的工程最终结清申请书应由以下文件组成：

正文（申请工程最终结清证书的总说明），主要阐明申请工程最终结清的合同依据，费用计算原则，认为按照合同最终应付的款项，以及考虑项目办以前所付的款额及项目办或施工单位各自责任对支付额的影响后，项目办还应付给施工单位或施工单位还要退还项目办的金额。

工程结算清单对应正文中涉及的各种款额，由汇总表及一系列清单、表格组成（格式及式样由总监办提供）。

工程最终结算证明资料对应最终结算清单中汇总表及清单、表格中的款额，由相应的图纸、计算资料及附图、有关文件、票据等组成。

总监办审查施工单位提交的工程结清申请书，总监办主要审查以下三个方面：工程结算清单必须齐全、完整，相互关系清晰；证明资料须有监理工程师的签字认可；工程量计量与支付均没有遗漏、重复，且计算准确，汇总无误。

项目办收到总监办签发的工程最终结清证书后；经审核确认无异议，则应在合同规定的时间内依据最终结清证书的结果向施工单位付款或扣款。

工程结清证书文件组成如下：工程结清证书；合同支付汇总表；合同支付明细表；永久性工程完成表（工程量清单完成表）；工程变更一览表；保留金的使用说明；动员预付款使用说明；违约罚金使用说明；延迟付款利息使用说明；索赔费用说明；延期索赔说明；价格调整汇总表。

3. 工程进度管理。为使井睦高速公路建设进度得到有效控制，使工程建设全面、有序、均衡的进展，确保优质按期完成建设任务，尽快发挥投资效益，根据工程项目总工期的要求，项目办需加强对项目施工计划的管理，主要分进度管理和延期管理。

进度管理工作如下：

（1）制订工程进度计划

工程施工进度计划包括：总体进度计划、年度进度计划、月度进度计划、分项工程进度计划、关键工程进度计划等。

1）施工单位按照工程项目建设工期要求制订工程总体进度计划与年度进度计划，并绘制相应的网络计划图与主要工作横道图，并报送总监办审批；

2）月度进度计划由施工单位根据总监办下达的阶段进度计划分解至具体部位、桩号，于前一个月 23 日前报送至总监办审核；

3）分项工程开工前，施工单位应根据总监办制定的单位、分部、分项工程划分办法和工程编号办法，对工程进行单位、分部、分项划分，经总监办审批并发布执行，分项工程是工程开工的最小申请单元。分项工程进度计划由施工单位根据工程进度计划，在每个新的分项工程开工前 7 天递交开工申请，由合同段监管部审批。

（2）审批与检查工程进度

总监办接到施工单位报送的工程进度计划后，认真审查施工进度计划中的各项内容，认为施工单位报送的工程进度计划可行、可靠、合理，即予以批复。总监办审查的主要内容是：

1）施工总工期的安排应符合合同工期的要求；

2）各施工阶段或单位工程（包括分部、分项工程）的施工顺序和时间安排，应与相关材料和设备的进场计划相协调；

3）雨季工程施工安排合理，有预防和保护措施；

4）就工程施工动员、清场、假日、农忙及天气对工程进度的影响有充分的考虑，并留有充分的余地；

5）施工单位的设备和人力资源的实际情况与各阶段或单位工程计划完成的工程量及投资相适应；

6）协调安排关键工程与非关键工程施工力量。

各合同段现场监管部按照工程进度计划进行阶段性检查考核，参加各专项工作检查，按单位工程、分项工程或工点进行检查并记录，以便随时对工程进度进行分析和评价，掌握影响和妨碍工程进度的不利因素，促进工程施工按计划顺利进行。

施工单位每月月底进行统计实际完成工程数量，并对工程进度计划执行情况进行分析，编制工程进度月报（见附录），并于当月月底报送总监办审核。工程进度月报的内容包括：工程项目内容、合同总工程量、本月完成工程量统计、项目开工以来累计完成、本年度累计完成工程量等情况。

（3）调整工程进度计划

总监办督促施工单位对每项工程的施工进度随时检查，发现工程实际进度滞后于工程计划进度时，要立即分析原因，研究制定调整措施，采取增加施工人员、增加施工机械、加强组织管理、延长工作时间等措施加快工程进度。调整工程进度应注意的事项有：

1）若增加机械，应将增加机械计划（包括型号、数量、性能等）报总监办审批；

2）若延长工作时间，应向总监办编报质量保证措施，并经其批准；

3）路基填土（含"三背"回填）、路面施工等重要工程不得在夜间施工。

当施工单位的施工实际进度滞后于工程计划进度时，合同段监管部负责调查滞后的原因。属于施工单位自身原因的，应要求施工单位采取积极的措施加快工程进度，并在月计划中追赶上滞后的进度；属于非施工单位原因的，一方面要将情况报告总监办及项目办负责人；另一方要向项目办和施工单位提出解决问题的建议。

当由于施工单位自身原因导致工期滞后时，施工单位应采取措施加快工

176

程进度，并承担加快进度所增加的费用。如果施工单位在接到总监办要求调整工程进度通知 14 天内，未采取加快工程进度的措施，致使实际工程进度进一步滞后，或施工单位虽采取了一些措施，仍无法按预计工期交工时，总监办应立即报告项目办。项目办向施工单位发出书面警告通知 14 天后，建设单位可按合同相关条款终止对施工单位的雇用，也可将本合同工程中的一部分工作交由其他施工单位或其他分包人完成。在不解除本合同规定的施工单位的责任和义务的同时，施工单位应承担因此所增加的一切费用。

4. 工程质量管理。井睦高速公路建设项目开工后，建立了项目办对工程质量全面负责、施工单位进行具体保证的二级质量保证体系。项目办主要负责编制质量计划、管理项目建设全过程的工程质量、制定落实管理办法、控制参加施工的人员与进场设备、材料、组织研讨关键工程实施方案等；施工单位要根据自身的情况及施工项目工程的实际情况建立自己的质量管理体系，制定切实可行的质量管理办法及操作规程，做好工程项目的自检、互检及交接检。

工程质量管理工作包括开工前组织设计单位移交控制点和设计交底与会审图纸、审批开工申请、开工后检查与验收分项工程等。

按照工程质量管理流程，总监办下达开工令后，施工单位做好开工准备。在每个分项工程开工前，施工单位要完成工序质量自检（工序自检指模板、钢筋、钻孔、材料等检查工序），并提交分项工程开工申请报告，报经所属合同段监管部审批，经验收合格后开始施工。

分项工程完工后，施工单位在进行工程质量自检后向所属合同段监管部提起检查验收申请，经监理工程师验收合格后，签字确认该分项工程完成。

施工单位在完成所有工程项目后，编制交工文件，提交交工申请报告，由总监办组织初验检查，提供交工检查报告、监理工作报告、监理档案文件，最终由项目办或上级主管部门组织交工验收。

井睦高速公路建设工程质量管理措施有：

（1）坚持施工单位自检制度。

（2）监理工程师现场监督与检查：每个分项工程施工前，所有拟在工程中采用的材料、设备和施工工艺必须经监理工程师审查、签认。

（3）坚持工作程序化：开工前认真做好分项工程开工审批，加强对施工管理人员、材料、机械的核实，做好技术质量交底"三件事"；施工过程中采取加强现场检测和检查监督，奖优罚劣"两项措施"，对原材料质量、施工工艺进行严格控制；完工后严格进行检验签证把关，凡是质量、资料不符合要求的工程一律不予签证，实行"一票否决"，确保每一个分项工程"质量优、资料全、外观美"。

（4）坚持首件工程认可制：施工单位开始工程实体施工前，应在首件工程经检验认可以后，方可将相应的施工工艺及修改意见报监理工程师审批，并把被认可的首件工程作为检验以后工程质量的标准。

（5）坚持施工人员的工作连续性：施工单位的主要技术人员及技术工人不得随意更换。施工单位应选择有施工经验的劳务人员，对其进行必要的施工组织管理和质量管理知识考核，详细掌握其的施工经历、业绩、信用等情况，确保投入项目的人员能满足工程需要，并保证其相对固定。对施工质量差，不服从管理，多次教育或返工、经违约金处理仍不能保证工程质量的劳务人员，监理工程师有权要求施工单位限期取消其施工资格。

（6）坚持技术交底制度：项目办组织设计单位对监理及施工人员进行技术交底，施工单位也必须对基层施工人员进行技术质量交底，将控制高程、平面位置、几何尺寸、材料要求、配合比、施工工艺等技术质量规定，向现场质量管理员、试验检测人员、机驾人员及劳务人员当面交代清楚，明确责任。

（7）坚持质量一票否决制：施工过程中，现场质量管理员要对施工全过程进行监控，严格控制材料质量，严禁使用不合格材料；严格控制施工工艺，对不符合要求的操作工艺立即进行纠正。监理人员加强对施工过程的控制，勤检查、多旁站，对主要工序和工程的关键部位要跟班监理，加大对砌体工程的破坏性检查力度。只要发现问题，无论覆盖多深、多厚，必须进行彻底返工，直至达到要求为止。

（8）坚持自检及抽检制：施工单位的试验检测人员，必须按照规定的试验检测项目和频率进行取样试验和现场检测，及时提供试验检测结果，对工程质量及时确认，为下步工作提供依据。监理人员按照不少于施工单位检测频率的20%进行取样试验和现场检测，并对施工单位的试验资料进行检查，验证施工单位的检测结果，当试验检测结果不符合规范时，按规定进行返工或采取补救措施。无论返工还是补救，均须进行重新检测，直到符合要求为止。

（9）坚持工程质量定期检查制：项目办的稽查人员对工程质量进行不间断的稽查，发现问题及时按照规定进行处理。另外，项目办定期组织人员对工程质量进行全面检查，处理工程质量问题，确保井睦高速公路建设项目工程质量优良。

（10）坚持工程质量奖优罚劣制：项目办的工程管理人员，任何时候发现工程质量问题，均可按照规定开具《工程违约处理通知单》予以处理。工程质量违约金应按照检查人员对质量问题责任的认定，分别由有关责任人承担。施工单位的管理人员应承担相应的责任，不能把工程质量违约金全部转嫁给派出劳务单位。项目办进行工程质量检查时，如认定监理人员具有责任，同样按照规定对监理人员给予违约处理。对管理有力，工程质量优良，工程外观美，质量保证资料完整齐全、规范的施工管理人员和监理人员将给予表彰和奖励。

按照工程质量管理程序，井睦高速公路建设工程质量管理工作的重点是：工程开工准备工作、开工申请审查、各分部分项工程管理、试验检测管理、施工原材料质量管理、工程质量事故与缺陷的处理等。

（1）开工准备与审查

为了全面了解工程特点和设计意图，工程关键部位的质量标准，减少图纸的差错，排除施工的质量隐患，项目办在开工前组织设计施工总承包单位进行设计交底，并进行图纸会审；审查施工单位的开工申请。

1）施工技术交底

施工技术交底是施工单位一项重要技术管理。在分项工程或重要工序开始施工前，由施工单位项目总工程师主持、所属合同段监管部人员参加的分项工程或重要工序技术交底会向施工人员进行技术交底。其目的是使参与施工的技术人员、管理人员和操作人员熟悉和了解所进行的施工工程的特点、设计意图、技术要求、施工工艺和应注意的问题。

2）审查开工申请

分部分项工程开工前，施工单位须将准备工作情况（即开工申请报告）报所属监管部审核批准，经批准的分项分部工程才准许开始施工。

审查开工申请的主要内容是：

① 工地试验室仪器与试验人员配备及临时资质的审批情况；

② 施工单位质量自检系统及质量保证措施；

③ 进场材料的质量、规格、数量情况；

④ 施工组织机构及主要人员的配备情况；

⑤ 施工方案、方法、工艺流程；

⑥ 施工设备的配备（数量、规格、性能）等情况。

（2）分部分项工程管理

1）分项工程监管流程

通过对分项工程开工审批、工序质量检查认可、施工过程检查控制、现场工程质量检查、中间交工证书签认等主要程序的严格把关，有效进行工程质量控制，实现工程质量优良的目标。管理流程参见分项工程监管流程图。

① 施工单位在分项工程开工之前，向所属合同段监管部填报《分项工程开工申请批复单》，同时向监管部提供放样测量、标准试验报告、施工设计图等基础资料，以及施工方案、施工计划、技术质量控制指标及其控制措施，材料、设备、劳动力及工地现场质量管理人员的安排情况。监理工程师进行现场复测核对，确认无误后，由监理工程师签发《分项工程开工申请批复单》，施工单位即可进行分项工程施工。

② 在施工过程中，施工单位要自觉按规范施工，发现质量问题立即进行纠正。监理人员要坚持全过程巡视、检查，对主要工程和关键工程部位要进行全过程旁站监理；按照施工技术规范和质量检验评定标准规定频率的20％以上进行取样试验、检测，发现质量问题及时要求施工单位进行处理；对于已覆盖的工程质量问题必须进行彻底返工处理；对影响工程质量的关键问题，监理工程师应签发整改指令，要求施工单位进行整改。项目办质量稽查办法规定对施工过程的质量检查控制，发现问题严格按照稽查办法有关规定进行处理。项目办、总监办、施工单位各负其责，对施工过程的工

180

程质量严格检查监控,把工程质量隐患消灭在萌芽状态,确保工程建设质量。

③ 当任一工序、某一部分或整个分项工程完成后,施工单位向所属合同段监管部填报《工程质量检验申请批复单》。监理工程师适时到达现场进行复测检查验收,确认各项质量指标(包括外观质量)均符合要求后,给予签认。未经监理工程师检验签证的,不得进行下步工序施工。

④ 施工单位根据监理工程师签认的《工程质量检验批复单》,向所属合同段监管部填报《中间交工证书》。现场监理工程师首先检查各项表格和附件资料是否齐全准确;再检查各项质量指标及计算评定方法、结果是否符合规定,确认无误后给予签字确认。《中间交工证书》未经监理工程师签认,不得进行与本分项工程相关的下一工序施工;监理工程师不准签认未经检查已被覆盖的任何工程的《中间交工证书》。

2)分项工程质量控制

分项工程质量控制要点有:

① 施工放样与施工测量

施工单位应对开工的分项工程进行施工定线和施工放样,并将结果报总监办复查,经总监办批准后,施工单位才可以进行分项工程的施工。

施工单位应于当日或次日向总监办提交工程放样和施工测量记录,当总监办发现测量和放样有问题时,施工单位应返工复测。

② 工程质量检查

a 检查计划与安排

施工单位应在每道工序施工开始前 24 小时将检验计划报送所属合同段监管部,以便监管部安排每道工序的施工质量检查工作。

b 检查程序

每道工序施工完成以后,施工单位应安排自检,若自检不合格,自行返工或补救;自检合格,则应填写相关工程质量检验报表报送监管部监理工程师检查。

c 检查方法

施工单位应按照工序质量要求进行自检,经自检合格的报所属合同段监管部检验。

监管按照下列方法进行工程质量检查：

a 旁站监理

施工单位依照"公路工程质量监理旁站项目表"所列须旁站监理的项目应在施工前 12 小时通知所属合同段监管部，监理工程师应适时到位进行旁站监理工作；在项目实施过程中，可根据工程实际情况进行增加或减少旁站监理项目。

b 工程所用材料和试验设备的检验。所有用于工程的材料施工单位需填写工程材料报审表报监理工程师经过检验，监理工程师根据合同的技术规格进行检验合格的材料和设备才可投入工程项目建设使用。

c 现场测量。现场测量包括几何尺寸、高程、平面位置、位移等项目测量。现场测量成果需报总监办审核。

d 施工质量的抽样检验。抽样检验由施工单位对关键工序完成的质量按规范规定的频率进行检验，并将检验结果报所属合同段现场监管部。

（3）试验检测管理

为保证工程质量，依据工程建设技术标准、规范、规程，对井睦高速公路工程所用材料、构件、工程制品、工程实体的质量和技术指标等进行的试验检测，包括工地临时试验室（简称"工地试验室"）的试验检测、现场专项检测、外委试验和竣（交）工质量检测等。

1）试验检测结构与工作

①试验检测结构

井睦高速公路试验检测为两级试验检测结构加第三方检测机构组成。

项目办成立中心试验室，施工单位成立工地试验室，并向中心试验室申请试验检测能力核定开展现场检测试验工作。

第三方检测机构接受检测委托时，其检测行为应纳入项目办的统一管理。第三方检测对中心试验室、施工单位试验室起到质量检测监督的作用。

施工单位经标准试验及验证试验自检合格后，应报送项目办中心试验室；项目办中心试验室在规定时间内进行审批及平行试验，合格后予以批复。

②工地试验室工作

工地试验室只承担工程实施过程中的现场常规试验检测，对一些试验条件要求高、技术难度大的试验检测项目，须委托具备相应资质且经中心试验室同意的检测机构承担。

③中心试验室工作

中心试验室是项目试验检测管理的职能部门，负责试验检测日常监督和管理工作。

3）试验检测管理

井睦高速公路试验检测的管理工作，按合同条款及省厅《工地临时试验室管理办法》及其他有关规定执行，控制检测试验的频率，确保检测资料的真实性，为项目质量管理提供正确的指导。

4）工程竣（交）工质量检测

公路工程竣（交）工验收前的质量检测由江西省交通工程质量监督站组织进行。必要时质量监督站可委托符合条件的检测机构承担检测工作。

检测机构受质量监督站委托承担竣（交）工质量检测任务时，不得将检测任务再委托给其他检测机构。

建设单位应根据质量监督站的委托，与承担本项目竣（交）工质量检测的检测机构分别签订检测合同。检测合同应报质量监督站备案。

工程质量事故与缺陷处理，按合同条款及交通运输部、省交通运输厅有关质量事故分类、分级及处理流程执行。

5. 安全生产管理

（1）安全生产管理体系与职责

井睦高速公路建有项目办、施工单位两级安全管理组织结构体系。

项目办成立以项目办主任为组长，副主任为副组长，各处室负责人为组员的安全生产管理领导小组，总监办为井睦高速公路建设安全生产管理执行机构，负责管理本项目安全生产管理工作。总监办指派专职安全工程师负责具体安全生产日常监督管理工作。

施工单位是施工合同段安全的责任主体，施工单位成立相应的安全生产管理领导小组，项目经理是安全生产的第一责任人，必须指派专职安全员（符合合同要求的人员、人数）负责具体工作。

项目办职责内容如下：

1）负责宣传、贯彻和落实与安全生产有关的法律、法规，转发上级交通运输主管部门的有关安全生产的要求和通知，推广安全生产工作的典型经验和做法；

2）按照有关规定开展安全生产检查活动，对发现的安全隐患，及时书面指令整改，并督促施工单位整改到位，情况严重的要及时上报建设单位和上级交通主管部门；

3）开展"安全生产月""安全生产万里行""安全生产科技周""创建平安工地"等活动；

4）建立、落实安全生产责任制度，与各参建单位签订安全生产合同并层层签定安全生产责任书；

5）审核施工单位安全生产专项施工方案及应急预案，核验施工单位特种机械设备的验收手续并作为开工报告审批的前提条件；

6）负责核查施工单位安全生产专项费用的使用计划及使用情况；

7）建立安全生产管理台账，专职安全监理人员应及时填写监理月报、监理日记，并做好安全事故处理档案记录；

8）建立健全项目安全生产检查制度，通过日常巡查、定期和不定期等检查组织进行安全生产专项检查，并做好安全事故处理档案记录及定期填报安全生产事故统计报表，发现问题跟踪整改落实；

9）抓好协调推进工作，着重做好"三个结合"一是安全执法与安全治理相结合，二是"三项行动"（执法行动、治理行动、宣传行动）与"三项建设"（安全生产法制体制机制、保障能力和监管监察队伍建设）相结合，三是"三项行动"与安全生产日常工作相结合。

施工单位职责内容如下：

1）宣传贯彻有关安全生产方面的法律、法规及规范性文件，及时传达上级安全生产文件，组织各施工作业队人员进行安全生产教育及岗位培训并进行层层安全交底；

2）建立安全生产责任制，层层签订安全生产责任书，负责编制安全施工专项方案及应急预案并组织演练，制订临时用电方案、危险源告知制度，安全生产专项资金使用管理等制度；

3）依据国家法律、法规和本项目制定的各项安全管理制度，经常进行安全专项自查，发现问题及时整改到位；

4）认真落实防火、防爆、防尘、防静电、防寒风大潮、防冰雪灾害、防冻裂泄漏，以及交通运输安全防范等各项措施，切实消除事故隐患；

5）特种作业人员必须持证上岗，特种设备应按规定及时检验、检测并达标；

6）现场应设置危险源告示牌、安全责任牌、操作要点、安全警示等标志；

7）一旦出现安全事故应及时上报项目办及其他各有关交通运输主管部门；

8）配合好上级有关部门的各种关于安全生产的检查活动；

9）及时建立安全生产检查台账及安全事故处理档案；

10）负责办理本合同段所有现场施工作业人员意外伤害保险。

（2）安全管理内容

事前控制内容如下：

1）项目开工前的安全管控流程

2）施工单位应在熟悉图纸和施工现场情况后，有针对性地编制《施工安全技术措施》，通过其内部审核后填报《施工安全技术措施审批表》，经总监办审批后执行。

《施工安全技术措施》应符合工程特点以及所处的施工环境情况，内容应包括项目安全生产目标、项目安全管理组织架构、项目安全生产责任制、工伤事故应急处理方案、安全施工管理制度、施工现场和宿舍及食堂的安全实施细则，其中必须包括保证安全生产的安全技术措施和预防职业病的技术措施、施工现场安全标志平面图和现场排水平面图。

3）总监办对全体管理人员进行安全教育。强调施工现场安全管理制度。

4）施工单位对项目的安全生产工作负有全面的管理责任，项目办与施工单位签订《安全生产管理协议书》，并指定总监办专职安全员配合施工单位管理安全生产工作。

5）总监办负责监督施工单位的安全生产和文明施工，对施工单位发出安全施工整改指令，提出处罚施工单位建议。

事中控制包含安全巡检、安全联合检查、安全月度例会、安全专项方案报审等内容，同时项目办每季度对本项目进行全程安全生产、文明施工检查和评比工作。事中控制的主要内容具体如下：

1）总监办组织施工单位相关负责人每周定期对施工现场的安全生产状况进行巡检，在周工作例会上对项目安全情况进行总结和布置。

2）总监办应对检查发现的安全隐患及安全问题向施工单位发放《施工安全隐患整改通知书》，责令其限期整改，并抄报项目办，由监管部负责跟踪施工单位的安全整改落实情况。

3）施工单位存在安全隐患或安全问题情节特别严重的，总监办应及时发出《停工令》，勒令施工单位停工整顿，工期不予顺延。《停工令》由总监理工程师签发。

4）整改完成后，施工单位应及时将《施工安全隐患整改报告书》报总监办申请复查；如因情节特别严重被勒令停工的，还应申报《复工申请表》，经复查合格后方可复工。

5）安全联合检查由总监办每周定期组织，监管部及所有施工单位的施工负责人和相关人员必须参加。

6）检查内容包括安全生产管理资料和现场安全生产状况等。

7）检查过程中，每位参检人员应填写安全施工检查记录，所有存在的隐患由总监办汇总形成记录，并发送给所有相关施工单位，同时抄报项目办。

8）安全月度例会由总监办组织施工单位每月定期召开一次。

9）会议内容包括总监办、施工单位对月度安全生产状况进行自评，剖析当月安全管理的不足之处及改进办法；安全监理工程师综述安全联合检查及复查的情况，并对各单位的安全管控情况进行月度评价。

10）总监办根据会议内容整理会议纪要，发送给与会各施工单位，并抄报项目办。

11）对达到一定规模的危险性较大的分部分项工程，施工单位应当编制专项施工方案，并附具安全验算结果，危险性较大的工程主要包括基坑支护与降水工程、土方开挖工程、模板工程、起重吊装工程、脚手架工程、拆除、爆破工程、国务院建设行政主管部门或其他有关部门规定的其他危

186

险性较大的工程；专项施工方案编制内容主要包括：编制依据、工程概况、作业条件、人员组成及职责、具体施工方法、受力计算和要求、安全技术措施、环境保护措施等内容组成。

12）施工单位应当根据项目办提供的施工现场及毗邻区域内的供水、排水、供电、供气、供热、通信、广播电视等地上、地下管线资料，气象和水文观测资料，毗邻建筑物和构筑物、地下工程的有关资料制定现场周边管线设施保护方案，并按方案组织施工。

13）项目办在工程开工前以及工程施工过程中，不定期地组织总监办就施工单位结合工程实际情况和施工组织设计中的安全技术措施，提出阶段性的安全隐患控制重点。

14）对于危险性较大的专项施工方案以及根据总监办提出的安全隐患控制重点编制的工程安全专项方案，由施工单位技术人员编写，并经施工单位技术负责人进行审查，最后以《安全专项方案审批表》的形式报总监办和项目办审核后执行。

15）各分项工程施工单位进场后，项目办协同总监办督促其制定与之相关的安全专项方案，并由总监办跟踪落实。

16）所有危险性较大分部分项工程以及项目办和总监办确定的其他重要隐患工程必须在安全专项方案制定并通过审核后方可施工，否则将对所施工项目勒令停工整顿，待手续补齐后再开始施工，耽误工期不予顺延。

17）对于涉及深基坑、地下暗挖工程等专项施工方案，应按《危险性较大分部分项工程安全管理办法》由施工单位组织专家进行论证、审查，并将专家意见报送项目办审查批准，才能组织施工。

安全事故一旦发生，总监办应立即督促施工单位按照政府相关制度、法规的规定，采取应急救援措施，并逐级上报、处理，避免伤亡扩大或造成较大负面影响，同时向上级报告事故情况。

1）发生突发安全事件后，施工单位应采取紧急救援措施，抢救伤员、排除险情、防止事故蔓延扩大，做好标识，保护好现场，按交通运输部办公厅《关于印发公路水运工程质量和安全事故有关统计报表制度的通知》及时填写《交通建设工程安全生产事故快报》，并于1小时内向事故发生地县级以上人民政府安全生产监督管理部门和建设单位报告。

2）总监办接到报告后应立即将发生事故的时间、地点、事故单位名称以及事故造成的伤亡人数、直接经济损失、事故原因等情况，及时向项目办报告，并填写（交通建设工程安全生产事故快报），同时立即赶赴事故现场协助事故单位进行事故处理。

3）建设单位在接到突发安全事故报告后会在2小时内向江西省交通运输厅及省交通工程质量监督管理局报告，同时填报《交通建设工程安全生产事故快报》。

4）情况紧急时，事故现场有关人员可以直接向事故发生地县级以上人民政府安全生产监督管理部门报告。

5）事故发生后，按"四不放过"原则（即：事故原因未查清不放过；责任人员未处理不放过；整改措施未落实不放过；有关人员未受教育不放过），查明事故发生原因、人员伤亡、经济损失情况；确定事故责任者报主管部门处理。

6）有下列情形之一的，建设单位将按本项目合同中的有关规定进行处罚。并配合上级安全主管部门按国家有关法律、法规进行处罚。构成犯罪的，由司法机关依法追究刑事责任。

①忽视安全生产、违章指挥、违章作业，造成安全生产事故的。

②凡在伤亡事故发生后隐瞒不报、谎报、有意迟延不报、故意破坏事故现场的。

③无正当理由，拒绝接受调查以及拒绝提供有关情况说明和资料的。

④处理伤亡事故中玩忽职守、徇私舞弊或者打击报复的。

7）车辆、水上交通事故，由事发地交警、海事（港监）部门处理。

6. 信息管理

（1）信息管理流程

1）总监办是项目办与施工单位联系的主要出入口，并伴随着文件、资料的传递。

2）项目办各部门之间日常工作使用电子邮件等多种形式进行沟通，正式沟通使用函件形式。

文档流转表

序号	项目名称	旁站
1	首件示范工程	√
2	软基换填	√
3	地基承载力	√
4	桩基钢筋笼安装	√
5	病害桩基取芯	√
6	预应力施加及压浆	√
7	路面结构层摊铺	√
8	长管棚、小导管安装及注浆	√
9	上边坡框格锚杆安装	√

3）项目办各部门可通过电话、电子邮件、传真等方式直接与外单位进行日常交流，完成事务应及时将交流最终结果送交综合行政处归档。各部门应保证归档资料的及时、完整、准确以及最终结果文档的可追溯。

（2）文档流转

井睦高速公路项目建设办公室各部门之间文档流转管理见下表。

1）在项目建设过程中，总监办与施工单位工作联系流转文档较多，以上文档均需要存档一份，由总监办来汇总整理；

2）除上述文件外，其他文件均须存档，具体由综合行政处收集汇总施工竣工档案、项目办内部管理文档、其他文档移交项目办档案室管理。

7. 建设期财务管理

为加强井睦高速公路工程建设资金的管理，提高资金使用效益，确保建设资金安全、有效的使用，优质、安全、高效地完成井睦高速公路建设项目的建设需要，根据国家有关规定和交通部、省交通运输厅及项目法人等有关资金监管的要求，制定财务管理办法进行建设期财务管理。

（1）银行账户管理

施工单位开设专用账户用于建设资金拨付，具体管理如下：

1）施工单位必须在项目办指定的银行开设基本账户或专用账户，未经核准的账户，项目办不对其拨付资金。

2）开户银行应依法为开户单位保密，除国家法律、法规规定的有职权部门和项目办管理规定需要外，不准代任何单位和个人查询、冻结、扣划开户单位的存款。

3）开户银行应及时建立施工单位的资金台账，按明细详细记录每笔资金的支付日期、金额、付款依据、用途、收款单位等，定时送交项目办并与项目办财务部门核对，应接受项目办针对本项目资金的使用情况的查询。

4）项目办协助施工单位办理在所指定的银行开设账户的相关手续。

5）施工单位申请撤销账户，需向项目办提出书面申请并经同意。与开户银行核对账户余额无误后，交回各种重要空白票据、凭证、开户许可证等，方可办理销户手续。

6）施工单位的账户只能办理自身的业务，不得出租或转让。施工单位违反上述规定或套取建设资金，开户银行有权制止，并通报项目办处理。

7）施工单位在未经批准的银行开户，项目办可能冻结其工程款的拨付，并要求其限期撤销。

8）开户银行应为项目办、施工单位提供优质服务，不得无理由压票压汇。

（2）建设资金监督管理

为加强建设资金的监督管理，提高投资效益，井睦高速公路实行全面预算管理，施工单位应按项目办的要求及时提交项目预算，在项目办确定的银行系统内进行封闭式资金运行管理。

1）施工单位应严格执行国家有关财务管理制度，完善财务核算体系；配齐会计人员，加强财务管理，严格控制成本，严禁乱挤乱摊成本，正确反映工程成本和财务成果。财务收支必须接受项目办的监管；项目办可定期或不定期的对施工单位本工程项目的财务收支情况进行检查。

2）施工单位应依据合同及施工进度计划详细编制次月用款计划，并于每月末报送项目办，作为建设资金监督的重要依据。

3）施工单位必须按本工程项目计量支付程序进行计量，并按有关规定签证完成后，作为申请支付工程计量款的依据；施工单位不得高估冒算、虚报工程计量以套取资金。

4）经项目办审核拨付的工程计量款，施工单位应专款专用，严禁挪作他用；施工单位违反规定用途转款或用款的，开户银行有权拒付，并及时把信息反馈到项目办，项目办有权酌情进行处理。

5）施工单位将工程计量款用于上交总公司管理费和归还前期借入资金应经项目办批准。施工单位应将总公司上缴管理费文件报项目办留存，作为批复施工单位上缴管理费的依据。归还总公司前期借款应出具借款时的有关凭据，项目办将根据项目工程建设资金的实际情况审查批准归还借款。

6）施工单位上交上级单位如社会养老保险等代收代缴的各项费用时，不得超过国家法律规定的比例，且应附有上级单位代收代缴原始凭证复印件。

7）施工单位应积极组织资金，确保工程建设顺利进行。

8）施工单位与项目办签署合同前，应向项目办提交其工商注册所在地的地（市）级及以上国有商业银行或股份制商业银行出具的本工程项目合同履约保函。按合同规定向项目办申请动员预付款时，必须提交其工商注册所在地的地（市）级及以上国有商业银行或股份制商业银行出具的动员预付款保函。开户银行应按有关规定和程序积极协助项目办审查施工单位出具的本工程项目合同履约保函和动员预付款保函，确保保函真实有效。

9）施工单位将工程进度款用于购买大型机械设备、仪器的，必须经项目办批准；用于购买大宗材料的，收款人必须是项目办审批的材料供应商；项目办向开户银行提供设备和材料供应商清单，作为开户银行办理付款业务的依据。开户银行不办理未经项目办确认的材料供应商、设备供应商支付大额资金。开户银行应分别建立施工单位大额资金支付备查账。

10）施工单位应及时支付材料、设备等款项，及时支付农民工工资。

11）施工单位应严格遵守《现金管理暂行条例》，不得以任何名义套取现金。在发放工资性现金管理上，施工单位应向项目办提交农民工工资明细，施工单位应保证农民工工资落实到个人，经各农民工签字后方可支付，不能将农民工工资支付给包工头，避免拖欠农民工工资的事件发生。

12）为保证井睦高速公路建设项目资金的安全和工程建设的顺利进行，施工单位在承建的工程正式交验之前，未经项目办同意不得以任何名义转移资金。

八、项目收尾管理

工程项目收尾阶段先由施工单位向项目办进行工程项目交工，交工验收通过后，由项目办签发工程项目交工证书，此时工程项目进入缺陷责任期，项目办进行相应的检查工作。经过一段时间的试运行后，项目办向上级主管部门提出竣工申请，最终由交通运输部或批准工程初步设计的地方交通主管部门组织竣工验收。

（一）工程项目交工验收

工程项目交工验收严格按照"交通运输部关于贯彻执行公路工程竣(交)工验收办法有关事宜的通知"规定进行。当工程项目满足初验条件时，在施工单位自检合格后进行初验、交工验收、签发交工证书等工作。

1. 工程初验

（1）初验条件

工程项目在满足下列条件时，施工单位即可向总监办表示申请工程项目交工的意向：

1）施工单位拟申请交工的工程已经基本完成，剩余工程收尾工作量很少，且在缺陷责任期内完成这些工程时，不影响完工工程的正常使用及施工安全；

2）总监办按照《公路工程质量检验评定标准》的要求基本完成分项工程质量检查和评定，并签发分项工程交工证书；

3）已由相应资质的工程质量检测部门检验合格。

（2）初验检查内容

工程初验由总监办负责组织。总监办在认为上述条件基本具备时，在收到施工单位提出工程项目交工验收申请意向书7天内组织施工单位、监理工程师按下列要求进行检查。检查内容包括：

1）逐项检查拟申请交工的工程项目是否按合同要求已全部完成；

2）分项工程质量检验评定的结果是否符合规范要求；

3）总监办在各种场合以不同形式向施工单位指出的各类质量问题是否

192

得到妥善解决；

4） 各项技术、质量管理和合同管理程序及手续是否齐全、完备；

5） 是否有未处理的重大技术、质量遗留问题；

6） 施工单位申请交工的工程现场是否进行全面清理（包括临时用地和材料堆放场、弃土场、取土场等），是否得到当地及环保等政府部门认可；

7） 施工单位是否按合同规定完成或基本完成有关的工程交工资料，文件的编制是否满足归档要求。

（3） 初验报告

初验检查工作结束后，由总监办完成编写工程项目初验报告，初验报告主要包括以下内容：

1） 工程总体情况及初验概述；

2） 现场存在的有关问题；

3） 工程质量评定结果；

4） 与工程质量检验评定表相对应的工程项目初验检查、检测记录表；

5） 初验检查结论。

如果总监办认为上述交工验收条件尚不具备，则由总监办书面通知施工单位抓紧时间完成，直至全面具备交工验收条件后，施工单位提出交工验收申请报告。

2. 交工验收

（1） 申请交工验收

工程项目通过初验后，施工单位就可以按合同规定向总监办提交正式的工程项目交工验收申请报告，在收到交工验收申请报告后，总监办负责组织启动工程项目的交通验收工作，整个交工验收在收到申请交工验收报告之日起 7 天内完成。

（2） 组建验收小组及主要工作

项目办根据交工验收的内容，组织成立交工验收小组。

1） 交工验收小组的组成

① 交通运输厅相关部门；

② 省交通工程质量监督管理局；

③ 项目办；

④ 监理单位；

⑤ 接养单位；

⑥ 施工单位；

2）交工验收小组的主要工作

① 审议、审查、审定初验、初评结论；

② 外观质量抽查，完成工程缺陷及剩余工程情况统计及描述；

③ 内在质量抽查（现场检测并填写相应的工程施工现场检查、检测记录表），主要项目是：完成桥梁总体实测项目，涵洞实测项目，路基、路面工程实测项目，浆砌工程、浆砌排水沟实测项目以及标志、标线、波形护栏、隔离栅等实测项目（房建、机电工程参照行业有关规定执行）；

④ 交工文件、资料检查，提交资料审查意见；

⑤ 进行交工质量等级评定、确定验收结果、完成验收会议纪要；

⑥ 完成合同段工程交工验收评估报告。

3）交工验收检查

验收活动由验收小组组长负责组织进行，项目办、施工单位必须全面配合验收小组的工作。项目办和施工单位必须将有关拟交工验收工程的全部技术资料和相关的工程管理的资料（例如各分项工程开工申请、质量验收、计量支付、工程变更等）整理成册备查，并将已完成的竣工资料交验收小组检查。验收小组完成交工验收的有关检查工作后，最后由项目办完成验收会议纪要和评估报告，再由项目办主任签发。

（3）签发交工证书

工程项目交工证书是施工单位办理交工计量和交工支付的必要条件，如果经交工验收小组检查认为工程质量合格，总监办应在此项验收工作完毕后14天内向施工单位签发工程项目交工证书，证书中应写明按合同规定本合同工程的交工日期（即施工单位最后一次提交交工申请报告的日期）。工程项目交工证书的汇编、整理工作由总监办完成，交工证书经项目办相关部门的主管审查，主任办公会同意后，再由总监理工程师签发。

合同段工程交工证书必须包括以下内容：

1）封面；

2）目录：

3）合同段工程交工证书；

4）交工验收会议纪要；

5）施工单位交工申请报告；

6）施工单位及监理工作总结；

7）分项工程质量检验评定资料；

8）归还用地、用房及场地清理认可的证明文件；

9）缺陷责任期剩余工作实施计划及施工单位联系方式。

（4）例外事项的处理

1）经交工检验认为工程质量虽合格，同意验收，但某些工程影响使用尚需整修和完善，且不同于缺陷责任期内的缺陷修复，则缓发合同段交工证书，限期施工单位整修，待整修和完善工作完成后，再发给合同段工程交工证书；

2）经交工验收认为工程项目质量达不到合格标准，则总监办应根据交工验收小组的意见，在交工验收工作完成后 7 天内向施工单位发出指令：

要求施工单位对不合格工程进行返工重做或补救处理。施工单位在完成上述不合格工程的返工与补救工作后，应重新提出交工验收申请，经交工验收小组复验认为达到合格标准后才发给合同段交工证书；

3）施工单位自工程交工证书签发日期的次日起不再负责照管已交工的工程，交工工程项目进入缺陷责任期；

4）对于机电、交通安全设施等小型工程项目验收也应参照上述程序执行。

（二）工程项目缺陷责任期管理

工程项目自交工之日（签发交工验收证书日期）起，即进入工程项目缺陷责任期。井睦高速公路建设项目缺陷责任期管理流程如下图所示。

1. 缺陷责任期检查的工作

总监办在收到施工单位工程项目缺陷责任期终止申请报告后，成立工程项目缺陷责任期终止验收工作小组。工作小组的主要工作有：

（1）审查施工单位工程项目缺陷责任终止证书申请报告；

（2）对工程项目进行最终的整体检查，并侧重缺陷责任期工作内容的检查和桥梁、涵洞等重要构造物裂纹做出详细调查；

（3）调查工作结束后由总监办提交缺陷调查情况报告并拟定处理方案；

（4）调查报告主要由以下内容组成：

1）工程的缺陷项目及位置；

2）工程缺陷情况的描述；

3）工程缺陷原因的分析；

4）工程缺陷责任的划分；

5）工程缺陷修复方案。

2. 工程缺陷修复的方式

（1）由总监办签发工程缺陷整治通知单。属于施工单位施工不当的原因所造成的缺陷，则由施工单位按批准的处理方案在合适的时限内进行修复，费用由施工单位承担，同时应书面告知施工单位，若不执行通知要求所产生的一切后果由其承担。

（2）施工单位在收到工程缺陷整治通知单后应在缺陷整治通知单规定的时间内上报缺陷修复工程进度计划安排，组织足够的人力、机械设备进场施工，并按规定的时间完成。

（3）施工单位未在规定的时间内安排进行缺陷工程修复，则总监办有权另行安排其他的施工单位进场，发生的费用将从原施工单位工程保留金中扣支；若不属于原施工单位的责任，则总监办可以安排原施工单位（或其他施工单位）进行工程缺陷修复施工，并支付相应的工程费用。

（4）工程缺陷修复完成后应由相关施工单位填写工程缺陷验收单，总监办组织验收。

3. 签发缺陷责任终止证书的程序

（1）缺陷责任终止申请

工程项目缺陷责任期即将结束之前，施工单位应事先进行合同范围内工程缺陷的检查，如发现有因施工单位施工质量问题的缺陷，应自费进行修复。施工单位在确认没有工程质量缺陷并完成全部剩余工作后，及时书面向总监办提出缺陷责任期终止申请报告，报告附件中包括工程缺陷修复一览表、剩余工程完成情况一览表以及合同段工程交工证书、合同段工程交工验收评估报告文件。

（2）检查结果评估

在收到施工单位缺陷责任期终止申请报告后，工作小组在3天内按上述要求正式开展检查，并完成上述的有关工作。

工作小组完成工作后，提交缺陷责任期终止报告及缺陷修复扣款表。

工程项目缺陷责任期终止评估报告的主要内容：

1）现场工程情况概述；

2）对现场检查的结果进行评议；

3）工作小组对施工单位工程项目缺陷责任期全部工作的评议；

4）工作小组的检查结论。

（3）检查发现施工现场仍存在施工缺陷影响工程项目缺陷责任期终止，则工作小组应签发工程项目缺陷责任延期通知单。待缺陷工程全部修复完成后，由施工单位重新提出工程项目缺陷修复验收申请。

4.签发缺陷责任终止证书

缺陷责任终止证书由相关施工单位填写，经项目办工程处审查，项目办主任批准签发。

（三）工程项目竣工验收

1.竣工验收的条件

（1）各合同段工程已经过交工验收，工程质量评定均为合格以上；

（2）对未完工程或交工验收时提出的修复、补救工程已处理完毕，并经项目办和质量监督部门检验合格；

（3）按国家《基本建设项目档案资料管理暂行规定》的要求，已编制完成全部竣工文件；

（4）工程建设项目已通过环保、水保等相关部门的验收；

（5）按规定编制好竣工结算，各单位已编写完成总结汇报材料。

2.竣工验收

当建设项目工程全部交工并通过项目交工验收合格后，项目办工程处应汇总合同段工程的交工验收报告，向上级主管部门提出竣工验收的申请。竣工验收由交通部或批准工程初步设计文件的地方交通主管部门主持，由建设、质监、设计、管养、水利、环保等有关部门代表组成竣工验收委员会，按交通运输部（原交通部）《公路工程竣工验收办法》的规定进行。竣工验收的目的是对建设项目的管理、设计、施工、监理等方面做出综合评价，写出竣工鉴定书。

施工单位应按项目办的要求完成施工总结，并参加竣工验收会议。

海南省琼中至乐东高速公路（琼中至五指山段）项目"代建 + 监理"一体化管理实施范例

一、项目概况

海南省琼中至乐东高速公路位于海南省中部及西南部地区，是海南省"田字型"高速公路主骨架中线高速的重要组成部分，项目的建设对于改善区域交通条件、促进地区经济发展及海南国际旅游岛建设具有十分重要的意义。

海南省琼中至乐东高速公路琼中至五指山段（简称"本项目"）主线长59.300 千米，双向四车道高速公路标准，路基宽度 26 米，设计速度 100 千米 / 小时；五指山连接线长 17.920 千米，双向四车道一级公路标准，路基宽度 24.5 米，设计速度 80 千米 / 小时。主线及五指山连接线合计里程长度77.220 千米。项目总投资约 65 亿元，其中建安费 50 亿元。项目计划施工工期 3 年。

本项目主线设置 6 处互通式立体交叉（其中五指山互通为枢纽互通），另设置 3 处服务区及停车区；五指山连接线设置 2 处简易互通。全线共设置：桥梁 113 座（其中特大桥 2 座、大中桥 111 座），涵洞 109 道，隧道 4 座（中隧道 1 座、短隧道 3 座）。

本项目作为海南省公路建设代建制改革试点项目，采用"代建 + 监理一体化"的模式进行建设管理，海南省交通运输厅通过公开招标选取中国公路工程咨询集团有限公司（简称"本单位"）作为代建单位，承担项目代建及监理工作。

二、代建、监理工作依据、范围和目标

1. 工作依据

工作的主要依据包括：

（1）国家和地方有关法律法规、技术标准，工程设计文件；

（2）代建合同；

（3）施工合同、检测合同等。

2. 工作范围

工作范围根据项目法人与本单位签订的代建合同确定。具体为：自合同协议书签订之日至项目竣工验收结束的整个期间内，除征地拆迁、竣工验收、整体工程接收管养以及属于政府相关部门之间组织、协调、审批职责范围内的工作外，其余建设管理工作和监理工作均属于本单位的工作范围。

本项目中心试验室由项目法人另行招标委托，不属于代建单位的工作职责。

3. 工作目标

1）总体目标

通过推行"发展理念人本化、项目管理专业化、工程施工标准化、管理手段信息化、日常管理精细化"管理，严格过程控制，使工程质量、安全、进度、费用、环保等满足代建合同要求，达到质量优、投资省、效益好、环境美的目标。

2）质量目标

①无质量责任事故，有效预防和减少质量问题；

②分项工程全部合格，质量评分不低于 90 分，涉及结构安全的实测合格率不低于 95%；

③项目交工验收质量等级合格，项目竣工验收质量等级优良。

3）安全目标

杜绝较大安全事故的发生，减少一般伤亡事故，无安全责任事故。

4）进度目标

在合同规定的工期内完工。

5）费用目标

依据合同条件、工程量清单及其说明、技术规范和设计图纸、现场施工情况，对工程数量进行严格的计量，对工程费用和价格的变化进行科学评估，使最终支付的合同款额合理、准确，控制在设计概算之内。

6）环保目标

贯彻"预防为主、防治结合、综合治理，强化法治、分类指导、突出重点"的原则，按照"原始的就是最美的，不破坏就是最好的保护，力求施工中最低程度的破坏、施工后最大限度的恢复"的环保理念，做到公路建设与环境保护协调发展，确保各项环保措施满足公路施工环境保护的要求。

三、代建、监理组织机构和职责

1.代建、监理机构

（1）代建、监理机构组织形式

1）根据"代建、监理一体化"模式特点和代建合同规定，建设单位履行项目法人职责，负责项目建设管理和监督协调工作；代建单位履行项目建设管理法人工作职责，负责一体化实施建设管理和监理工作，是项目建设期的责任主体。因此，本单位代建、监理机构设置时遵循管理事务全覆盖、管理资源按需配备、管理层次闭合原则。

2）本单位与项目法人签订代建合同后，组建项目代建指挥部，设指挥长、副指挥长、总工程师、总监理工程师等领导岗位，并设置总工程师办公室、总监理工程师办公室、工程部、质检部、安全环保部、合约部、财务部、综合事务部等职能部门；同时设置3个分部，每个分部负责管理2个土建及1个路面合同段。

（2）代建、监理机构人员配备

代建、监理机构人员配备的数量和专业结构，根据代建合同内容、工程规模、工程特点、合同工期和实际需要等因素，按保证有效控制的原则确定，人员配备尽可能精简和专业化，在质量、安全方面投入了更多的管理资源。

1）代建指挥部设领导岗位4名，其中指挥长1名、副指挥长1名，总工程师1名、总监理工程师1名。

2）代建指挥部职能部门

①总工办设主任1名，工程师2名。

②总监办设副总监理工程师1名，工程师2～4名。

③工程部设部长1名，副部长1名，工程师2～3名。

④质检部设部长1名，工程师3～5名。

⑤安全环保部设部长1名，工程师3～5名。

⑥合约部设部长1名，工程师2～3名。

⑦财务部设部长1名，出纳1名。

⑧综合事务部设部长1名，副部长1名，管理及后勤人员15～20名。

3）代建指挥部分部

设分部主任1名，驻地监理工程师1名，桥梁工程师2～3名，路基工程师2～3名，隧道工程师1名，试验工程师1名，合同工程师1名，安全工程师12名，路面、交安、房建及机电工程师按需配备，工程师助理10～15名。

上述人员配备标准根据项目进展需要进行调整。

2. 代建、监理机构职责

（1）代建指挥部主要职责

代建指挥部负责一体化实施建设管理和监理工作，其主要职责是：

1）贯彻执行国家和地方关于公路建设的政策和法律法规、技术标准；

2）严格执行国家基本建设程序和有关规定，配合国家和地方有关部门依法组织检查、考核等，负责落实整改；

3）组织编制招标文件，完成勘察设计（可含）、施工、材料设备供应等招标工作；

4）对勘察设计、施工、材料设备供应、技术咨询等单位进行合同管理；

5）配合地方人民政府和有关部门完成征地拆迁工作；

6）编写项目"代建、监理一体化"工作计划，制订项目进度计划、资金管理计划、工程质量安全和环保措施，签发项目建设管理有关文件；

7）审批项目总体进度计划、年度进度计划和月度进度计划；

8）检查项目质量、安全管理及强制性标准执行等情况，审核审批工程分包、工程变更、工程延期和费用索赔等，依法办理相关变更手续，依据概算严格控制工程投资；

9）检查中心试验室的试验检测工作情况；

10）核算工程量清单，对已完工程进行计量，签发支付证书；

11）组织中间验收、交工验收、竣工决算，组织竣工验收准备工作；

12）负责项目档案及有关技术资料的收集、整理和归档，组织有关单位编制竣工文件；

13）负责项目建设信息化建设和监督管理；

14）按照代建合同约定，配合项目法人做好与地方政府有关部门协调工作，协助项目法人对设计单位和中心试验室进行管理，接受上级交通主管部门的监督管理；

15）完成代建合同约定的其他内容。

（2）代建指挥部分部主要职责

1）贯彻执行国家和部颁有关技术规范、规程及标准。

2）在代建指挥部的领导下，全面负责所辖路段工程管理工作，包括工程质量、安全、进度、费用、环保等各项监督管理工作。

3）组织编制监理细则。

4）组织召开工地会议。

5）审批月进度计划，审查一般原材料和混合料。

6）审核施工单位施工组织设计及施工方案。

7）审批分部分项工程开工申请，签发分部分项工程停工令及复工令。

8）配合完成设计变更管理工作。

9）采取巡视、旁站、抽检和验收等方式，检查施工质量、安全和环保等情况，并做好记录。

10）组织分项、分部工程中间验收和质量评定，签发中间交工证书，进行分项、分部工程质量检验评定。

11）负责中间计量的签认工作。

12）配合指挥部各职能部门的管理工作。

13）协调中心试验室的试验检测工作。

14）组织填写监理日志，编写分部工作月报，负责分部档案资料编制和管理工作。

15）配合征地拆迁协调工作，以及与地方政府的协调工作。

（3）代建指挥部职能部门主要职责

1）总工办主要职责

①贯彻执行国家法律法规、工程建设技术规范、规程及标准。

②负责收集和掌握工程建设相关的信息和动态。

③负责组织各项专业技术学习和培训。

④负责组织图纸会审，施工组织设计及技术方案审核。

⑤负责设计文件管理。

⑥协调和管理设计代表工作。

⑦协助总工程师组织专项方案的评审。

⑧参与组织项目安全风险评估。

⑨负责组织审核设计变更方案。

2）总监办主要职责

①负责制定监理工作职责并监督落实。

②协助总监理工程师编写"代建、监理一体化"工作计划。

③组织召开第一次工地会议。

④审核承包人提交的施工组织设计、总体进度计划，审核监理实施细则。

⑤审查交工验收申请，评定工程质量。

⑥协同其他部门检查现场工程实体质量和现场安全、文明施工情况，下达工作指令。

⑦配合完成计量、变更审核工作。

⑧负责编写"代建、监理一体化"工作月报。

3）工程部主要职责

①贯彻执行国家和部颁有关技术规范、规程及标准。

②负责日常工程管理工作，重点负责进度管理。

③负责工程管理数据统计、汇总，编制项目简报。

④负责组织日常工程管理相关会议，下达相关要求和指令。

⑤负责项目信息化管理工作。

⑥协助代建指挥部领导管理分部工作。

⑦配合完成工程项目的中间验收、交工验收工作。

⑧负责对施工单位的考核及信用评价工作。

⑨负责项目建设宣传工作。

4）质检部主要职责

①贯彻执行国家和部颁有关技术规范、规程及标准。

②负责组织建立项目质量保证体系，制定质量管理、试验检测及内业资料管理办法，并监督落实。

③参与施工图审查、技术交底工作。

④负责项目建设全过程质量管理工作。

⑤负责中心试验室及工地试验室的管理与协调工作。

⑥参与审核承包人关键工程的施工组织设计。

⑦加强施工工艺管理，消除质量通病。

⑧负责施工工艺、实体质量及进场原材料质量检查。

⑨组织工程单位工程质量验收。

⑩组织质量事故的处理及方案论证。

配合质量监督部门开展监督工作，并督促整改落实。

组织工程交工验收工作。

负责工程技术档案的检查与管理，组织竣工文件编制。

5）安全环保部主要职责

①宣传、贯彻和执行国家、行业及施工所在地的安全环保方针、法律、法规、政策和制度。

②建立健全安全、环保保证体系，制定项目安全、环保管理制度。

③负责项目的安全、环保管理工作。

④组织重大隐患治理项目的评估、立项、申报及实施，并检查落实。

⑤组织开展安全、环保宣传活动，营造良好的安全生产和文明施工氛围。

⑥深入施工现场，掌握安全动态，对人、机、物、环境及自然的不安全行为和不安全动态，及时采取纠正和防范措施。

⑦检查各项安全管理制度的执行情况，对危险作业环节进行重点安全监督。

⑧针对政府监督部门提出的施工安全、环保意见，监督施工单位进行整改，整改意见和处理结果及时备案。

6）合约部主要职责

①贯彻执行国家有关合同法律、法规，严格执行项目合同文件。

②负责项目投资目标管理及费用控制。

③负责制定项目工程计量及变更管理办法。

④负责组织工程计量工作的审核及申报工作。

⑤负责设计变更造价审核、上报及文件归档。

⑥负责组织工程施工招标、合同谈判，以及合同的审核、签订和建档管理。

⑦负责工程项目合同管理及相关费用的核算与支付发起。

⑧配合政府相关部门对项目的审计工作。

⑨负责制定农民工工资管理办法，并监督执行。

⑩负责分包管理工作。

⑩检查施工单位的合同履约情况，参与施工单位信用评价。

负责组织工程结算及编制工程竣工决算。

7）财务部主要职责

①贯彻执行党和国家的方针、政策、法律、法规，接受并配合政府相关部门的审计工作。

②制定财务管理与会计核算办法及制度。

③负责项目会计核算和资金管理，编制财务报表。

④参与项目各类经济合同、协议及其他经济文件的有关财务条款拟订工作。

⑤严格按规定及时支付计量款项，负责工程款项的决算及交（竣）工财

务决算文件的编制。

⑥对施工单位项目资金账户进行管理。

⑦监督农民工工资发放工作。

⑧配合有关部门做好财产登记、清查工作。

⑨负责财务资料的归档、汇总及管理。

8）综合事务部主要职责

①贯彻执行国家各项方针、政策、法律、法规，做好项目的后勤保障和外部协调工作。

②负责项目精神文明建设，监督廉政制度的贯彻执行。

③负责内部规章制度的建立、完善、检查、督促工作。

④负责征地拆迁协调工作。

⑤负责收发文和印章管理工作。

⑥负责内部人事管理及考勤、考核工作。

⑦负责内部资产和驻地安全等日常管理工作。

⑧负责食堂管理。

⑨负责各类会议的会务、接待工作。

⑩负责档案、资料的收发、整理及保管，以及保密工作。

11. 负责车辆使用管理及对驾驶员的安全教育。

（4）代建、监理机构人员岗位职责

1）指挥长主要职责

①贯彻执行国家的法律、法规，方针、政策和强制性标准，执行项目法人做出的决定，执行代建指挥部的管理制度，维护代建指挥部的合法权益。组织制定建设项目实施规划，确保各项工作的落实。

②负责代建指挥部总体工作计划的制订、组织实施和总结，组织制定指挥部各项规章制度。

③对项目实行全面的控制和管理，确保项目在招投标、征地拆迁及施工等各阶段任务的顺利完成。

④明确项目建设管理目标和各项要求，督促相关部门和单位落实项目计划。

⑤负责代建指挥部人事、档案、资产和成本管理。

⑥负责项目资金调度、管理、运作及使用，及时审核支付合同工程价款，监督承包人资金流向。

⑦负责工程建设中的重大协调工作，及时与各方就项目进展情况进行沟通。

⑧主持项目交工验收工作。

⑨加强思想政治工作和精神文明建设，贯彻落实党风廉政建设。

2）副指挥长主要职责

①在指挥长领导下，负责代建指挥部的日常管理工作，分管工程部、质检部，主管代建指挥部各分部工作。

②负责组织实施项目报建、审批等相关手续。

③负责项目工程质量目标的落实。

④下达施工生产计划，掌握、检查、督促施工计划完成情况。

⑤组织对施工单位的各项考核工作。

⑥组织召开各项会议，督促会议决定事项的落实。

⑦全面落实和推进"五化"管理工作。

⑧负责征地拆迁以及与地方政府的联系等协调工作。

3）总工程师主要职责

①负责项目的技术管理工作，贯彻执行国家现行技术规范、规程及标准。

②分管总工办、合约部，协助管理分部工作。

③负责项目合同履约工作。

④审批设计变更、施工技术方案，组织推广新技术、新工艺、新材料、新设备的应用。

⑤组织专项施工方案的评审。

⑥组织项目管理人员熟悉合同文件和设计图纸。

⑦组织项目课题研究及技术总结。

4）总监理工程师主要职责

①负责工程监理工作，指导监理工作，做好"五控制两管理一协调"的工作。

②分管总监办、安全环保部，协助管理质检部及各分部工作。

③组织编写"代建、监理工作计划"，主持监理交底会、第一次工地会议、工地例会。

④全面负责项目安全管理工作。

⑤审批承包人提交的施工组织设计、总体进度计划，审批监理实施细则。

⑥签发工程开工令、合同段或单位工程的停工令及复工令。

⑦组织检查承包人质量、安全生产和环保管理体系等的建立及运行情况。

⑧审核交工验收申请及工程质量评定结果。

⑨审核工程分包、变更单价和总额以及工程延期和费用索赔。

5）副总监理工程师主要职责

①由总监理工程师授权，按合同规定的监理内容，协助总监组织分管项目及代建指挥部分部的监理工作。

②组织编制月度监理工作计划，负责编制监理工作制度，参与编制监理规划。

③参与审核承包人提交的施工组织设计，汇总并提出监理审核初步意见。

④负责技术文件、施工图纸的管理及各种标准、规范最新技术的确认、推行。

⑤监督监理实施细则的实施，考核实施效果。

⑥参与工程质量事故、安全事故的分析，并提出分析意见。

⑦审核单项工程开工申请及检查开工条件，为总监提供签证依据。

⑧负责组织报验工程量现场核实工作。

⑨参与审核工程竣工资料，参加工程项目竣工验收。

6）代建指挥部分部主任主要职责

①在指挥部的领导下，全面负责分部管理工作。

②负责分部人员管理，监督分部人员工作完成情况，做好各项考核工作。

③主持工地会议。

④组织分部、分项工程中间交工验收。

⑤审查承包人上报的中间计量资料。

⑥审查承包人上报的工程变更申请。

⑦负责外部协调工作。

7）驻地监理工程师主要职责

①配合分部主任做好分部管理工作。

②严格执行监理程序，督促分部人员落实监理工作职责，协助分部主任完成对分部人员的考核。

③负责对分部人员进行技术交底。

④签发中间交工证书，签发分部分项工程停工令及复工令。

⑤审核签认工地各类记录、报表，组织编写分部工作月报。

⑥审批分项开工报告。

⑦对施工现场进行日常巡视，发现并处理施工安全、质量等现场存在的问题。

⑧负责分部内业资料管理。

8）路基、桥梁、隧道、路面等专业工程师主要职责

①熟悉合同文件，调查施工环境条件，编制相应专业工程监理细则。

②参加设计交底，审查承包人施工组织设计、专项施工方案中相应专业及有关部分，提出书面审查意见。

③参加对承包人质量、安全、环保等保证体系履约情况的检查，审核承包人相应分项、分部、单位工程的划分，核算相应工程的工程量清单。

④绘制相应工程施工管理图表。

⑤审查承包人相应分项（分部）工程开工申请中的施工组织、人员配备、机械设备配置、施工方案和主要工艺，重点审查其质量、安全、环保、进度等措施，提出书面审查意见。

⑥会同试验检测工程师，验收构、配件或设备。

⑦按规定进行巡视，检查承包人质量、安全、环保等措施的落实情况，是否按经批准的施工方案（措施）执行，并做好巡视记录。

⑧派出旁站人员，检查其旁站工作，掌握旁站情况。

⑨起草监理指令，报驻地监理工程师或总监理工程师签发，并对承包人

就监理指令有关事项的整改落实情况做现场检查。

⑩签认关键工序，组织相应工程的中间交工验收，参加质量评定。

11. 进行相应工程的计量，对相应专业合格工程数量的准确性负责。

12. 检查承包人相应专业工程当月施工进度，审查承包人下月进度计划。

13. 协助合同工程师做好设计变更、索赔、延期等合同事项管理，配合试验检测工程师、测量工程师做好有关工作。

14. 做好相应专业工程监理资料的整理、保管、归档工作，做好本专业工程监理工作总结。

9）测量工程师主要职责

①复核设计原始基准点、基准线和基准高程等资料，并按设计图纸复核承包人的施工放样。

②参与设计交底、图纸会审，负责现场交桩工作。负责分部所辖合同段的控制测量及所有工程测量方面的监理工作。

③检查承包人的测量仪器型号、人员配备情况及组织、管理规章制度，审查测量人员的上岗证和资格证。

④督促承包人对施工放线中基准资料、转角点、水准点定期进行复测。

⑤审核承包人的测量放线资料、复核承包人测量放线成果。

⑥复核承包人的路基、桥梁、隧道等的测量成果，发现问题及时上报驻地监理工程师，重大问题上报代建指挥部。

⑦做好测量日记，收集、整理、保管日常测量监理资料，建立台账。

⑧负责保管、维护和定期鉴定分部测量仪器。

10）合同工程师主要职责

①负责分部所辖段合同管理、计量支付、计划统计报表等工作。

②全面熟悉合同文件、工程量清单、规范及设计图纸，按照合同文件和监理程序及时准确地做好计量支付和月进度报表工作。

③对合同条款中含糊或不清楚的地方进行解释，当施工合同条款（包括技术规范）有必要修改或补充时，协调好各方面的意见并准备补充条款，由驻地监理工程师审核。

④深入现场，随时掌握施工现场工料机动态和工程进展情况，做到数据

真实，计算准确。

⑤审核承包人申报的支付证书，做到每项工程数量均有签认的检验单和工程数量计算表。

⑥负责督促承包人及时正确地呈报工程进度表，并保证及时完成审核和签认工作。

⑦负责收集汇总按时报送应报的记录、纪要和各种报告。

⑧参与单价变更的审查工作。

11）试验工程师主要职责

①负责现场所有的材料控制和工地试验监理工作。试验工程师应与道路、桥梁、隧道等专业工程师密切配合，协调工作。

②熟悉合同条件、规范、设计图纸和试验规程，指导工地试验室的工作，检查承包人试验仪器设备和人员配备情况，审查试验人员的上岗证和资格证。

③监督承包人按规范要求的频率进行自检试验，工地试验和室内试验均需有监理人员在场。

④定期检查工地试验仪器、设备，检查各类拌和机的调校和运转。

⑤审查和评价试验结果，根据规范认可或否定材料的使用。

⑥签认标准试验和材料控制结果。

⑦负责中心试验室的协调工作，试验结果、报告和其他有关资料必须建立档案，以便随时查阅。

⑧按时报送试验报告和试验汇总表。

12）安全工程师主要职责

①在单位工程开工前，检查承包人专项安全方案，审查承包人开工报告中涉及安全部分的内容。

②对安全情况定期检查、整改和记录，督促承包人落实安全保证措施，当出现安全隐患时，及时制止并纠正。

③对承包人报审的安全保证体系、安全技术措施、专项施工方案等各项安全技术资料进行认真审核。

④对特殊工种上岗证及人员配备情况进行审核，要求做到人证相符，持

证上岗。

⑤每天巡视施工现场，一旦发现安全隐患应及时督促承包人立即整改，并再次复查。

⑥若承包人对安全隐患拒不整改或拒不暂停施工，应向总监办、安全环保部等部门汇报。

⑦对施工现场的重大危险源及重点部位进行旁站监理并做好监控记录。

⑧按时编制安全监理月报，呈报上级有关部门。

13）工程师助理主要职责

①在现场专业工程师的指导和安排下，在指定的工作范围内，负责施工现场旁站监督和质量检查。

②熟悉合同条款、规范和工作范围内的设计图纸，按合同要求和规范要求开展工作，保证做到对工程质量的有效控制。

③协助现场专业工程师审查承包人递交的工作范围内的施工计划和施工方案，协助落实承包人的人力、机具、材料情况，在现场工作中，及时了解和反馈其计划的执行情况。

④协助现场专业工程师进行质量抽检、检测验收等工作，协助和配合其他专业工程师的工作。

⑤对重要的工程部位进行全过程旁站监督，检查施工操作是否符合技术规范要求，施工安全是否有保证。否则，有权要求承包人立即暂停施工，并应立即报告现场专业工程师或驻地监理工程师处理。

⑥参加工序检验和分项等工程的验收。

⑦认真填写旁站记录，及时向现场专业工程师汇报在监理过程中发现的各种问题。

四、质量管理

代建指挥部采取以巡视检查为主的方式进行施工现场质量管理，通过日常巡视结合旁站、定期和不定期检查、试验检测、工序质量检查等方式，运用信息化管理、远程监控等技术手段强化现场管理，重点进行施工质量的事前和事中控制。

按照"突出质量重点、强化关键程序控制、弱化形式审查、精简事前事中检查验收、减少旁站项目、平行试验和内业工作量"的原则设置项目质量管理流程。

突出程序控制、工序验收和抽检评定，加强隐蔽工程和关键部位的管理，对隐蔽工程、重要工序和重要试验工程进行旁站，并增加隐蔽工程和重要工序影像证明材料。

强化承包人的质保体系和自检体系作用，杜绝承包人以包代管现象。督促承包人建立健全质量保证体系，强化自检体系，做好开工准备、工程施工和工序交验的各项自检工作。

1. 质量管理依据和原则

（1）质量管理依据

1）合同文件

在代建合同、施工合同、设计合同、试验检测合同中均规定了参建各方在质量控制方面的权利和义务，有关各方必须履行合同中的承诺。

2）设计文件

严格按图施工是工程质量控制的一项重要原则，经过批准的设计图纸和技术说明书等设计文件，是工程质量控制的重要依据。

3）国家和地方有关工程质量管理方面的法律法规、技术标准。

（2）质量管理原则

1）总原则

总体控制，分项管理。总体工程施工方案未经批准不得批准总体工程开工；分项工程施工方案未经批准不得批准分项工程开工。

2）合同原则

按照合同文件规定的设计图纸、质量检验评定标准、施工技术规范和试验检测规程的要求进行质量控制。

3）预控原则

对关键环节、重点项目进行质量预测，制定对策，组织落实执行。

4）重点控制原则

抓住质量环节中的重点和难点环节，落实组织、责任人和措施。

5）"三不"原则

不合格的材料不得使用、不合格的工艺不得实施、不合格的工程不得验收签认。

6）程序原则

质量监理活动必须遵循规定的监理程序，尤其是审批程序、验收程序。

7）以承包人质量保证体系为基础的原则

质量控制活动是建立在承包人质量保证体系活动基础上的，必须充分监督和激励承包人质量保证体系正常运转。

2. 质量管理程序

（1）开工申请

1）承包人对照《公路工程质量检验评定标准》的规定，划分本标段的单位、分部、分项工程，报代建指挥部审批后实施。

2.）承包人具备合同段总体开工条件后，向代建指挥部提出书面开工申请，由代建指挥部总监办组织有关职能部门对合同段工程的开工条件进行核查。具备开工条件的，由总监签发合同段工程总体开工令。

3.）分部工程及主要分项工程开工前 14 天，承包人应向代建指挥部分部提出开工申请，由代建指挥部分部审查其开工条件和施工方案，对满足条件的分部工程及主要分项工程予以批复。

4）代建指挥部对承包人所报资料逐项进行审查，在审批分部工程和首次申请的主要分项工程开工申请时，掌握以下原则：

①开工前所采用的设计图纸必须经过复核无误。

②人员、材料、机械设备配备满足合同要求和施工需要。

③未经检验认可的材料不准使用。

④未经批准的施工工艺不准采用。

（2）原材料和工序质量检查

承包人应按照批准的工艺流程和工序检查程序，在原材料进场或每道工序完成后进行自检，自检合格后填报施工原始记录表，承包人质检部门应对全部材料和工序进行复检，复检合格后签认原始记录及工程质量检验报告单，并报代建指挥部分部。代建指挥部分部按规定频率进行质量抽检。

（3）中间交工

1）承包人对分项工程按《公路工程质量检验评定标准》所列基本要求、实测项目和外观鉴定进行自检，提交真实、完整的自检资料，对分项工程质量进行自我评定。

2）首次申请交工的主要分项工程，承包人自检合格后，填报《中间交工验收申请》，代建指挥部组织检查验收合格后，签发《中间交工证书》。

3）其他分项工程和分部工程，承包人自检合格后，填报《中间交工验收申请》，代建指挥部分部组织检查验收合格后，签发《中间交工证书》。

4）代建指挥部分部负责分项工程和分部工程的中间交工，以及分部工程的质量评定；代建指挥部负责单位工程和合同段工程质量评定。

（4）合同段交工和质量评定

1）承包人项目完工后，提出交工申请，代建指挥部分部组织初验合格后，由代建指挥部组织交工验收。

2）承包人对工程质量自检合格，代建指挥部分部对分部工程质量评定合格，代建指挥部根据对工程质量的检查情况，对代建指挥部分部所做的分部工程质量评定进行审定，并组织进行单位工程和合同段工程质量评定。

3. 质量管理措施

（1）严格实行技术交底制度

1）承包人进场后，代建指挥部组织设计单位对代建指挥部、承包人主要管理人员进行设计和技术交底，使项目管理人员全面了解工程特点、设计意图及工程关键部位的质量要求。

2）在分项工程或重要工序开始施工前，承包人应由项目总工组织、现场管理人员参加，对参与该项施工的有关人员进行三级技术交底，即技术交底到技术管理人员、作业班组和施工操作人员，目的是使所有参与施工的技术人员、管理人员和操作人员熟悉和了解所担负工程的特点、设计意图、技术要求、施工工艺和应注意的问题。

3）代建指挥部和代建指挥部分部在日常巡视、抽查和月度检查中加强检查承包人技术交底落实情况。

4）技术交底的内容应包括：

①设计意图交底。

②施工设计图的要求及构造特点。详细说明施工设计图对所施工的工程具体要求，并简要说明构造方面的特点。

③施工工艺及施工过程中应注意的事项。每项工程施工都有若干个步骤，对每道工序均应详细进行交底。对于重点工程，工程重要部位、特殊工程和推广与应用新技术、新工艺、新材料、新结构的工程，在技术交底时更需要做全面、明确、详细的技术交底。同时对操作过程中注意事项也应做详细说明。

④技术安全措施。

⑤技术规范要求及质量标准。

⑥材料要求。

（2）实行首件工程认可制

1）"首件工程认可制"的原则和目的

"首件工程认可制"的实施原则是超前控制，做好首件，典型示范，带动全面。确定最佳工艺，树立示范工程，以指导后续工程批量生产，预防后续批量生产中可能产生的质量问题，有效减少返工损失，缩短施工工期。

"首件工程认可制"是指在一个分项工程正式开工前，必须先做好首件实体工程，并以此作为同类分项工程的样板进行推广。贯彻以工序保分项、以分项保分部、以分部保单位、以单位保总体的质量创优保障原则，从而推动整个工程的规范标准作业，以达到整个工程的高标准、高质量的目标。

"首件工程认可制"是以施工标段为基本单位分别进行，凡未经首件工程认可的分项工程，一律不得批量生产。

2）"首件工程认可制"的实施程序

①方案确定。承包人应针对首件工程的每一道工序拟定作业指导书和编制施工组织设计，除写明分项工程的工程特点、工程部件等内容外，应重点阐述人员、设备准备情况、施工工艺、技术培训和交底及质量控制措施等，经代建指挥部分部书面批准后方可实施。

②方案实施。承包人应严格按照批准的施工组织设计进行首件工程施工。施工过程中要有详细记录操作程序和有关技术指标，并做到全程影像跟踪，及时修正完善作业指导书和施工组织设计。代建指挥部分部必须对首件工程全程旁站，并做好相应记录，对实施过程中发现的问题应及时提出可行的调整处理方案，以保证其顺利实施。

③审查和批准。在首件工程（分项工程）完成以后，承包人应对已完成项目的施工工艺进行总结，并对质量进行综合评价，提出自评意见报质量管理处。质量管理处组织进行检测、验证施工工艺的可靠性、合理性，提出审查意见。

首件工程经审查通过后，承包人应根据评审意见进一步完善施工方案作为最终实施方案，并报代建指挥部批准。

④工艺推广。在工程施工中，承包人应严格按照首件实体认可工程所形成的施工工艺、技术参数及质量控制措施去操作，确保产品质量始终保持优良，同时通过不断的琢磨、研究，完善施工工艺，提高质量管理措施，确保工程质量创优。

（3）落实专项施工方案评审和审批制

1）专项施工方案评审和审批范围

代建指挥部制定承包人各类方案审批流程，并确定各级审批权限。对于一般工程专项施工方案，由代建指挥部分部审核批准；对技术复杂、质量安全风险较高或采用四新技术的工程项目，则由代建指挥部组织专项方案评审和论证，确保方案具有针对性、可行性和可操作性。

2）专项施工方案的主要内容

包括工程概况，编制依据，分部分项工程影响质量、安全的风险源分析及相关预防措施，设计计算书和设计施工图等设计文件，施工准备，施工进度计划，施工部署，人员计划，施工控制和应急预案及处置措施等内容。

（4）突出程序控制、工序验收和抽检评定

对于隐蔽工程、主要分项工程和重要工序，承包人自检合格后，报代建指挥部分部，代建指挥部分部组织进行工序验收，并留存影像证明资料。

验收不合格的，不得进入下一道工序施工。

承包人分项工程完成并向代建指挥部分部提交分项工程交工或中间交工验收申请后，代建指挥部分部组织承包人在抽检、见证检测的基础上进行质量检验评定。

代建指挥部分部及时对已完成的分部工程进行质量检验评定，代建指挥部及时组织进行单位工程和合同段工程质量评定。

（5）新设备、新技术的使用

采用新设备、新技术作为项目管理的辅助措施。如在各标段混凝土拌和站、路面水稳和沥青拌和站、桥梁预制场、隧道入口等位置安装视频监控系统，可以进行全过程实施监控；预制梁张拉和压浆采用智能张拉和大循环压浆设备，可以有效地控制张拉和压浆的质量；使用预应力混凝土梁多功能检测仪，按20%的频率对预应力管道注浆的密实度进行无损检测，能及时发现压浆密实度，提高预应力梁的质量。

4. 质量管理方法

（1）巡视检查

除规定旁站项目外，代建指挥部采取以巡视为主的方式进行施工现场质量管理，按计划定期或不定期巡视施工现场，对施工的主要工程每天不少于1次，并填写巡视记录。巡视包括下列主要内容：

1）施工现场管理人员特别是质量、安全管理人员是否到位，特种作业人员是否持证上岗。

2）使用的原材料或混合料、构配件或主要施工机械设备是否与批准的一致。

3）是否按技术标准、工程设计文件、批准的施工组织设计和方案施工。

4）质量、安全、环保和施工标准化等措施是否落实，施工自检和工序交接是否符合规定。

（2）旁站监理

旁站监理是质量管理的一个重要环节和手段。

根据"代建、监理一体化"模式的特点和现场实际需要，结合现代信息、远程监控等技术手段的运用，对隐蔽工程、重要工程或关键工序以及首件

旁站工序或部位一览表

单位工程	分部工程	分项工程		旁站项目
路基工程	土石方工程	土方路基、石方路基		试验段
		软土地基处治、土工合成材料处治层		试验段
路面工程	路面工程	基层、底基层		试验段
		沥青面层		试验段
		水泥混凝土面层		试验段，摊铺
桥梁工程	基础及下部结构	桩基		试桩，钢筋笼安放、首盘混凝土浇筑
		基础及下部结构		首盘混凝土浇筑
		沉井		定位、下沉、浇筑封底混凝土
	上部结构	预制和安装	预应力筋加工和张拉	试验工程、首次张拉、首次压浆
			转体施工梁、拱	桥体预制、接头混凝土浇筑
			上部结构	预制和安装
		现场浇筑	预应力筋加工和张拉	张拉、首次压浆
			悬臂浇筑梁，主要构件浇筑	主梁段混凝土浇筑、首次压浆
				混凝土浇筑
	桥面系及附属工程	桥面铺装		试验段
		钢桥面上沥青混凝土铺装		试验段，沥青混凝土摊铺
		桥面系及附属工程		首件安装
隧道工程		支护、钢支撑		试验段
		混凝土衬砌		试验段
	洞身衬砌	面层		同路面工程
交通工程	交通安全设施	混凝土护栏		首段混凝土浇筑
	机电工程	路面		首件施工
附属设施	服务区、收费站等建筑工程的地基与基础、主体结构			首件施工

220

工程，由代建指挥部分部安排工程师助理进行旁站。

工程师助理对下表规定的隐蔽工程、重要工程或关键工序、首件工程的施工工艺过程进行监督，并按要求填写旁站记录，承包人必须在下表规定的工序或部位施工开始前 24 小时通知代建指挥部分部。

旁站监理检查的主要内容与巡视相同。

（3）质量抽检

代建指挥部按有关规定重点对施工过程中使用的主要原材料、各种混合料及已完工程实体质量进行抽检。

1）对钢筋、水泥、沥青、石灰和碎石等原材料及水泥混凝土、沥青混合料和无机结合料稳定材料等混合料，抽检频率按批次不低于规定施工检验频率的 10%。

2）对分项工程中的关键项目和结构主要尺寸，抽检频率不低于规定施工检验频率的 20%。

3）对于路基土方压实度试验检测，93.94 和 96 区每个压实区顶面按施工检测频率的 100% 进行抽检，93 区其他层按每 3 层 20% 的频率进行抽检，其余部分对承包人自检进行见证。

4）对主要分项工程中完工后无法检验的关键工序，代建指挥部分部组织检查验收、签认、留存影像资料，验收不合格不得进行下一道工序施工。

5）对材料或工程实体质量有疑问时，应进行抽检。

5. 质量管理重点

代建指挥部在简化管理程序的基础上，突出承包人的质量保证体系作用，对关键工程和重要工序进行重点管理，其他工序则督促承包人严格按照施工规范要求组织施工和加强自检。

（1）路基工程控制重点

1）路基填方和挖方区清表。

2）路基填筑时严格用石灰线打方格网、挂线，控制层铺厚度。

3）软基换填，工程师助理必须全过程旁站。

4）粉喷桩、碎石桩、CFG 桩等施工过程中加强巡视，及时核对材料用量，通过第三方检测单位检测结果验证和评定桩的质量。

5）加强桥涵台背、锥坡填筑质量过程控制。

6）防护排水小型预制构件进行统一预制。

（2）桥梁工程控制重点

1）桩基在安装钢筋笼和浇筑首盘混凝土时，工程师助理必须全过程旁站。

2）桩基、墩柱钢筋笼，盖梁钢筋应在钢筋加工厂集中使用定位架进行标准化加工，再进行吊装。

3）混凝土拌和站必须按照招标文件技术规范和部颁《高速公路施工标准化技术指南》的要求设置，并做好场区、道路硬化，料仓分隔到位。

4）预制场建设必须按照招标文件技术规范和部颁《高速公路施工标准化技术指南》的要求先设计，经代建指挥部审批后，再进行建设。预制场必须配备喷淋养生或蒸汽养生设备，梁板钢筋骨架必须使用标准"定位架法"或"胎架法"制作，确保钢筋间距 100% 合格，波纹管定位准确。代建指挥部分部安排专人进行管理。

5）预应力张拉与管道压浆必须采用智能张拉和真空辅助压浆技术，以提高压浆质量的稳定性。

6）桩基检测、梁板静载、全桥动静载试验委托检测单位进行试验检测，代建指挥部对检测发现的问题，督促承包人及时整改或返工。

（3）涵洞工程控制重点

1）涵洞工程开工前，代建指挥部分部应组织设计、承包人和地方政府各方复核设计的合理性和准确性，并对涵洞的进出口标高、涵洞长度、角度、进出口形式等进行计算复核。

2）涵洞基底开挖的地基承载力检测。

3）圆管涵管节必须采取集中预制。

（4）隧道工程控制重点

1）根据围岩实际情况，及时调整隧道初支设计。对于系统锚杆，应根据围岩级别和类型进行动态管理，尽量取消或减少；锁脚锚杆可根据围岩情况适当加强。

2）岩体注浆，导管、管棚注浆，应现场验证其必要性，如确需注浆，工程师助理必须全过程旁站，以确保注浆效果。

3）加强防排水施工质量管理，按设计和现场渗水情况酌情调整。

4）隧道初支、二衬等委托检测单位进行试验检测。代建指挥部对检测发现的问题，督促承包人及时整改或返工。

（5）路面工程控制重点

1）路面拌和站严格按施工标准化管理文件的要求进行建设。

2）严格控制水稳、沥青混合料按照施工配合比进行拌制，代建指挥部分部安排专人对拌和站进行管理。

3）做好路面摊铺的事中和事后控制，沥青层委托第三方检测单位对路面厚度、平整度、宽度等每层进行检测。

6.质量缺陷与质量事故处理

（1）质量缺陷处理

1）质量缺陷的现场处理

在施工过程中或完工以后，如发现工程存在着技术规范所不容许的质量缺陷，应根据质量缺陷的性质和严重程度，按如下方式处理：

①当因施工而引起的质量缺陷处于萌芽状态时，代建指挥部分部专业工程师应及时制止，并要求承包人立即更换不合格的材料、设备和不称职的施工人员；或要求立即改变不正确的施工方法及操作工艺。

②当因施工而引起的质量缺陷已出现时，代建指挥部分部专业工程师应立即向承包人发出暂停施工的指令（先口头后书面），待承包人采取了能足以保证施工质量的有效措施，并对质量缺陷进行了正确的补救处理后，再书面通知恢复施工。

③当质量缺陷发生在某道工序或单项工程完工后，而且质量缺陷的存在将对下道工序或分项工程产生质量影响时，代建指挥部分部应及时通知设计单位，并上报代建指挥部，共同及时对质量缺陷产生的原因及责任做出判定并确定了补救方案后，再进行质量缺陷的处理，处理完善后再进行下道工序或分项工程的施工。

④在交工使用后的缺陷责任期内发现施工质量缺陷时，承包人应及时进行修补、加固或返工处理。

2）质量缺陷的修补与加固

①对因施工原因而产生质量缺陷的修补与加固，应先由承包人提出修补方案及方法，经代建指挥部分部批准后方可进行。

②修补措施及方法应不降低质量控制指标和验收标准，并应是技术规范允许的或是行业公认的良好工程技术。

③如果已完工程的缺陷属于承包人的责任，修补缺陷的费用由承包人自行负责。

（2）质量事故处理

一旦发生工程质量事故，按以下程序及时处理：

1）事故发生后，承包人应立即采取紧急措施，暂停施工，立即填写《质量事故报告单》报告代建指挥部。

2）了解事故现场后，代建指挥部应提出处理意见，必要时应进行专家咨询。承包人按照处理意见的要求，消除事故产生的危害和影响，恢复工程施工并查明事故原因。

在质量监督部门初步确定质量事故的类别性质后，再按下列要求进行书面报告：

①质量问题。承包人在2天内书面上报代建指挥部分部，并抄报代建指挥部。

②一般质量事故。承包人应在3天内书面上报代建指挥部和当地质量监督部门，同时报企业上级主管部门和省级质量监督部门。

③重大质量事故。承包人必须在2小时内速报省级交通主管部门和交通运输部，同时报告省级质量监督部门和部质量监督部门，并在12小时内报出公路工程重大质量事故快报。

3）重大质量事故发生后，承包人和代建指挥部应严格保护事故现场，采取有效措施抢救人员和财产，防止事故扩大。因抢救人员、疏导交通等原因，需要移动现场物件时，应当做出标志，绘制现场简图并做出书面记录，妥善保存现场重要痕迹、物证，同时采取拍照或录像等直接方式反映现场原状。

4）经有关部门批准后，代建指挥部可视情况组织由有关各方人员参加联合调查组查明原因，提出事故处理意见，填写《质量事故处理报告单》，并抄送有关各方。

5）质量事故处理实行"四不放过"原则。事故原因不清不放过；事故责任者和员工没有受到教育不放过；事故责任者没有处理不放过；没有制定防范措施不放过。

6）对破坏质量事故现场，隐瞒不报、谎报、拖延报告、提供伪证的单位和个人，按照有关规定进行处理，构成犯罪的，移交司法机关依法追究法律责任。

五、安全管理

安全生产管理是项目各参建单位日常管理工作的重要组成部分，各参建单位应树立"安全第一"的意识，在施工过程中把安全工作放在首位，施工建设必须服从于安全生产。

安全生产管理必须贯彻"安全第一，预防为主，综合治理"的方针，坚持"管生产必须管安全"的原则，建立"一岗双责、齐抓共管"的责任体系，依靠科学管理和技术进步，做到规范、有序、受控。

1. 安全管理组织机构和职责

（1）安全管理组织机构

1）建立代建指挥部和承包人两级安全生产管理组织机构和安全生产保证体系，层层落实安全生产责任制。

2）代建指挥部成立以指挥长为组长，副指挥长、总工程师、总监理工程师和安全环保部部长为副组长，各部门、各分部负责人和安全环保部职员为成员的安全生产领导小组，领导小组办公室设在安全环保部，负责日常安全生产管理工作。

3）承包人必须成立相应的安全生产领导小组，设立安全生产管理机构，负责日常的安全生产管理工作。直接从事施工生产的基层作业班组，应配备安全员，形成安全生产监控网络。安全生产管理机构和专职安全生产管理人员要保持相对稳定，调换人员须征得代建指挥部同意。

（2）安全管理职责

1）代建指挥部主要职责

①指挥长是项目安全生产的第一责任人，对项目安全生产工作负全面责任；分管安全生产的负责人，是项目安全生产的管理责任人，对项目安全生产工作负管理责任；安全环保部部长是项目安全生产的具体责任人，对项目安全生产负具体责任。

②严格遵守国家和地方有关安全生产的法律法规，认真执行代建合同中有关安全的要求，同时与承包人签订安全生产责任状。

③贯彻"安全第一，预防为主，综合治理"的方针，坚持"管生产必须管安全"的原则，做到生产与安全工作同时计划、布置、检查、总结和评比。

④负责督促、指导项目各参建单位按照国家和地方有关规定建立健全安全生产管理体系。

⑤确保安全设施与主体工程同时设计、同时施工、同时投入使用。

⑥传达贯彻国家和地方有关安全生产的文件精神。

⑦通过日常巡查及组织定期、不定期等检查方式对施工现场安全生产情况进行检查，发现安全事故隐患的，及时要求承包人整改。

⑧组织项目施工安全生产总体风险评估，参与施工安全生产专项风险评估。

⑨审批重大及关键安全生产专项方案。

2）代建指挥部分部主要职责

①分部主任是分部安全生产的第一责任人，对分部安全生产工作负全面责任；安全工程师是分部安全生产的管理责任人，对分部安全生产工作负管理责任。

②负责对承包人施工现场质量安全进行监管，每日对工地的安全生产情况进行巡查，及时制止违反安全生产管理规定或可能出现安全隐患的行为。

③督促检查承包人建立健全的安全生产管理体系和落实安全生产管理制度；审查承包人制定的重点部位、关键性设备和工序的安全操作规程。

④对总体开工报告和分项工程开工报告中安全技术措施进行审查，开工后对安全技术措施的落实情况进行检查。

⑤负责审核承包人安全生产经费的使用计划及其使用情况。

⑥检查承包人项目负责人、专职安全生产管理人员和特种作业人员的资格及到岗情况。

⑦检查承包人在施工中采用新技术、新工艺、新设备、新材料时，是否制定相应的安全技术措施。

⑧处理过程中发现的安全事故隐患，建立安全检查台账。

⑨定期召开安全生产会议，每月不少于一次组织安全生产学习，学习文件、会议精神，学习规章制度、法律、法规。

3）承包人主要职责

①承包人是安全生产的责任主体。项目负责人是项目安全生产的第一责任人，对项目安全生产工作负全面责任；安全生产负责人是项目安全生产的管理责任人，对项目安全生产负管理责任；安全环保部部长是项目安全生产的具体责任人，对项目安全生产工作负具体责任。

②建立安全生产责任制，层层签订安全生产责任书；建立安全生产管理体系，设立安全生产管理机构，指定一名项目班子成员负责安全生产的管理工作，并配置专职安全生产管理人员，负责施工过程中安全生产技术方案或措施的制定、实施、检查和管理等工作。

③建立安全生产规章制度，负责编制安全施工专项方案及应急预案并组织演练，制订临时用电方案、危险源告知制度、安全生产专项资金使用管理等制度。

④组织施工作业人员进行安全生产教育及岗位培训，并进行层层安全交底。

⑤依据国家和地方有关法律法规、代建指挥部制定的各项安全管理制度，经常进行安全专项自查，发现问题及时整改到位。

⑥认真落实防火、防爆、防尘、防静电、防寒风大潮、防冰雪灾害、防冻裂泄漏，以及各项安全防范措施，切实消除事故隐患。

⑦特种作业人员必须持证上岗，特种设备应按规定及时检验、检测达标。

⑧现场应设置危险源告示牌、安全责任牌、操作要点、安全警示等标志。

⑨采用新技术、新工艺、新设备、新材料施工时，必须制定相应的安全

技术措施，并组织实施，确保施工人员安全。

⑩配合好上级有关部门的各种关于安全生产的检查。

（11）建立安全生产检查台账及安全事故处理档案。

（12）定期召开安全生产领导小组会议，传达学习文件、会议精神，研究和解决生产中出现的安全事故隐患等。

2. 安全管理措施

（1）建立安全管理机构

代建指挥部成立项目安全生产领导小组，确定主要安全管理人员，并明确其岗位职责、工作内容。

同时，要求承包人成立相应的安全生产领导小组。

（2）审查安全技术方案

工程开工前，审查承包人编制的施工组织设计中的安全技术措施或专项施工方案是否符合工程建设强制性标准，审查合格后方可同意工程开工。审查重点是：

①安全管理和安全保证体系的组织机构，包括项目负责人、专职安全生产管理人员和特种作业人员配备的数量及安全资格培训持证上岗情况。

②是否制定了安全生产责任制、安全生产规章制度、安全操作规程。

③承包人施工机械设备和设施的安全许可验收手续是否符合国家有关安全规定。

④是否制定了施工现场临时用电方案的安全技术措施和电器防火措施。

⑤施工场地布置是否符合有关安全要求。

⑥生产安全事故应急救援预案的制定情况，针对重点部位和重点环节制定的工程项目危险源监控措施和应急预案。

⑦桥梁和隧道等施工安全风险评估情况。

⑧施工人员安全教育计划、安全交底安排。

⑨安全技术措施费用的使用计划。

⑩专项施工方案的完整性、合理性、防护措施齐全性，及承包人内部审批程序，特别是需组织专家论证、审查的专项施工方案，应检查承包人组织专家论证、审查的情况。

（3）审查分包合同

代建指挥部重点审查承包人分包合同中是否明确了承包人与分包人各自在安全生产方面的责任。

（4）巡视检查

1）代建指挥部安全工程师应每天对施工现场进行安全巡检，及时指出施工过程中存在的安全事故隐患，并责令承包人限期整改，跟踪整改落实情况。

2）代建指挥部分部每月应组织承包人对施工现场进行一次安全专项检查，并在月工地例会上对安全生产情况进行总结和布置。

3）代建指挥部每季度应组织承包人对施工现场进行一次安全专项检查，并召开检查通报会对项目安全生产情况进行总结和布置。

4）在日常安全巡视检查过程中发现存在安全事故隐患的，应向承包人签发监理指令单或检查意见通知书，责令其限期整改；情况严重的，签发停工令要求承包人停止施工，进行整改。承包人拒不整改或不停止施工的，及时向有关监管部门报告。

（5）工地安全例会

1）工地安全例会由代建指挥部或分部组织承包人定期召开，每月一次。

2）会议主要内容包括承包人对本月安全生产状况进行自评，分析本月安全管理的不足之处及改进办法；代建指挥部总监办、安全环保部和分部安全管理人员综述日常安全巡检、专项安全检查及复查的情况，并对承包人的安全管控情况进行月度评价。

3）代建指挥部或分部根据会议内容整理会议纪要，发送给与会各承包人，并跟踪落实会议议定事项。

（6）安全生产费用管理

安全生产费用实行专款专用，任何人不得以任何名义克扣、挤占或挪用。代建指挥部建立安全生产费用管理、计取和使用制度，明确安全生产费用管理、计取和使用的程序、职责和权限。

1）安全生产费用应按照国家和地方有关安全生产费用管理的规定，用于施工安全防护用具及设施、设备的采购和更新、安全施工措施的落实、安全生产条件的改善、安全教育及应急预案的制定和演练等。

2）安全生产费用使用计划。项目开工前承包人要上报安全生产费用总体使用计划和每年年底要上报年度计划至代建指挥部进行审批，每个月月底要上报月度安全费用使用计划至代建指挥部分部进行审批。

3）所有的安全方案中要附详细的安全生产措施清单。

4）安全生产费用的落实情况检查。每个月代建指挥部分部要按照计划对安全生产费用的具体使用情况进行检查，并进行签字确认，作为计量支付的凭证。

5）安全生产费用的计量。安全生产费用计量由承包人提出，经代建指挥部分部驻地监理工程师、代建指挥部安全环保部部长签字确认后方可进行计量。

（7）建立安全管理台账

代建指挥部分部负责建立安全管理台账，及时记录安全专项检查和巡视、旁站中涉及施工安全管理的情况、存在问题、监理指令及承包人处理情况等。

3. 安全事故报告与处理

（1）事故发生后，事故现场有关人员应当立即向本单位负责人报告；单位负责人接到报告后，应当于1小时内向代建指挥部和事故发生地县级以上人民政府安全生产监督管理部门和负有安全生产监督管理职责的有关部门报告。情况紧急时，事故现场有关人员可以直接向事故发生地县级以上人民政府安全生产监督管理部门和负有安全生产监督管理职责的有关部门报告。

（2）事故报告应当及时、准确、完整，任何单位和个人对事故不得迟报、漏报、谎报或者瞒报。

（3）报告事故应当包括下列内容：

1）事故发生单位概况；

2）事故发生的时间、地点以及事故现场情况；

3）事故的简要经过；

4）事故已经造成或者可能造成的伤亡人数（包括下落不明的人数）和

初步估计的直接经济损失;

5) 已经采取的措施;

6) 其他应当报告的情况。

（4）事故发生单位负责人接到事故报告后,应当立即启动事故相应应急预案,或者采取有效措施,组织抢救,防止事故扩大,减少人员伤亡和财产损失。事故发生后,有关单位和人员应当妥善保护事故现场以及相关证据,任何单位和个人不得破坏事故现场、毁灭相关证据。因抢救人员、防止事故扩大以及疏通交通等原因,需要移动事故现场物件的,应当做出标志,绘制现场简图并做出书面记录,妥善保存现场重要痕迹、物证。

（5）事故发生后,按"四不放过"原则（即事故原因未查清不放过,责任人员未处理不放过;整改措施未落实不放过;有关人员未受教育不放过）,查明事故发生原因、人员伤亡、经济损失情况;确定事故责任者报主管部门处理。

（6）有下列情形之一的,代建指挥部将按合同文件的有关规定进行处罚,并配合上级安全主管部门按国家和地方有关法律法规进行处罚,构成犯罪的,由司法机关依法追究刑事责任。

1) 忽视安全生产、违章指挥、违章作业,造成安全事故的。

2) 凡在伤亡事故发生后隐瞒不报、谎报、有意迟延不报、故意破坏事故现场的。

3) 无正当理由,拒绝接受调查或拒绝提供有关情况和资料的。

4) 处理伤亡事故中玩忽职守、徇私舞弊或者打击报复的。

六、进度管理

根据项目总工期的要求,代建指挥部采取有效措施加强对施工进度计划管理,使工程建设全面、有序、均衡地进行,确保优质按期完成任务,尽快发挥投资效益。

1. 进度计划编制

进度计划包括总体进度计划、年进度计划、季进度计划和月进度计划,以及关键工程进度计划等。

（1）编制原则

1）贯彻合同文件要求；

2）计划清晰、明确、便于管理，并切合实际能指导施工；

3）表达施工中的全部活动及其相互关系，反映施工组织、施工方法、投入的人力和设备；并预测可能发生的施工障碍和变化；

4）采用网络图、横道图、进度曲线及对应工程量清单的每月计划完成的工程量、工作量或其调整情况来表示。

（2）编制依据

1）施工合同中规定的总工期、开工日期及交工日期；

2）投标文件中确认的工程进度计划、施工方案及控制措施；

3）主要材料和设备的采购合同；

4）拟投入的人员和机械设备，当地气候条件。

5）上级主管部门下达的计划要求。

（3）进度计划的主要内容

1）总体进度计划

承包人在签订合同后应在合同规定的时间内或按代建指挥部要求向代建指挥部分部提交总体进度计划，主要包括以下内容：

①工程项目的合同工期，工程进度安排，网络计划及关键线路；

②完成各单位工程及各施工阶段所需的工期，其最早开始和最迟结束的时间；

③各单位工程及各施工阶段需要达到的工程形象进度目标；

④各单位工程及各施工阶段所需要配备的人力和机械数量；

⑤各单位工程及各施工阶段所需要现金流量估算、原材料供应保障计划；

⑥各单位工程或分部工程的施工方案、施工方法和质量、安全及环保保证措施。

2）年进度计划

承包人应在每年12月5日前向代建指挥部分部提交次年工程进度计划，

主要包括以下内容：

①本年度计划完成情况，若未完成则分析未完成计划的原因；

②次年计划完成的各单位工程及各施工阶段的工程项目内容、工程数量及投资指标；

③相对应进度计划安排的施工队伍和主要施工设备的数量、部署情况及调配方案；

④在总体进度计划下对单项工程进行局部调整或修改的详细说明；

⑤不同季节及气候条件下各项工程的时间安排；

⑥确保完成年度计划的措施等；

⑦年进度计划横道图。

3）季进度计划

承包人应在每季度最后一个月的 15 日前，向代建指挥部分部提交次季进度计划，主要包括以下内容：

①上一季度完成计划情况，若未完成则分析未完成计划的原因；

②本季度计划完成的工程数量及投资额，提出本季度施工的各分项工程的形象控制指标；

③在年度计划下，对各单项工程施工进度计划进行局部调整或修改的详细说明；

④本季度计划完成的分项工程内容及顺序安排；

⑤在本季度计划安排的劳动力和主要机械设备的数量、部署情况及调配顺序；

⑥确保完成季进度计划的措施等；

⑦季进度计划横道图。

4）月进度计划

承包人必须在每月 25 日前，向代建指挥部分部提交次月进度计划，主要包括以下内容：

①上一月份完成计划情况，若未完成则分析未完成计划的原因及对未完成工程的补救措施；

②本月计划完成各分项工程的数量及投资额，提出本月施工的各分项工

程的形象控制指标；

③在季度计划下对单项工程进行局部调整或修改的详细说明；

④本月计划完成的分项工程内容及顺序安排；

⑤相对应进度计划投入各分项工程的人力、主要机械设备及材料消耗；

⑥确保完成月份施工进度计划的措施等；

⑦月进度计划横道图。

5）关键工程进度计划

关键工程的施工工期关系到整个工程项目施工总工期，承包人应根据代建指挥部要求，单独编制关键工程进度计划。关键工程的进度计划应与总体进度计划和年、季、月进度计划相匹配。主要包括以下内容：

①具体施工方案、施工方法及具体责任人；

②总体进度计划及各道工序的控制工期及横道图；

③现金流动估算；

④各施工阶段的人力和设备、材料配额及运转安排；

⑤施工准备及中间交工的时间安排；

⑥对总体进度计划及其他相关工程的相互制约关系和说明等。

（4）进度计划提交

1）签订施工合同后，在合同规定时间内，承包人向代建指挥部书面提交以下文件：

①一份符合要求的工程总体进度计划、关键工程的进度计划；

②一份有关全部支付的年度现金估算及流量计划；

③一份有关施工方案和施工方法的总说明。

2）开工前或在合同规定时间内，承包人向代建指挥部书面提交以下文件：

①年进度计划及现金估算和流量计划；

②季进度、月季度计划及现金估算；

③关键工程的施工进度计划。

2.进度计划审批

1）审批程序

①代建指挥部分部收到承包人提交的总体进度计划后，在7天内审核完

毕并上报代建指挥部，代建指挥部组织相关人员进行评审，并在 7 天内审批完成。

②代建指挥部分部收到承包人提交的年、季进度计划和关键工程进度计划后，在 4 天内审核完毕并上报代建指挥部，代建指挥部在 3 天内审批完成。

③代建指挥部分部收到承包人提交的月进度计划后，组织有关人员进行审批，每月的最后一天前须完成审批，并报代建指挥部备案。

2）审批的主要内容

①工期和时间安排的合理性；

②施工准备的可靠性；

③计划目标与施工能力的适应性；

④代建指挥部的审批以合同工期为前提，由承包人对进度目标逐级分解、细化；进度计划审批时，应根据现场工程实施情况，要求承包人对施工进度计划做出必要的调整，以保证进度总目标的实现。

3.进度计划控制

（1）进度控制措施

1）代建指挥部主要措施

①对承包人提交的总体进度计划、年进度计划、季进度计划及关键工程进度计划进行审批。

②根据合同文件规定的期限和现场实际情况签发开工令，督促承包人按审批后的工程进度计划进行施工。

③根据审批后的工程进度计划，对承包人工程进度进行年度、季度和月度考核。

④根据工程进度、季节性气候等情况，开展"施工会战""劳动竞赛"等活动，对承包人的工程进度状况进行奖惩，加快工程进度。

⑤及时对承包人和代建指挥部分部上报的工作月报中工程进度情况进行分析，必要时进行现场检查，核实已完工程的时间和工程量。

⑥协助承包人解决施工中影响工程进度的有关问题，包括材料供应、运输、通讯、供电，以及承包人之间相互配合、协调等问题。

⑦对工程进度进行动态控制，每月对承包人现场实施情况进行定期和不

定期检查；对照月计划，检查计划执行情况；检查承包人的人员、机械设备进场情况，是否满足进度计划要求；发现实际进度与计划有偏差时，及时要求承包人对进度计划进行调整。

2）代建指挥部分部主要措施

①审核承包人提交的总体进度计划、年进度计划、季进度计划及关键工程进度计划，审批承包人提交的月进度计划。审核承包人施工阶段提交的各种详细进度变更计划和变更调整计划，报代建指挥部审批或备案；

②进度计划经批准后，应立即着手制定有关进度控制报表记录和有关规定，配备专职人员进行进度的管理、控制、检查，应用"横道图法""S曲线法""网络图法"等方法，及时将工程实际进度和计划进度进行对比，找出偏差，以便及时采取措施；

③在施工过程中检查和监督进度计划的实施，在工程未能按计划进度执行时，要求承包人尽快采取必要的措施，加大人员、机械、资金的投入，以确保计划施工进度；

④定期向代建指挥部报告工程的进展情况，当进度严重滞后时，应编写详细分析报告，配合代建指挥部采取措施或做出相应决定；

⑤及时向代建指挥部提交现场的施工进度图表资料和影像资料，会同代建指挥部职能部门进行工程量及其质量的核查，从形象进度、质量控制上杜绝虚假进度情况；

⑥在每月底前向代建指挥部提交一份所管辖合同段的工作月报。

3）承包人主要措施

①按期提交投标文件总工期的要求制定的合理的分阶段目标和切实可行的实施性施工组织计划，并严格按此目标和计划组织施工，工程进度计划应按照关键线路网络图和主要工作横道图两种形式分别编绘，包含每月预计完成的工程量和工作进度。

②在签订施工合同后的28天内或规定时间内，向代建指挥部提交总体进度计划、年进度计划和资金使用计划（细化至月）。

③工程进度计划编制按分部工程分列并汇总。若有特大桥、特长隧道、特大型结构物等关键工程的，还应制定关键工程进度计划，包括工程投资

计划和工程进度计划。

④做好阶段性工程进度的统计、汇总，把好质量关，按规定提交进度报表，禁止虚报、错报，配合代建指挥部进行工程进度、工程质量的现场核查。

⑤在签订施工合同后的 30 天内或规定时间内向代建指挥部提交开工报告，主要内容应包括施工管理机构的建立，人员、机械设备、材料的进场情况，临时设施的修建和总体施工组织设计等。

⑥在分部工程开工前 14 天向代建指挥部分部提交分部工程开工报告，分部工程开工报告经批准后才能开工。

⑦需调整年度计划时，应提交投资计划和按分部工程分列的工程进度计划，以及更新的细化到月的资金需求计划。修改后的工程进度计划，仍应保证本合同工程在合同规定的日期内完成。

⑧每日按分项工程或工点记录实际进度，并及时按分部工程、单位工程逐旬统计汇总，作为掌握工程进度和进行决策的依据，以便及时采取措施，做好工程进度管理。

⑨在每月底前向代建指挥部分部提交本合同段的工作月报。

（2）进度计划的调整

当发现工程现场的组织安排、施工顺序、人力和设备与进度计划的要求偏差较大时，代建指挥部应要求承包人对原工程进度计划及现金流量计划予以调整，或要求承包人增加人力、物力、财力的投入，以满足工程进度计划的要求。如出现以下情况应予以调整：

1）承包人改变了方案的逻辑线路或改变了其建议的施工程序；

2）实际工程进度与计划进度严重不符，将引起合同工期延误；

3）经批复后执行的年、季、月进度计划，引起总体进度计划的必要调整和变动时，承包人应连同修订的总体进度计划一并提交。除非合同工期的延期得到批复，修订的总体计划应保证合同工期不变；

4）代建指挥部认为有必要修改时。

（3）工程进度延期与延误处理

1）工程进度延期处理

①由于不可抗力而影响施工进度的，承包人应按合同条款规定申请延期，

承包人应按规定提交要求延期的报告及详细资料，报代建指挥部审批。如承包人未能在规定的时间内发出要求延期的报告情况并提交详细资料，则代建指挥部可拒绝做出任何延期的决定。

②工程延期批准后，承包人可根据延长后的工期提交修订的工程进度计划和形象进度计划报代建指挥部分部审核，代建指挥部分部在 7 天内完成审核并报代建指挥部，代建指挥部在 7 天内提出审批意见或决定，并将有关资料作为后续实施的定期考核依据。

2）工程进度延误处理

由于承包人的原因造成工程进度延误的，将不能按进度计划预定的工期完成工程时，代建指挥部分部、代建指挥部应要求承包人增加投入、加快进度，保证总体工期目标的实现。

4. 进度管理流程。

七、费用管理

费用管理是项目管理的主要目标之一，费用管理的目的是在不影响工程质量、安全、进度的前提下，保证每笔支付都公正合理。费用管理的关键是在项目实施前认真仔细地分析项目清单费用构成，制定费用管理目标；以组织、经济、技术和合同管理的措施，以计量、支付的手段合理地加以控制，以保证费用管理目标的实现。

1. 工程计量管理

（1）工程计量原则

按照"合同总价包干（不含暂列金额）、清单进度支付、支付总额控制"的原则进行计量支付。过程中计量须符合以下原则：

①符合公路工程质量检验评定标准，一切需计量的工程项目，必须按规定频率进行现场检测，并通过质量评定达到合格工程标准要求。

②所有的计量方法、范围、内容、单位、精度必须符合合同规定和监理工程师的指示。

③如果合同条款规定或设计文件中列有的任何分项工程和其子目而又

未在工程量清单中出现的工作量，按合同规定被认为是附属义务。

④超过设计图纸或未经监理工程师指示的任何工程量或工序，以及计量的主要文件及附件的签认手续不完备、资料不齐全的不予计量。

⑤计量与支付应符合合同规定，并做到客观、公正、准确、及时。计量与支付的项目与数量应不漏、不重、不超、不少。

（2）工程计量依据

①合同协议书及各种合同附件。

②专用合同条款。

③通用合同条款

④技术规范。

⑤设计图纸及变更设计图。

⑥工程量清单及说明。

⑦工程变更令及其他有效附件。

⑧有关计量规定的文件或补充协议。

⑨经监理工程师验收合格的记录。

⑩其他证据性资料。

（3）工程计量条件

进行计量的工程，必须满足以下条件：

1）符合可计量项目范围

①工程量清单中的工程项目

工程量清单是工程项目管理的重要依据，工程量清单中的工程项目原则上全部需进行计量，其工程数量不作为承包人履行合同义务中应完成的实际和准确的数量，亦不作为最终结算和支付的依据。在项目实施过程中，代建指挥部对合同中的工程量清单管理的关键环节是对清单项目的工程计量。承包人按合同规定进场拿到正式施工图纸后，须在 28 天内对原投标报价工程量清单数量和施工设计图纸数量的差异进行修正，并报代建指挥部复核审批。

②工程变更项目

工程变更通过规定程序下达变更令后，承包人即可组织实施，实施完成的工程量可按合同有关规定进行计量。

③合同文件中规定的其他可计量项目

除了工程量清单中工程项目以外，在合同文件中还规定了一些包干项目，对于这些项目亦必须根据合同条款进行计量。

2）质量达到合同规定标准的要求

工程质量经代建指挥部分部专业工程师验收合格，并签发了中间交工证书，该项目才可以申报计量。

工程质量验收不合格的任何工程或工序不予计量。

3）验收手续齐全

对分项工程或一道工序的验收应包括以下资料和手续：

①监理工程师批准的开工申请；

②承包人自检资料和试验数据，且试验频率符合合同条款规定；

③监理工程师抽检结果符合设计及规范要求；

④已签发中间交工证书；

⑤成品、半成品、器材等应有试验鉴定资料或合格证。

4）工程计量方式

采用代建指挥部分部专业工程师与承包人共同计量的方式，代建指挥部合约部必要时参与计量。工程达到规定的计量单位时，专业工程师应审查承包人提供计量所需的资料并与其共同计算。在计量前，由承包人派员会同专业工程师、合同工程师及代建指挥部合约部（有必要时）组成计量小组共同计量，计量后各方签字认可。

5）工程计量方法

工程计量方法包括均摊法、凭据法、估价法、综合法、断面法、图纸法、钻孔取样法、分项计量法等，在实际运用中，必须依据施工合同条款、文件的要求并在监理工程师同意下采用。

6）工程计量程序

①分项工程施工完成，代建指挥部分部验收合格后，签发中间交工证书，作为计量的依据。

②计量的工程项目由承包人提出计量申请，由代建指挥部分部组织计量

联测。联测成果经双方签认后，由代建指挥部分部、承包人各执一份，作为计量的基础资料。

③承包人根据代建指挥部分部驻地监理工程师签认的计量证书，编制月支付申请报表，由项目经理签字并加盖项目经理部公章，报代建指挥部分部审核。

④代建指挥部分部对承包人提交的月支付申请报表审核合格后，编制月支付报表，由合同工程师签认、驻地监理工程师签发，上报代建指挥部审批。

7）工程计量周期

工程计量周期按相关合同条款执行，通常情况为每月一期。

2. 工程支付管理

（1）工程支付条件

按合同文件规定，工程支付必须符合以下条件：

1）质量合格是工程计量支付的首要条件。

2）经批准的支付证书是代建指挥部支付承包人工程款项的依据。

3）工程变更的项目必须有监理工程师签发的变更令。未经监理工程师的批准，对任何施工项目的改变都是不允许的，不管这种变更是否必要，一律不予进行任何支付。

4）无论是工程量清单中工程项目费用的支付，还是工程变更项目的各项费用的支付，均需要符合合同条款。

5）月支付金额必须等于或大于合同中规定的中间计量支付的最低限额，否则按月结转。

（2）工程支付类型

根据支付的时间不同，支付类型分为期中支付和最终支付。

（3）工程支付审查

1）代建指挥部分部对支付证书的审查

承包人在满足支付条件后，即可按规定的报表格式向代建指挥部分部提交支付申请书，代建指挥部分部收到承包人的支付申请后审查以下内容：

①审查工程质量及质保资料。

②审查承包人支付申请的依据：中间计量表；工程变更令；索赔证明材

料；其他有关的各类证明材料，如返还支付利息、违约罚金、动员预付款、材料预付款的支付或扣回。

③核对支付申请中的单价是否与工程量清单或变更清单相符。

④核实到达现场的材料：核实支付申请中的材料是否用于永久性工程；检查出厂检验单，其材料规格和质量是否符合规范要求；核实实际到库的材料数量是否与申请支付单数量相符，且不得大于专业工程师批准的计划数量；检查存放材料的条件是否符合规定。

⑤审查承包人的奖惩支付或扣回。

2）代建指挥部总监办、质检部对支付证书的审查

①审查工程质量及质保资料。

②核实到达现场的材料：核实支付申请中的材料是否用于永久性工程；检查出厂检验单，其材料规格和质量是否符合规范要求；核实实际到库的材料数量是否与申请支付单数量相符，且不得大于专业工程师批准的计划数量；检查存放材料的条件是否符合规定。

3）代建指挥部安全环保部对支付证书的审查

①审查安全生产措施是否按规范要求及代建指挥部的指示落实。

②审核备案的安全生产相关台账及相关安全生产类票据。

4）代建指挥部合约部对支付证书的审查

①审查质保资料。

②审查承包人支付申请的依据：中间计量表；工程变更令；索赔证明材料；其他有关的各类证明材料，如返还支付利息、违约罚金、动员预付款、材料预付款的支付或扣回。

③核对支付申请中的单价是否与工程量清单或变更清单相符。

④核实到达现场的材料：核实支付申请中的材料是否用于永久性工程；检查出厂检验单，其材料规格和质量是否符合规范要求；核实实际到库的材料数量是否与申请支付单数量相符，且不得大于专业工程师批准的计划数量；检查存放材料的条件是否符合规定。

⑤审查承包人的奖惩支付或扣回。

（4）支付申请书和支付证书的修改与签发

代建指挥部分部有权对承包人提交的支付申请书进行改正或修改，代建指挥部对分部审查后提交的支付证书也有权进行必要的改正或修改。代建指挥部对相关计量资料审查确认后上报项目法人，项目法人审查通过后，签发"工程进度价款拨付审核表"，作为支付依据。

（5）费用支付

项目法人对上报的计量支付资料审批后，将资金拨付至代建指挥部账户，由承包人开具相应发票，经代建指挥部审批后，予以支付。

（6）工程支付周期

与工程计量周期相同。

3. 费用管理重点

做好费用管理，代建指挥部重点要做好以下工作：

（1）根据要求制定费用管理总目标并结合项目实际情况对总目标进行分解，在施工过程中严格控制各分目标，以保证总体目标的实现。

（2）严格按合同文件规定和设计文件执行，做到准确计量、按期支付。

（3）在日常管理过程中，严格执行合同文件、技术规范和工程量清单。

（4）认真审核工程变更费用，做到依据充分，准确、合理地提出审核意见。

（5）及时按合同文件规定进行竣工结算。

（6）采取有效的组织措施、经济措施、技术措施和合同措施进行费用控制。

1）组织措施

代建指挥部安排专人进行费用控制，编制费用管理工作计划和详细工作流程，并保证计划周密、科学合理，以减少不必要的浪费。

2）经济措施

审核承包人编制的资金使用计划；严格按合同规定，对质量合格、手续齐全的工程进行计量支付；进行投资动态比较，发现偏差时分析原因，及时采取措施；公正的处理工程变更费用。

3）技术措施

进行风险分析，找出工程造价最易突破的部分，加以重点控制；对工程变更进行技术经济分析，在确保质量、安全、进度的条件下，选择有利于优化工程投资的变更；审核承包人编制的施工组织计划，对主要施工方案进行技术经济分析。

4）合同措施

公正、合理地处理承包人提出的工程变更申请和工程延期申请；对工程变更中增加或减少的工程量和费用进行审查分析、计算核对、现场检查，提出审查意见并签认；据合同条款和有关法规对合同变更事宜进行评估和处理，着重考虑它对投资控制的影响。

此外，做好工程施工记录，保存各种文件图纸，注意积累费用控制信息，为正确处理可能发生的索赔提供依据。

4. 费用管理流程。

八、环保管理

贯彻"预防为主、防治结合、综合治理，强化法治、分类指导、突出重点"的原则，树立"原始的就是最美的，不破坏就是最好的保护，力求施工中最低程度的破坏、施工后最大限度的恢复"的环保理念，彻底改变"先破坏后恢复"的错误观念，降低环境污染，预防和减少水土流失，保护和合理利用水土资源，有效保护工程沿线的生态环境、自然环境、社会环境和人文环境。

1. 环保管理职责

（1）代建指挥部主要职责

1）审查施工组织设计是否按施工合同、工程设计文件和环境影响评价文件的有关要求制定了防止、减少环境污染和生态破坏等环保措施，审核合格后方可批准工程开工。

2）审查各分项工程开工报告是否制定了防止、减少环境污染和生态破坏等环保措施，审核合格后方可批准工程开工。

3）在日常巡视、旁站时，检查和督促承包人环境保护管理体系的建立及运行情况。

4）在巡视检查过程中发现施工违反有关环保法律法规、未按合同要求落实环保措施的，要求承包人整改。

5）落实环境保护与水土保持"三同时"制度（即环保、水保工作与主体工程同时设计、同时施工、同时投入使用）

6）建立健全环保档案，做好环境保护验收工作。

（2）承包人主要职责

1）建立施工环境保护责任制，制定施工环境保护规章制度。

2）落实施工环保责任人加强对进场施工人员的环保宣传和教育，提高全员环保的意识，增强法制观念。

3）严格按照批准的施工组织设计、施工方案组织施工，将环保措施落实到施工全过程。

4）负责做好环保措施实施记录、工作总结及文档管理。

2. 环保管理措施

（1）通过公开招标

选择具有资质的环境保护和水土保持监理单位进行环境保护和水土保持监理工作。

（2）审查环保方案

承包人提交的分部工程及主要分项工程开工申请中必须附有环保措施，经代建指挥部审核批复后，方可开工。对于取弃土场、拌和站及预制场等临时场地要编制专项恢复方案，同时邀请地方相关的水保环保及国土主管部门人员共同对方案进行评审，评审通过后方可开工。

（3）巡视检查

代建指挥部分部根据批复的环保实施方案，巡视检查承包人环保措施落实情况，对发现的问题限期进行整改。

代建指挥部按计划定期或不定期进行环保专项检查，对检查中发现的问题进行通报，并监督承包人整改落实。

3. 环保管理重点

（1）施工临时用地规划、布置充分考虑环境保护的要求。

1）全面规划、合理布局、统筹安排建设用地，按照"安全、环保、合理、适用"的原则规划项目经理部、取土场、弃渣场、临时道路、水池、油库、炸药库等。施工临时用地规划、布置应充分考虑环境保护的要求，对规划不合理、设计不达标的用地不予批准。

2）砼拌和场、预制场、机械加工点均设置在远离居民区、学校等环境敏感点 300 米以外的下风向处，如受条件限制无法满足时，应采取适当的防范和隔离措施。堆料场远离饮用水源地、河、渠、池塘等地表水体。

3）施工现场清楚标出用地红线，确定征地范围后，对征地范围内的国家保护植物做好标记，并提出针对性的保护措施；对需要迁移的树木，应先选好移栽位置，并采取措施确保成活。

4）禁止超范围砍伐红线外的植被，确有必要时应取得所有者和林业主管部门的许可，明确保护目标和保护范围，最大限度的避免对周围植被和土地资源的破坏。

5）实行严格的耕地保护制度，施工临时用地尽量设置在荒山、荒地上，不占或少占农田。

6）施工便道尽量使用原有道路，新修便道尽量少占耕地、少砍伐树木、少破坏植被，最大限度地减轻对自然景观的破坏。新建施工便道两侧采取排水及防护措施，按照"适地适树、适地适草"原则在施工便道边坡植树种草，尽快恢复沿线植被。

7）取土场尽量选择荒地，不占耕地。取土时要注意地形与排水，取土后地表要平整，不准乱挖乱采，并将表层土皮保留，以便回填清除的地表耕植土复耕或还林，或作为水塘，覆土工作结束后，对于新租占的堆土场地必须进行植被恢复，防止人为增加新的水土流失，同时结合取土场周围环境、土地的利用情况，合理的进行取土场的后期土地整治工作，分别采取恢复耕地或造林等植物措施，使取土场区与周围环境相互协调和融合。

8）弃土场的设置应严格按设计要求进行，并严格控制用地规模，不得超出设计规模增加用地数量、更改弃土场位置或随意改变其他设计内容。对于设在河谷的弃土场，在开始弃土之前，必须先在弃土场适当位置修建足够长和高的挡渣堤或挡渣墙，以防止弃土和弃渣被水流冲入河道。弃土场内，禁止随意倾倒，对因土石方随意倾倒，破坏了地表植被已经造成了水土流失的,应采取措施将土石方运走,并补修挡土墙,整理坡面,覆土植草,尽快恢复植被。

9)废弃的土石方不得随意堆放、抛弃,所有的弃方均应运至设计好的弃渣场堆放。山坡弃土应避免破坏林木、农田和管线等其他工程设施,如有条件应结合废方造地。在施工过程中必须对弃土场采取措施进行先期防护和临时性防护。弃土前,对弃土场地表层土壤保留,用于地表耕种土。弃土过程中,应分层进行并及时碾实,禁止乱排乱弃;有条件的情况下,可对弃土和弃渣采取临时性覆盖措施,以减小降雨对弃土和弃渣造成的侵蚀。对于弃土完毕的弃土场,还应采取减小边坡坡度、分级、干砌石护脚以及植物(复林、草植被)措施等进行防护。

10)施工结束后,沿线施工驻地、施工便道、拌和站、预制场等临时占地以及弃渣场应复垦或恢复林、草植被。将临时占用的耕地部分复垦,恢复成农用地,在清理废渣和废料、拆除临时建筑、清除硬化层后,将压实的土地翻松、整平,适当布设土梗,恢复破坏的排水、灌溉系统。对临时占用的林地、荒地,在把废渣、废料和临时建筑拆除清理后,平整场地,充分利用表土恢复林、草植被。对于不需保留的施工便道,在施工结束后尽量深翻,播种豆科牧草改土,一两年后恢复为耕地。对于需保留的便道,施工单位应在退场前对其修整,保持畅通,并完善沿线环境绿化。

11)在各施工场地出入口醒目位置设立告示牌,明确标示工程承包人、工程范围及环保与水保监督电话,接受社会各界的监督。

(2)路基工程施工主要环保措施及防治

1)路基工程应严格按设计要求,先防护后施工。路基、路堑边坡视高度、土质、岩石风化程度及稳定情况,按设计要求进行锚固、喷护、浆砌片石坡面防护、草皮防护、砌筑挡墙及护面墙防护等。挖方高度大的,按设计要求设置碎落台。路堤边坡视高度、填料性质、水文条件,采用护脚、挡土墙、拱型护坡、浆砌片石护坡、护坡道、绿化等方式防护。

2)全线排水沟、边沟、截水沟、急流槽、沉淀池等相互连接、配套使用,形成完善的排水系统,尽快将路基范围内的地表水及地下水引出路基以外。

3)有一定汇水面积的路堑开挖前先在挖方坡顶按设计要求挖设截水沟,

铺砌防护，把水流集中引出路基以外。施工时由上到下，逐级开挖，开挖一级防护一级。并应尽快砌筑护坡、排水沟、急流槽等设施，以防止坡面崩塌。

4）路基的防护施工紧跟开挖、填筑工序，边开挖填筑边防护，缩短施工作业面暴露的时间，绿化植草防护需紧跟，尽快选用根系发达、适应性强的多年生草种及时植草防护。

5）提高路堤填筑和深路堑开挖坡面的稳定性，防止水土流失。

6）路堤填筑前先挖排水沟，结合地形和汇水面积在排水沟出口处设沉沙池或临时沉淀池，沉沙（淀）池出口处设土工布围栏拦截泥沙。

7）在临时堆土区设土工布围栏，以拦截泥沙减少水土流失。

8）随时注意天气变化，收集气象信息，雨季来临前尽早疏通工地附近沟渠，以便暴雨来临时及时排洪、排涝。不良地质地段路基施工尽量避开雨季。雨季施工应做好防、排水工作。

（3）路面工程施工主要环保措施及防治

1）承包人应配备一定数量的洒水车，对临时道路、灰土拌和站等进行洒水处理，在干旱无雨天气和大风天气，以减轻扬尘污染；对于易洒落粉状物料的堆场和水泥、砂和石灰等易洒落散装物料的运输，应采取防风遮盖措施，以减少扬尘污染。

2）沥青搅拌场站必须设在离居民区、学校等环境敏感点300m以外的下风向处，且不能采用开敞式或半封闭式沥青熬化作业，其设备污染物排放应符合《大气污染物综合排放标准》中的一级标准的规定。

（4）桥涵工程施工主要环保措施及防治

1）桥涵施工需采取有效措施，防止泥土、石块阻塞河流、水渠或灌溉排水系统，确保防洪排涝的安全，尽量减少对农田灌溉和水利设施的干扰或破坏。

2）选择枯水期或平水期进行桥涵水下基础施工，尽量避开雨季、汛期。

3）钻孔灌注桩施工时，禁止随地排放泥浆，水上桩基应配备专用的泥浆船或泥浆输送管泵，用来造浆循环及运送废弃泥浆，禁止将泥浆直接排入河道、沟渠。沉淀池禁止设在正线路基上，其开挖深度不得超过2米，以便于晾晒处理。桩基施工完毕，循环池和沉淀池应清淤回填，分层碾压。

4）为防止桥梁墩、台弃渣压缩河道，使桥梁上下游河岸受冲刷破坏，在桥梁上、下游一定范围内河岸坡迎水面及桥台锥形护坡地带采用浆砌片石防护。

5）涵洞出口应与附近水沟、河流顺接，以防止水流冲刷下游农田、道路等。

6）桥涵在农业灌溉涵渠施工时，尽量在农灌淡季施工，如确需在农灌季节施工须采取临时过渡措施，不得对农业灌溉产生干扰。现有灌区被施工占用的，须设置临时性沟渠或铺设水管。

7）桥梁墩台修筑完毕，及时清除围堰等临时工程的堆积物，并将施工中产生的废浆、弃土和废弃物及时运到弃渣场，恢复河道河岸。生活垃圾、施工废料应尽量分类回收，集中堆放和处理。

8）桥梁施工时，桥墩基础开挖的土石方应集中堆放在岸边较高处，或集中运到洪水冲不到的渣场堆放，待桥墩基础施工完后再回填。旱桥桥墩基础开挖的土石方集中堆放，周边以袋装石渣临时拦挡，待桥墩基础施工完后回填，剩余部分可用于附近低洼地的整平，其余一律运往渣场堆放。

9）旱桥施工时尽可能保留桥跨部分的原生植被，减少桥梁墩、台施工对地表原生植被的破坏。

10）桥梁附近的施工驻地或施工现场应尽量远离水体，其产生的废水未经处理不得直接排入自然受纳水体。施工机械需严格检查，防止漏油，严禁施工机械漏油进入水体，严禁化学品进入水体。

（5）隧道工程施工主要环保措施及防治

1）隧道开挖土石方尽量用作路基填料，多余部分全部运至弃渣场，并做好弃渣场支挡、复垦及绿化。

2）隧道洞口位防护到位，隧道洞口以外边坡应严格按设计要求进行防护和绿化。

3）隧道与桥梁、路基连接端的坡面设临时挡渣墙，挡渣墙可用袋装石渣或块石码砌而成。

4）施工时注意保护隧道口四周的自然植被，施工后清理废弃物，在附近补种一定数量的本地乔木，减少人为活动的痕迹，尽早恢复自然景观。

九、 合同管理

合同管理的主要任务是根据代建合同的要求对项目施工合同的履行、变更和解除进行监督、检查，对合同双方争议进行调解和处理，以保证合同的全面履行。

合同管理对整个项目实施起着控制作用，是项目管理的核心基础。

1. 合同管理目标和内容

（1）合同管理目标

1）认真遵守国家和地方有关合同管理法律法规，以及代建合同、施工合同的有关规定，科学公正，充分发挥项目管理作用，规范承包人履约行为，提高合同管理水平。

2）加强对工程施工图的管理，合理控制设计变更，有效防止和减少承包人索赔，减少因设计变更和索赔带来的造价增加或延误施工工期。

3）加强工程分包管理，规范分包行为，确保工程质量和安全控制。

（2）合同管理内容

合同管理主要包括履约管理、设计变更管理、索赔管理和分包管理四个方面。

2. 合同管理措施

（1）履约管理

1）合同履约实行"动态监控、定期分析，及时反馈、适当处理"的管理原则。

2）建立健全合同履约管理制度和《违约处理办法》，建立合同履约动态管理台账，明确履约控制指标。

3）督促承包人按合同承诺的人员和施工机械设备进场施工，并在施工过程中保持承包人主要管理人员相对稳定，施工机械设备能满足施工质量、安全和进度等要求。

4）督促承包人按照合同约定，落实施工标准化的各项要求。

5）根据施工合同约定内容，定期组织对承包人主要管理人员履约情况和施工机械设备到位情况进行检查，对发现的问题，根据交通运输部《公路建设市场信用管理办法》、地方有关规定和合同文件要求提出处理意见，并督促承包人整改落实。

6）对承包人主要人员变更实行审批制度。

（2）设计变更管理

1）设计变更管理原则

①严格执行设计变更管理制度，坚持"先批准、后变更"的原则，杜绝指令变更、串通变更和虚假变更，自觉规范设计变更行为，严格设计变更过程控制，强化建设管理程序。

②严格执行变更程序管理，实行事前变更立项审批和变更工程实施后的变更费用审批，变更立项未经审批的设计变更不得实施，变更费用未经审批的不得进行支付。

2）设计变更分类和管理权限

①按照国家和地方有关文件规定，设计变更分为重大设计变更、较大设计变更和一般设计变更。

②0号变更：承包人根据批准的施工图对招标清单进行的清单核查作为项目的0号变更，0号变更仅对招标图纸与已批复的施工图有出入的内容进行调整，0号变更经代建指挥部审核后，报项目法人审批。

③设计变更的审批管理权限按照国家和地方有关工程设计变更管理办法、实施细则及合同文件等要求确定。

（3）索赔管理

1）索赔意向通知

当索赔事件发生后，承包人应在知道或应当知道索赔事件发生的28天内，向代建指挥部递交索赔意向通知书，说明发生索赔事件的事由。

2）提交索赔证明资料和账单

承包人应在发出索赔意向通知书后28天内，向代建指挥部提交正式索赔通知书及索赔证明资料和账单。承包人需认真准备和记录索赔的论证资料，特别是保持完善详细的工程记录、保存好与工程施工有关的全部文件资料。索赔时间具有连续影响的，承包人应按每7天时间间隔继续递交延续索赔通知。

3）提交索赔文件

索赔事件影响结束后 28 天内，承包人应递交最终索赔通知书，即详细的索赔文件，包括索赔意向通知书、索赔申请表、索赔损失计算清单、索赔报告、详细计算书与必要的记录、证明材料。

4）索赔申请的审查程序

收到承包人索赔意向申请后，代建指挥部组织有关人员对索赔事件进行调查核实，检查承包人的原始记录，并对现场情况做详细的记录，提出基本处理意见。代建指挥部批复承包人的索赔意向申请后，承包人在规定的时间内提交索赔申请报告。

在收到承包人提交的正式索赔申请和最终的详细资料后，代建指挥部组织有关人员在 28 天内完成索赔申请的审查工作，将审查意见报审批。

5）承包人所有索赔申请以项目法人审核批准的为准。

（4）分包管理

1）分包条件

①承包人可以将适合专业化队伍施工的专项工程分包给具有相应资格的单位。允许分包的专项工程，已在招标文件中予以明确。分包人不得将承接的分包工程再进行施工分包。

②承包人和分包人可以将劳务作业发包给劳务合作人，劳务合作人不得将其承包的劳务再分包。

③分包人应当具备如下资格条件：具有经工商登记的法人资格；具有与分包工程相适应的注册资金；具有从事类似工程经验的管理与技术人员；具有（自有或租赁）分包工程所需的施工设备；具有与分包工程相应的业绩和资质；劳务合作人应当具有经工商登记的法人资格；承包人对拟分包的专项工程及规模，应当在投标文件中予以明确；如需变更的，承包人须提出书面申请，经代建指挥部书面同意后，方可分包。

2）分包管理工作内容

①工程项目开工之前，承包人向代建指挥部提出拟分包工程内容和类别的分包计划书面申请，经代建指挥部批准后方可实施。

②工程项目开工之前，承包人应根据批准的分包计划填写"施工合同备案表"，将拟签订的分包合同等资料报代建指挥部审查。

③代建指挥部按照有关分包管理的规定，对拟分包专项工程的内容和范围，拟分包人的资格、注册资金、管理与技术人员和施工设备等情况以及拟签订的分包合同提出审查意见，明确是否同意分包。

④承包人应在批准的专业分包项目开工前，同分包人签订分包合同、安全协议，并对分包人投入项目施工的管理人员及特殊工种资质、施工机械、工器具等进行入场检查，并报代建指挥部分部验证与资质审查内容、分包合同和安全协议是否一致。严禁无分包合同和安全协议进行施工。验证合格后报代建指挥部备案。

⑤代建指挥部分部依据合同对工程项目分包情况进行全过程监督和管理。通过文件审查、安全检查签证、旁站和巡视等手段，实施分包安全监管；动态核查进场分包人的人员配备、施工机具配备、技术管理等施工能力是否与入场验证相符，发现问题及时提出整改要求并实施闭环管理。代建指挥部不定期对分包情况进行检查和监督。

3. 合同管理方法

（1）组织方面

代建指挥部设立合约部，在指挥长的领导下，负责合同管理工作。

（2）合同签订方面

认真审查合同的各项内容，尽量不用或少用口头协议、"君子协定"，以防事后引起合同争执。注意合同协议的合法性、严密性、合理性，防止签订无效合同。在合同谈判中注意风险的合理转移，制定各种风险和索赔的处理条文。

（3）合同审核方面

1）在合同履行过程中，认真履行自己的职责，在拟定各种文件记录、指示、报告、函件时，做到全面、细致、准确、具体，以防日后双方在细节上纠缠不清。

2）严格控制工程变更，严格执行工程变更程序，认真做好变更设计的审核工作，对每一份变更进行可行性分析，防止由此而引起的索赔。

3）合同双方注意其合同规定的权利与义务，尤其是在一方面有违约的苗头时，做好事先控制工作。

4）对内加强法律知识、合同管理知识的学习，全员参与，在各自岗位上做好相关工作，把合同牢记在心里，不乱表态，不乱下指令，不拖延处理问题的时间，防止因代建、监理原因而引起索赔。对外宣传倡导法治、反对人治，形成人人学法、懂法的好局面，营造良好的合同管理环境

十、档案管理

1.档案管理内容

（1）施工准备阶段工作内容

1）制定《项目建设资料文件编制办法》，指导各参建单位的资料文件的编制，使项目资料文件统一化、标准化、规范化。

2）制定《项目档案文件编制与管理办法》，指导各参建单位的档案文件整理与管理。

3）根据国家和地方有关标准，制定项目建设统一用表和用表清单目录，使整个项目档案文件统一化、标准化。

4）工程正式开工前组织各参建单位进行项目资料文件和竣工档案编制及管理培训，统一认识和目标。

（2）施工阶段工作内容

1）行政办公文件的整理与存档。

2）工程各类往来文件的收集与存档。

3）工程质量、安全、进度、费用、环保等档案文件管理，以及工地例会、专题会议等会议纪要整理归档。

4）对各参建单位资料文件收集与档案管理情况进行专项检查，监督整改落实情况，每季度不少于1次。

5）有关重大工程事项、上级领导检查和外部单位来访等影像资料收集。

6）工程档案案卷的编制。

（3）交、竣工验收阶段工作内容

1）工程交工验收阶段，收集施工单位、设计单位的工作总结，组织对施工单位档案文件的完整性、规范性进行审查，不符合要求的不得组织交工。

2）工程竣工验收阶段，应将工程往来文件、技术资料和施工图纸整理归档，其内容包括建设项目立项批复文件、勘察设计、施工技术资料、设备和材料的质量保证资料、财务报表、项目竣工验收资料、项目投入使用的技术准备文件等。

3）代建单位按照工程技术资料管理的总体要求，检查工程技术档案是否规范、齐全、正确，档案组卷和装订是否符合归档要求，档案移交手续是否规范。

4）施工单位在交工验收前，将已经系统归档的档案移交代建单位验收；在建设项目竣工验收前3个月，由代建单位向档案主管部门申请项目档案专项验收。

2. 档案管理措施

项目的档案控制从项目的前期工作阶段就开始，但重点是项目的施工阶段，这是工程项目档案管理控制的关键阶段。代建单位主要采取以下措施对工程项目档案进行管理。

（1）合同手段

合同手段是项目档案控制手段的核心，代建单位与承包人之间的一切关系都是建立在合同基础之上。合同文件是约束合同双方的唯一文件，代建单位对项目工程档案的管理只能通过合同进行。因此，在订立合同时，在合同条款中应有工程档案管理有相关内容。合同条款关于项目档案管与控制应包含：档案的质量目标，施工单位档案责任，施工单位档案文件控制手段，档案管理违约惩罚方法等方面的条款。

（2）经济手段

代建单位档案管理的经济手段包含两个方面的内容：

1）是凡是未经过监理检查验收合格及签认或无施工资料文件的分项工程，一律不得计量，代建单位一律不得支付。

2）是采取经济奖罚措施，在档案文件检查中，对档案管理好的承包人给予经济奖励，对档案管理差劣的承包人进行经济惩罚。

（3）制度手段

代建单位应认真贯彻执行国家和地方有关工程档案管理的法律法规和规定，制定项目档案管理办法，加大执行力度，对违反档案管理规定的单位和个人，按规定进行处理。通过抓项目建设中档案管理问题的典型事例，加强档案管理的宣传声势，产生威慑作用，起到档案管理的从严效果。将故意违反档案管理规定，或玩忽职守，造成严重档案管理事故的单位或个人，列入信用评价。

3. 档案文件收集范围

根据交通主管部门颁发的交竣工验收管理办法规定，代建单位主要收集以下档案文件：

（1）立项审批文件，包括项目建议书及审批文件、可行性研究报告及审批、环境影响报告书等文件。

（2）设计审批文件，包括初步设计文件、施工图设计及审批文件、工程勘测、设计基础资料等文件。

（3）工程准备文件，建设用地申请、施工许可批准文件、质量监督等文件。

（4）工程管理文件，包括代建单位就工程质量、安全、进度、费用控制管理文件、质量监督机构印发的质量监督相关文件，代建单位组织召开的专题会议等文件。

（5）交竣工验收文件，包括代建、设计、施工单位总结报告、质量监督部门出具的交工验收检测意见、检定报告、交工验收报告、证书等文件。

（6）招投标及合同文件材料，包括招标文件、投标文件、评标文件、中标通知书及工程合同等文件。

（7）资金管理文件，包括支付报表、决算及决算审计文件。

（8）科研资料，指经批准的新技术应用资料。

4. 档案整理归档与移交程序

（1）档案整理归档

1）档案的整理组卷

①立项审批阶段文件材料根据审批事项内在联系分别整理组卷。

②设计审批阶段文件材料按照不同阶段和专业分别整理组卷。

③招投标及合同文件材料按照招投标工作程序和合同内容分别整理组卷。

④工程准备文件材料按照审批事项及相关手续办理过程分别整理组卷。

⑤工程管理材料按照问题结合时间分别整理组卷。

⑥变更文件以合同段为单位，按照变更文件编号依次汇总整理组卷，并编制设计变更与修改后的竣工图档号对照一览表。

⑦计量支付报表与附件、计划进度报表按照合同段结合时间分别整理组卷。

⑧工程试运行及竣工验收工作文件材料按照检测观测记录及报告、缺陷整改情况、各专项验收和竣工验收工作内容分别整理组卷。

2）卷内文件材料系统化排列

①立项审批文件按照批复、请示、相关审查及专家评审文件材料的顺序依次排列。

②设计审批文件按照批复、请示、相关审查及专家评审文件材料的顺序依次排列。

③工程准备阶段文件材料按照审批及相关手续办理程序依次进行排列。

④代建单位就质量控制、计划进度控制、费用控制及安全管理等问题普发的文件材料，按照文件材料所反映问题的有机联系，结合重要程度依次进行排列。

⑤计量支付文件与附件及计划进度报表以合同段为单位，按时间依次进行排列。

⑥运行及竣工验收工作文件材料按照检测观测记录、车辆通行情况、缺陷整改落实情况及各专项验收和竣工验收工作程序，依次进行排列。

3）案卷组成

①案卷由案卷卷盒、内封面、卷内目录、卷内文件材料及备考表组成。

②卷盒正面及卷脊可只填写案卷的档号和立卷单位。

③内封面内容包括案卷题名、立卷单位、起止日期、保管期限、密级及档号。

④卷内目录内容包括序号、文件编号、责任者、文件题名、日期、页次、备注。

⑤备考表中须注明本案卷组卷情况及本案卷包含文件份数；说明复印件归档原因和原件存放地；立卷人指案卷组卷人员，检查人为部门负责人或项目负责人及监理工程师。

⑥装订

档案除蓝图及成册文件材料外，按照三孔一线方式进行装订。装订前，去除塑胶、塑封、塑膜、胶圈等易老化腐蚀纸张的封面或装订材料。7) 案卷系统化排列及编号

案卷的编制单位应按工程进展的自然过程，对已经整理好的案卷进行系统化排列，并用铅笔在封面及卷脊编写案卷流水号。其中，施工单位应对本合同段形成的案卷，按照其自然形成过程，依照路线进行方向，结合单位工程排列顺序依次进行排列。

4）移交程序

①施工单位应在合同段交工验收前，将已经系统化整理的档案提交代建单位检查验收，验收合格后移交代建单位，并按规定办理移交手续。

②代建单位对接收的全部项目档案进行系统化整理和排列。

③档号的编制由代建单位或档案接收单位进行编制。

④在建设项目竣工验收前3个月前，由代建单位向档案主管部门申请项目档案专项验收。

⑤在专项验收前代建指挥部组织项目整体档案预验收，各参建单位参加，邀请档案管理部门参与，对项目全部归档案卷进行系统化、标准化自查预验，并出具自检报告。

⑥项目整体档案移交，代建单位在项目竣工验收之后3个月内，按照有关规定向有关单位进行项目档案的移交，同时办理档案材料移交手续。

十一、交、竣工验收与缺陷责任期管理

项目交、竣工验收严格按照交通运输部《公路工程竣（交）工验收办法》

《公路工程竣(交)工验收办法实施细则》和地方有关规定进行。通过严谨、规范的交、竣工验收程序，确保项目工程质量合格、文档资料齐全，为项目运营提供良好条件。

1. 项目交工验收管理

交工验收包括工程初验申请、初验检查、初验报告、交工验收申请、组建验收小组、检查验收、交工验收证书签发等工作。

（1）工程初验申请

当工程满足初验条件后，承包人在自检后即可提出工程初验申请。

（2）工程初验检查

1）工程初验条件

工程在满足以下条件后，承包人即可向代建指挥部提交合同段交工验收申请的意向：

①承包人拟申请交工的工程已经基本完成，剩余工程收尾工作量很少，且在缺陷责任期内完成这些工程时，不影响完工工程的正常使用及施工安全；

②代建指挥部总监办按照《公路工程质量检验评定标准》的要求完成分项工程质量检查和评定，并签发分项工程交工证书；

③已由具有相关资质的质量检测部门进行检验并形成检测意见。

2）工程初验检查内容

工程初验由代建指挥部总监办负责组织。总监办在认为上述条件基本具备后，应在收到承包人交工验收申请意向书7天内组织代建指挥部相关部门按以下内容对工程完成初步检查，并通知承包人派人参加。检查内容包括：

①逐项检查拟申请交工的工程是否按合同要求已全部完成；

②分项工程质量检验评定的结果是否符合规范要求；

③监理工程师在各种场合以不同形式向承包人指出的各类质量问题是否得到妥善解决；

④各项技术、质量管理和合同管理程序及手续是否齐全、完备；

⑤是否有遗留未处理的重大技术、质量遗留问题；

⑥承包人申请交工的工程现场是否进行全面清理（包括临时用地和材料

堆放场、弃土场、取土场等），是否得到当地及环保等政府部门认可；

⑦承包人是否按合同规定完成或基本完成有关的工程交工资料，文件的编制是否满足归档要求。

（3）工程初验检查报告

初验检查工作结束后，由代建指挥部完成初验报告，初验报告主要内容：

1）工程总体情况及初验概述；

2）现场存在的有关问题；

3）工程质量评定结果；

4）与评表相对应的工程初验检查、检测记录表；

5）初验检查结论。

如果代建指挥部认为上述交工验收条件尚不具备，则书面通知承包人抓紧完成，直至交工验收条件基本成熟后，承包人提出正式交工申请报告。

（4）交工验收

1）交工验收的申请

初验工作完成后，承包人可以按合同规定向代建指挥部提交正式的交工申请报告，代建指挥部收到交工申请报告后负责组织，整个交工验收在收到承包人申请交工报告之日起7天内完成。

2）验收小组的组成及主要工作

代建指挥部根据交工验收内容，组织成立交工验收小组。

①交工验收小组由交通运输主管部门、质量监督部门、项目法人、代建单位、设计单位、中心试验室、承包人及接管养单位有关人员组成。

②主要工作包括：审议、审查、审定初验、初评结论；外观质量抽查，完成缺陷及剩余工程情况统计及描述；内在质量抽查，现场检测并填写相应的工程施工现场检查、检测记录表；交工文件、资料检查，提交资料审查意见；进行交工质量等级评定、确定验收结果、完成验收会议纪要；完成合同段交工验收评估报告。

3）检查验收

验收活动由交工验收小组组长负责组织进行，代建指挥部和承包人配合验收小组的工作。代建指挥部和承包人必须将有关拟验收工程的全部技术资料和相关的工程管理资料（如各分项工程开工申请、质量验收、计量支付、工程变更等）整理成册备查，并将已完成的竣工资料交验收小组检查。验收小组完成交工验收的有关检查工作后，由代建指挥部完成验收会议纪要和评估报告。

（5）交工验收证书的签发

合同段交工验收证书是承包人办理交工计量和交工支付的必要条件，经验收小组检查认为工程质量合格，代建指挥部应在此项验收工作完毕后14天内向承包人签发合同段交工验收证书，证书中应写明按合同规定本合同工程的交工日期（即承包人最后一次提交交工申请报告的日期）。

2. 缺陷责任期管理

（1）缺陷责任期期限

1）缺陷责任期起算日期必须以签发的工程交接证书日期为准；

2）对于有一个以上交工日期的工程，缺陷责任期应分别从各自不同的交工日期起算。

（2）缺陷责任期工作内容

1）检查承包人剩余工程计划

定期检查承包人剩余工程计划的实施，并视工程具体情况，要求承包人对剩余工程计划进行调整。

2）检查已完工程

经常检查已完工程，对工程交接时存在的缺陷及签发交接证书之后发生的工程缺陷情况进行记录，并指示承包人进行修复。

3）确定缺陷责任及修复费用

对工程缺陷发生的原因及责任者进行调查。对非承包人原因造成由承包人进行修复的工程质量缺陷，代建指挥部对修复工作做出费用估价，并向项目法人提交为承包人追加费用的证明。

4）督促承包人按合同规定完成交工资料。

（3）签发缺陷责任终止证书

1）缺陷责任期终止申请

缺陷责任期即将结束之前，承包人应事先进行合同范围内工程缺陷的调查，如发现有因承包人施工质量问题导致的缺陷，承包人应自费进行修复。承包人在确认没有质量缺陷以及完成剩余工作后，及时向代建指挥部提出缺陷责任期终止申请报告，报告附件中包括缺陷修复一览表、剩余工程完成情况一览表以及合同段工程交工证书、合同段工程交工验收评估报告等。

2）缺陷责任期工作检查

代建指挥部在收到承包人缺陷责任期终止申请报告后，成立缺陷责任期终止验收工作小组，工作小组的主要任务包括：审查承包人终止缺陷责任的申请报告；对工程进行最终的整体检验，并侧重缺陷责任期工作内容的检查；审查交工资料；对缺陷责任期的工作情况进行评价，确定是否签发缺陷责任终止证书。

工作小组完成工作后，提交缺陷责任期终止评估报告及缺陷修复扣款一览表。

如经检查，施工现场仍存在施工缺陷影响缺陷责任期终止，则工作小组应签发缺陷责任延期通知单。待缺陷工程全部修复完成后，由承包人再次提出验收申请。

（4）缺陷责任终止证书签发

总监理工程师收到工作小组报告，并确认缺陷责任期工作符合合同约定的，在规定期限内向承包人签发合同段缺陷责任终止证书。签发日期以工程通过最终检验的日期为准。

3. 项目竣工验收管理

竣工验收包括竣工验收申请、组建竣工验收委员会、听取和审议有关报告、检查有关资料和现场检查、竣工验收鉴定书签发等工作。

（1）竣工验收的条件

1）通车运营 2 年后；

2）各合同段经过交工验收的质量评定均为合格以上的工程；

3）对未完工程或交工验收时提出的修复、补救工程已处理完毕，并经代建指挥部和质量监督部门检验合格；

4）已按要求编制完成全部竣工文件；

5）项目已通过环保、水保等相关部门的验收；

6）按规定编制好竣工结算报告，各单位已编写完成总结汇报材料。

（2）竣工验收的申请

当项目满足上述条件后，代建指挥部向上级交通主管部门提出竣工验收的申请。竣工验收由上级交通主管部门主持，建设、质监、设计、管养、水利、环保等有关部门代表组成竣工验收委员会，按国家和地方有关规定进行。

竣工验收的目的是对建设项目的管理、设计、施工、监理等方面做出综合评价，写出竣工鉴定书。

承包人应按代建指挥部的要求完成施工总结，并参加竣工会议。

代建指挥部配合竣工验收委员会做好竣工验收工作。

附录 A　　　　　　　项目工程技术资料审批程序一览表

工程资料类别	流程	施工单位	指挥部部分	中心试验室	设计单位	代建指挥部								指挥长
						总监办	总工办	质检部	安全部	工程部	合同部	财务部	分管领导	
施工准备阶段资料	1. 总体施工进度计划书	*	■			○	○	○	○	●			●	※
	2. 标准化建设方案	*	■			○	●	○	○	○			●	※
	3. 工地试验室标准化建设方案	*	■	*		○		●					●	
	4. 总体施工组织设计	*	■			●	○	○	○	○	○		●	※
	5. 工地试验室备案申请	*	■	*				●					●	※
	6. 单位、分部、分项工程划分	*	■	※		●		●					●	
	7. 工程安全危险源划分	*	■			○	※	※	●	※	※		●	※
	8. 标准化建设验收表	*	■			◎	◎	◎	◎	●	◎			
	9. 拟进场材料及料源报验	*	■	※				●						
	10. 配合比设计（C40、C50、沥青砼）	*	■	※				●					※	
	11. 配合比设计（<C40）	*	◎ ●	※				※						
	12. 进场人员报验	*	■			●			○		○			
	13. 进场设备报验	*	■			●			○		○			
	14. 测量成果报验	*	■			●			○					
	15. 图纸会审	*	■			○	●	○	○	○	○			
	16. 清单勘误	*	■			○	○					●		
	17. 施工图设计交底	※	※	※	*	※	★ ●	※	※	※	※		※	
	18. 总体开工报告	*	■			●							●	
	19. 监理计划					*							●	
	20. 监理细则		*			●			※				※	

264

资料类别	资料名称											
施工阶段资料	21. 监理工作程序交底	※	★		※							※
	22. 试验检测计划	*	○	*			※					
	23. 试验检测细则	*	○	*	○		●					※
	24. 工程变更	*	■		○	●			○	○		●
	25. 施工技术交底	*	※									
	26. 专项施工技术方案	*	■		○	●						※
	27. 安全专项方案	*	■		○		●					※
	28. 首件工程施工技术方案	*	■	●	○	○		○				※
	29. 首件工程开工报告	*	■	●		○						※
	30. 首件工程技术总结	*	■	●	○	○		○				※
	31. 施工月计划	*	■							●	○	
	32. 分项工程施工技术方案	*	●									
	33. 进场人员报验（分项工程用）	*	●									
	34. 进场设备报验（分项工程用）	*	●									
	35. 进场当地材料报验（分项工程用）	*	●									
	36. 进场外购材料报验（分项工程用）	*	●									
	37. 施工施样报验（分项工程用）	*	●									
	38. 关键工程施工施样报验（分项工程用）	*	◎				●					
	39. 分部或分项工程开工报告（每个分部或分项）	*	●									
	40. 各工序质量检验报验	*	●									
	41. 施工质量检验报告单	*	●									
	42. 施工原始记录	*	●									
	43. 测量原始记录	*	●									

类别	资料名称											
施工阶段资料	44. 测量原始记录（关键工序）	*	◎				●					
	45. 试验检测记录及报告单	*	◎	*								
	46. 分项工程质量评定	*	◎ *									
	47. 中间交工证书	*	◎ *									
	48. 施工月报	*	■									
	49. 监理月报		*			※				※		
	50. 项目月报		*			*	*	*	*	* ■	*	●
	51. 试验检测月报	*	※	*		※		※				
	52. 巡查通知单		★			★	★	★	★	★	★	
	53. 监理指令单		★			★						
	54. 工程停工令		★ ■			★						
	55. 复工申请批复单	*	●			●						
	56. 分部工程质量评定	*	○ *							※		
	57. 单位工程质量评定	*	○ *			○				※		
	58. 合同段工程质量评定	*	○ *			○				※		
	59. 交工申请	*	■			○		○				●

备注：1. *编制及上报 ■复核及上报 ★下发 ○审核 ◎签认 ●审批 ※报备。

2. 工程计量依据项目管理办法执行。

3. 审批部门负责组织，审核部门负责配合。

附录 B　相关管理制度

一、党风廉政建设

根据交通部《关于在交通基础设施建设中加强廉政建设的若干意见》及有关工程建设廉政建设的规定,结合项目"代建＋监理一体化"建设模式特点,为保证工程建设高效优质,保证建设资金安全和有效使用,代建指挥部成立党风廉政建设领导小组,采取以下措施,做好党风廉政建设工作。

1. 严格遵守党的政策规定和国家有关法律法规及交通运输部、地方的有关规定。

2. 严格执行工程建设合同,自觉按合同办事。

3. 坚持业务活动公开、公正、诚信、透明的原则,不损害国家和集体利益,不违反工程建设管理规章制度。

4. 建立健全廉政制度,开展廉政教育,设立廉政告示牌,公布举报电话,监督并认真查处违法违纪行为。

5. 严禁工作人员索要或接受施工单位礼金、有价证券和贵重物品,在施工单位报销任何不应报销的费用,参加施工单位安排的超规模的宴请,接受施工单位交通工具、通信工具和高档办公用品。

6. 严禁工作人员以任何理由向施工单位推荐分包单位或推销材料,安排施工队伍。

7. 加强对管理人员的职能管理,警钟长鸣,防患于未然。

二、八项原则

1. 严格执行国家和地方有关法律法规,在工程项目建设中坚持公平、公正、公开的原则,做到依法管理、按章办事,保持严以律己、清正廉洁的工作作风。

2. 发挥党支部先进模范作用,将廉政建设作为党支部建设的一项重要内容，定期召开民主生活会，开展批评和自我批评，组织党员干部学习党风廉政建设的理论、法规，进行党性、党风、党纪教育。

3.树立为项目服务的思想，坚持原则，遵纪守法，严于律己，认真履行职责，自觉接受各级纪委、监察、审计部门的监督检查。

4.制定施工管理行为规范，建立个人廉政档案，签订廉政目标责任书，加强廉政机制的监督和考核。

5.发扬艰苦奋斗的工作作风，接待、开会、办事坚持勤俭节约，不铺张浪费的原则，严格执行财务管理规定，严守财经纪律，恪守财务法规，按规定使用经费，按制度报账。

6.坚持贯彻"公开透明，平等参与，充分竞争，有效监督"的工程招投标管理制度，严格贯彻公平、公开、公正的原则，在工程发包、材料采购中严格执行项目招投标制度，坚持打造招投标阳光工程。

7.不断改进工作作风，提高工作质量和效率，深入实际，调查研究，尽职尽责，及时完成各项工作任务。

8.结合党内民主生活会，职工政治学习，检查廉政建设情况，做到"自重，自省，自警，自勉"。

三、八项不准

1.严禁向施工单位、协作单位、生产销售厂商或个人索要、收受回扣和其他利益。

2.严禁在各方保持正常的业务往来中"吃拿卡要"，不得向任何单位摊派或报销应由个人支付的费用。

3.严禁介绍家属或亲友从事与本工程有关的材料设备供应、工程承包等经济活动。

4.严禁在招投标、工程管理、材料设备选购活动中接受可能影响公正办事的礼物、馈赠和宴请。

5.严禁在公务活动中，用各种名义参加高消费娱乐活动。

6.严禁在各种经济活动中以岗位特权故意刁难施工单位、材料厂家及其他参建单位。

7. 严禁弄虚作假、徇私舞弊、泄露机密、搞私下交易，进行违规活动。

8. 严禁违反招投标规定擅自选择工程承包单位及材料设备生产厂家。

四、监理人员行为准则

1. 遵循"公正、科学、诚信、自律"的原则，遵守"严格监理、优质服务、公正科学、廉洁自律"的职业准则，以监理规范、合同文件、技术规范为准绳，严格按照监理程序开展监理工作。

2. 树立服务意识，努力学习，不断提高政治素质和业务素质，保证监理工作水平。

3. 认真履行代建合同规定的权利和义务。

4. 严格执行《公路工程施工监理规范》和业主颁发的有关办法、规定，独立、客观、公正地开展监理工作，监督和指导承包人按合同、技术规范和标准进行施工。

5. 坚持团结、守法、求实、奋进的工作态度，深入工程一线，一切为工程着想，不得随意推诿不办。

6. 严把工程质量关，努力做到预防为主，事前监理，超前服务，事先检查。

7. 按工序流程查验，做到标准化、规范化、程序化，自检不合格、资料不齐全不予抽检，上道工序不合格不得进行下道工序施工。

8. 经检验不合格的工程项目，及时向施工单位指出不合格的具体部位和项目，要以数据说话，不得笼统处理。

9. 对工程的质量、计量、验收等与施工单位意见不一致时，应及时逐级向上一级汇报，以便协调处理。

10. 对施工中发现的问题，及时下达书面指令，并按规定报送有关机构。

11. 不准收受施工单位的礼品、礼券、礼金和有价证券或接受施工单位的各种赞助和回扣。

12. 不准参与施工单位的各种经济活动或借工作之便向施工单位推销各种材料、产品或介绍施工队伍。

13. 不准参加施工单位组织的旅游和高消费的娱乐活动或接受施工单位的宴请。

14. 不得弄虚作假，对不合格的工程不得按合格工程签认，不得隐瞒工程质量事故。

15. 不得泄露所监理工程各方认为需要保密的事项。

五、工地巡查制度

1. 为圆满完成项目代建、监理目标，对工程质量、安全、进度、费用和环保等实施动态控制，总监办建立工地巡查制度。

2. 巡查制度以主动监理为主，辅以典型工程，由总监理工程师随机组织人员或指定部门负责巡查，以总监办、质检部专业工程师组成巡查组，进行经常性的实地巡查，巡查方式是随机抽检。

3. 巡查活动分 3 个基本步骤：即确定目标、检查成效和纠正偏差。

4. 巡查前，检查人员要熟悉设计文件、相关规范要求及合同目标，了解工程质量、安全、进度、费用和环保的计划目标，并制定检查内容。

5. 巡查时，按照预先制定的检查内容，对工程各目标值的完成情况进行检查，其中包括对承包人的人员、机械设备和仪器进行实地核查，并将实际完成情况与计划进行比较分析，发现偏差后进行原因分析。巡查的一般方法是查阅现场监理日记，察看施工现场，必要时召开座谈会，探讨有效的纠偏办法，要求责任人提出整改措施和期限。

6. 巡查后，巡查人员在做好现场记录的基础上，当天填写巡查记录表，汇总巡查信息，提出处理意见，报总监理工程师审阅。对检查中出现问题以巡查通知的形式下发给施工单位，施工单位要对提出的问题及时整改并书面回复，必要时采取经济处罚措施。

六、质量责任制度

为加强对项目工程质量进行全方位、全过程的目标控制，强化代建、监理人员质量责任心，把岗位责任落到实处，调动工作积极性，优质按期完成项目代建、监理任务，制定质量责任制度。

1. 根据工程特点，落实各级代建、监理人员职责和权限，定人定岗，各负其责，进场人员签订质量责任书及质量责任卡。

2. 明确各标段分项工程、分部工程和单位工程责任人，并在分项工程开工前落实工序监理责任人。某个环节监理工作出现问题，由该环节责任人负责。

3. 对违反监理程序、不负责任的签订行为或违反代建指挥部考核细则规定的考核基本条件之一者，代建指挥部视情节轻重进行处理。

七、例会制度

执行例会制度是对项目进行全面监理的重要手段，例会制度执行得好，有利于协调参建各方的关系，促进参建各方认真履行合同的职责、权利和义务。监理工地会议根据召开时间、会议内容及参加人员等，分为第一次工地会议、工地例会和专题会议等。

1. 第一次工地会议

1）第一次工地会议按以下规定组织：

①会议应在工程正式开工前召开；

②会议由总监主持；

③代建指挥部总监办应事先将会议议程及有关事项通知施工单位、其他有关单位并做好会议准备，并邀请质量监督部门参加；

④代建指挥部、施工单位的授权代表出席会议，各方在工程项目中的主要管理、技术人员等必须参加会议。

2. 会议主要包括以下内容：

1）各方介绍各自的人员、组织机构、职责范围及联系方式。代建指挥部宣布对总监的授权，总监宣布对驻地监理工程师的授权，施工单位提交对项目经理的授权书；

2）施工单位陈述开工各项准备工作情况；

3）代建指挥部总监办说明监理工作准备情况；

4）监理工程师说明主要监理程序、质量和安全事故报告程序、文件往来程序和工地例会等要求；

5）代建指挥部说明工程占地、拆迁等与开工条件有关的事项；

6）总监进行会议总结，明确施工准备工作存在的主要问题和解决措施要求；

7）具备开工条件的，可下达工程开工令。

2. 工地例会

1）工地例会由总监或驻地监理工程师主持，每月召开一次，代建指挥部代表、施工单位项目经理、技术负责人及有关人员应参加。

2）会议主要内容包括检查上次例会议定事项的落实情况，并对工程质量、安全、环保、费用、进度和合同事项等情况进行讨论，提出解决问题的措施并确定下一步工作安排。

3. 专题会议

1）专题会议根据工程管理需要召开，由总监或代建指挥部有关人员主持，代建指挥部、施工单位代表及有关人员参加，必要时可邀请有关专家参加。

2）会议主要内容包括针对工程技术、质量、安全、环保、费用、进度和合同事项等方面的重点、难点及需要协调的问题进行讨论，提出解决方案并形成意见。

4. 监理工作例会

1）监理工作例会由总监或驻地监理工程师主持，每月召开一次，总监办、代建指挥部分部有关人员参加。

2）会议主要内容包括分析监理工作中存在的问题，对近阶段监理工作进行总结，明确下阶段监理工作方向，保证监理工作规范有序进行。

八、施工图审查制度

1. 设计交底前要对施工图进行全面复核、审查，书面提出发现的问题。

施工图必须经过严格审查后方可用于工程施工。

2.施工单位应组织工程技术人员对施工图进行全面复核，并将复核过程中发现的问题汇总上报代建指挥部分部，代建指挥部分部应逐个复核施工单位发现的问题，提出复核意见并上报代建指挥部。

3.代建指挥部组织各专业工程技术人员进行图纸会审，并提出审查意见。

4.代建指挥部设专人进行图纸管理，负责办理图纸审查手续，施工单位也应做到责任到人，防止因图纸错漏未及时发现造成严重后果。

5.施工过程中，施工单位应做好图纸经常性的审查工作，每个分项工程开前，应对该分项工程的图纸做进一步审查，防止有明显失误，造成严重后果。

6.施工图纸复核、审查的主要内容包括：

（1）审查总说明明显与技术标准、现场情况不相符的内容。

（2）复核位置、标高标示是否正确，是否与线路指标相符，各施工标段间线路是否连续。

（3）复核结构尺寸是否合理，前后图纸是否出现矛盾，布置图、结构图、大样图之间是否相互吻合。

（4）复核图纸中图与注释说明是否出现矛盾。

（5）复核工程数量是否准确，特别是要复核大样图、结构图、布置图工程量与工程数量汇总表所对应的项目计算是否正确。

（6）复核图纸要求的工艺是否合理，与现实工艺和技术标准要求是否一致。

九、文件传阅、借阅制度

1.为使文件管理制度化，规范化，提高公文处理速度和发文质量，充分发挥文件在各项工作中的指导作用，根据档案文件管理规定，结合实际，特制定本制度。

2.凡经领导批准需传阅文件，由综合管理部文件管理员负责文件传阅整个过程的服务管理工作。

3. 根据领导批示，对需传阅文件进行分类别传阅，领导批示需具体分管人员承办的文件要及时送交承办人。领导批阅全体人员传阅文件，由各分管领导组织人员传阅，阅文人员阅文后要在《文件传阅签》上签署名字或意见。签阅文件要使用蓝、黑色墨水笔。

4. 传阅文件不得漏传、误传、延误或扩大传阅范围，不得自行翻印，确因工作需要翻印文件的，需经批阅领导同意，不得擅自借给外单位人员或抽出带走自己保存。

5. 文件传阅应迅速，不拖延，不积压，一般文件从送阅到阅毕不得超过一天时间，文件阅毕必须当即交由下一阅者传阅，文件最后一人阅毕，要及时交回文件管理员处理或存档。

6. 借阅普通文件的，借阅人需向综合管理部文件管理员办理借阅手续，及时登记借阅台账，明确借阅人借阅时间和归还时间。

7. 借阅密级文件的，须经批阅领导同意后方可借阅，且要在指定地点阅读。

8. 借阅人必须做好保密工作，不得随意泄露文件内容，不能将借阅文件转借他人。借阅文件在限期内必须及时归还。

十、请销假制度

为加强合同管理，严格履约，各参建单位人员应常驻工地，离开工地需书面请假。

1. 请销假原则

原则上每月请假天数不得超过 8 天，且各参建单位人员无论何种原因的请假均不能影响本单位工作的正常开展。

2. 请销假审批程序及相关要求

（1）请假人申请假期时应提前安排好替岗人员。

（2）设计单位和中心试验室人员向上级主管部门申请假期时，应同时告知代建指挥部，于审批后 2 天内填写《请假备案表》报代建指挥部备案，假期结束后及时报代建指挥部进行销假备案。

（3）施工单位项目经理、总工程师申请假期，须填写请假条报代建指挥部审批。

施工单位工程部部长、质检部部长、安全环保部部长、合约部部长和试验室主任申请假期，须填写请假表由项目经理签署意见后，报代建指挥部分部审批。

施工单位其他管理人员请假由项目部审批，并于审批后 2 天内报代建指挥部分部备案。

请假期满后应及时到其假期审批部门办理签到销假手续。

十一、管理考核制度

1. 项目成立代建指挥部和代建指挥分部两级组织机构，对项目建设实行全面的监督和管理。

2. 指挥长为项目管理第一责任人，具有对代建指挥部人员全面管理、教育、奖惩及代建合同赋予的所有权力。

3. 代建指挥部综合部对代建指挥部人员建立花名册，并建立存档制度，以便于管理。

4. 严格执行考勤和请销假制度。代建指挥部所有在册人员必须逐日考勤，代建指挥部分部人员由代建指挥部分部考勤，代建指挥部各职能部门人员、代建指挥部分部主任和驻地监理工程师由代建指挥部综合部考勤。人员外出必须严格履行请销假手续，所有请假时间均必须反映到考勤表上。

5. 代建指挥部所有人员必须严格执行国家、地方有关法律法规和项目相关规定，违反者按相应规定和制度处理。

6. 认真贯彻执行监理工作"十六字"方针，真正做到"严格监理、优质服务、科学公正、廉洁自律"，履行好各自的职责。代建指挥部所有人员必须廉洁自律，不得弄虚作假，营私舞弊，不得失职渎职，如有违反，将予严肃处理。

7. 加强业务学习，提高业务素质。代建指挥部所有技术管理人员必须在各自的岗位上认真学习业务技术，做到同事间相互学习交流，取长补短。

总监办和代建指挥部分部对监理人员进行上岗前培训。

8.建立稳定的会议制度,总监办每月召开一次监理工作会议。参会人员为总监办和代建指挥部专业工程师以上人员。会议内容包括上阶段工作总结,下阶段工作的安排,监理工作中存在的问题,以及解决问题的措施,并听取各方面的意见,对各岗位工作做出相应的评价等。

9.考核实施办法如下:

(1)考核对象:代建指挥部全体工作人员。

(2)考核内容:为考核办法全部内容。

(3)考核时间:每月月底。

(4)考核采用100分制,95分以上(含95分)为优秀,75分以上(含75分)为合格,75分以下为不合格。

(5)考核为优秀的人员将给予奖励;不合格人员,第一次给予警告,并责成改进,出现第二次、第三次者将给予处分直至辞退。

(6)考核、奖惩的目的是鼓励先进,鞭策后进,更好地完成工作任务。要求对考核对象的评价是客观、真实的。

10.代建指挥部每月将组织相关人员对承包人的施工标准化、质量、安全、进度、人员履约情况等进行考核。

十二、代建、监理人员安全管理规定

1.所有代建、监理人员必须签订安全责任书,代建指挥部为全体人员办理人身意外保险。

2.代建指挥部定期进行安全教育,加强全体代建、监理人员的安全意识。

3.代建、监理人员上岗前不得喝酒。

4.高空作业检查按规定采取安全保护措施,如系安全带、穿防滑鞋等。

5.上工地必须戴安全帽,不得穿拖鞋。

6.易燃物品附近不得吸烟,不得在工地随意丢烟头。

7.不得滞留高压电附近。

8.河道中施工,注意安全,防止落水。

9. 不得下河游泳。

10. 离开宿舍时关闭电源开关，晚上离开办公室时检查关闭电器及门窗。

11. 外出一天以上者，报告上一级主管领导。

12. 夜间在工地工作，注意携带照明工具。

13. 发现安全隐患及时报告相关人员。

附录 C "代建 + 监理"一体化模式实施依据

一、交通运输部副部长冯正霖在全国公路建设管理体制改革座谈会上的讲话

理清思路把握重点
深化公路建设管理体制机制改革
——冯正霖副部长在全国公路建设管理体制改革座谈会上的讲话
（2014 年 9 月 26 日）
交通运输部副部长 冯正霖

同志们：

这次全国公路建设管理体制改革座谈会，是落实部党组工作部署，按照发展"四个交通"的总要求，全面深化交通运输改革的一次重要会议。会议期间，总结了全国公路援疆代建工作和高速公路施工标准化活动成效，新疆、陕西、湖北交通运输厅和上海市政设计研究院等单位，分别介绍了他们在组织实施代建、开展施工标准化活动和落实"五化"要求等方面的好做法、好经验，部公路局汇总了全国施工标准化活动情况和取得的成效，部规划研究院介绍了公路建设管理体制改革研究意见。刚才，三个小组召集人介绍了交流讨论情况。对大家在讨论中提出的问题，请部公路局会同部有关司局和研究单位认真研究，借鉴吸收。总体看，这次会议主题突出，内容丰富，集思广益，收效明显。特别是对于围绕深化公路建设管理体制改革，"改什么、怎样改"，进一步统一思想认识，明确改革工作的重点和任务，将产生重要作用。下面，我谈三点意见。

一、公路建设管理体制改革取得积极成效

近年来，全国公路交通系统围绕发展理念、管理体制机制和制度设计等

核心要素，以大量工程实践为基础，积极探索公路建设发展规律，吸收借鉴国外成功经验，努力完善法规体系，提升建设理念，为建立适合我国国情的公路建设发展模式，促进公路交通科学发展、安全发展奠定了坚实基础。

1. 公路建设理念不断提升。全国公路交通系统始终坚持解放思想，以开阔的视野，注重把握国际工程领域的发展动态，从我国国情出发，认真研究不同时期公路建设规律和特点，持续提升公路建设理念。针对 21 世纪初期国家启动大规模基础设施建设的情况，2004 年全国公路勘察设计工作会议提出了"六个坚持、六个树立"的新理念，为在公路建设领域深入贯彻落实科学发展观形成了有力抓手。2007 年全国公路建设座谈会在推动落实勘察设计新理念的同时，提出要在建设过程中注重工程项目的功能性、耐久性等内在品质，给公路建设管理与技术水平的升级注入了新要求。在系统总结福建、陕西、浙江、广东、江苏等地规范化、信息化、标准化工程实践经验的基础上，2010 年厦门会议提出了"发展理念人本化、项目管理专业化、工程施工标准化、管理手段信息化、日常管理精细化"的"五化"要求，加快推行现代工程管理，公路建设发展理念又一次实现了重大创新。2012 年在西安召开的高速公路施工标准化活动现场会，交流了施工标准化经验，总结了阶段性成果，提出要注重工程品质、建设放心工程，以标准化活动为载体，把现代工程管理理念落实到建设项目的全过程。这次会议，我们以改革为主题，研究公路建设体制机制的制度化建设，也是适应交通科学发展而提出来的。建设发展理念的每一次提升，都是从各地公路建设的探索实践中总结提炼而来，继而对全国的公路建设实践又产生重要影响，这也符合认识论和实践论的规律。通过提升发展理念、工程实践检验、完善制度设计这样的良性循环，为稳步推进公路建设管理体制机制改革提供了重要的认识基础和实践支撑。

2. 公路建设制度体系不断完善。近年来，我们自觉遵从公路工程建设规律，不断规范公路建设管理行为，对于事关全局的重大制度调整问题，坚持实践是检验真理标准的指导思想，遵循敢于创新、试点先行、稳步推广的原则，在不断探索实践的过程中，逐步将成熟经验制度化。在勘察设计方面，部组织编辑了《新理念设计指南》等技术手册，发布了《加强重点公路建设项目设计管理工作若干意见》《关于进一步加强公路勘察设计工作的若干意见》等规范性文件，将勘察设计新理念拓展、固化为设计管理制度。在项目管理方面，不断深化对项目法人地位和作用的认识，提倡专业化管理，发布了《关于进一步加强公路项目建设单位管理的若干意见》，明确建设单位的基本要求。在市场监管方面，构建了全国公路建设市场信用信息管理系统，建立施工、监理、设计等市场主体的信用管理体系，不断完善招投标程序和制度设计，规范分包管理。在质量管理方面，发布了《公路建设监督管理办法》《公路工程质量监督规定》《关于严格落实公路工程质量责任制的若干意见》等规章和规范性文件，不断完善质量保证体系，在多年来公路建设规模始终保持高位运行的情况下，工程质量总体上不断提升。在建设管理模式方面，2004 年《国务院关于投资体制改革的决定》首次提出"对非经营性政府投资项目加快推行代建制"后，交通运输行业较早开展了代建制的研究和试点工作；2006 年以来，部在广东、福建、北京等 5 省市启动了设计施工总承包试点工作；2011 年以来，启动了监理体制改革调研工作，研究制定新的造价管理办法，组织修订《公路工程竣（交）工验收办法》并改革竣工验收制度。各地结合本地区实际情况，在公路建设管理模式、管理机制等方面进行了积极探索，这一系列的改革探索与制度建设，为全面深化公路建设管理体制改革奠定了良好的基础。

3. 公路建设工程管理实践不断丰富。为适应国家经济社会快速发展和人民群众出行的需要，在积极的财政政策支持下，我国公路建设近十年来始终处于大建设、大发展的重要机遇期，大量的工程实践特别是高速公路重点建设项目，为推广公路建设新理念、推行现代工程管理、推进公路建设管理体制机制改革提供了重要支撑。在四川川九路、云南思小路以及全国 52 个典型示范工程的引领带动下，"六个坚持、六个树立"新理念迅速推广。"安全、环保、耐久、经济"，建设"百年大桥""放心工程"，成为更高、更好、更切合实际的建设目标，摒弃了以往不切实际的口号性目标，目标更平实、更具体、更符合工程建设特点。苏通大桥、杭州湾跨海大桥、沪蓉西高速公路、厦门翔安海底隧道等重点项目的项目法人组建模式和管理能力，对在全国公路建设中强化项目法人责任、推进项目管理专业化起到了较强的示范效应。

正在建设的港珠澳大桥项目法人组建模式，借鉴了国际经验，符合中国国情，特别是适应港澳两地"一国两制"的特殊要求，更加典型地代表了项目管理理念的发展方向，将来项目建成后要认真总结。2011年起广泛开展的全国高速公路施工标准化活动，总结推广了一批典型的工艺、工法和管理制度，取得了一系列创新成果，"三集中、两准入"，智能张拉、智能压浆，混凝土外观质量分级评定制度等，都已经得到普遍推行，有效提升了工程管理水平。在许多重大建设项目的组织实施中，我们的公路建设理念更加科学，建设管理目标更加明确，专业化管理能力进一步增强，质量安全管理行为更加标准、规范，信息技术应用更加普遍，也更加注重了质量安全控制和系统集成管理，工程内外在品质方面都在不断提升。特别是为了适应新疆公路建设跨越式发展的需要，针对新疆的区情特点，采取"政治任务动员、市场规律运作"模式，部首次在新疆开展了大规模代建工作，组织12个省、16家单位、400多名代建人员支援新疆建设，目前大多数代建项目已顺利完成或已建成通车。实践证明，在新疆当前的经济社会发展条件下，这一代建模式是符合实际的，既体现了我国社会主义制度的优越性，也遵循了市场经济规律，通过签订代建协议合同，约定了双方责任和权益。当然，这其中还有很多经验教训可以汲取，但总体上说，新疆公路代建工作具有开创性意义，它进一步丰富了我国现代工程管理的内涵，为在西部地区乃至全国推广代建制积累了宝贵经验，也为推进公路建设管理体制改革探索了新的路径。

回顾近十年来我国公路建设的发展历程，可以说是一个不断探索、实践创新的过程，这里有着全体公路建设者的辛勤付出和智慧结晶，有着各级交通运输主管部门认真落实党中央国务院各项改革部署的坚定决心和有力措施。这也是我们坚持理论自信、制度自信、道路自信的基础所在。

二、找准深化公路建设管理体制改革的主要切入点

党的十八届三中全会明确提出，要紧紧围绕推进国家治理体系和治理能力现代化的总目标，全面深化改革。并明确要求发挥市场在资源配置中的

决定性作用，同时要更好发挥政府作用。这就给我们明确指出了全面深化改革的总目标、总方向，对改革"改什么、怎么改"，有了更加清晰的认识。从本质上讲，国家治理体系就是我国经济社会管理的制度体系，治理能力就是运用国家制度管理社会各方面事务的执行能力。全面深化改革，就是要破除一切妨碍科学发展的思想观念和体制机制弊端，构建系统完备、科学规范、运行有效的制度体系，使各方面制度更加成熟、更加合理。按照十八届三中全会要求，部党组认真分析了我国交通运输业的发展现状及存在的问题，并根据国家经济社会发展需求以及治理体系治理能力现代化的要求，明确将深化公路建设管理体制改革，作为全面深化交通运输改革的重点领域和重点内容之一。认真贯彻落实中央和部党组决策部署，加快推进公路建设管理体制改革，建立更加完善科学高效的公路建设管理体制机制，是摆在我们面前的重大而迫切的任务。

改革开放以来，我国公路建设在不断探索实践和借鉴国外经验的基础上，逐步形成了以项目法人责任制、工程监理制、招标投标制和合同管理制等四项制度为核心内容的建设管理体制。依靠这些制度，我国公路建设取得了巨大成就。应当说，现行的公路建设管理体制本身就是在不断深化改革中逐步完善的，就是在试点到推广的过程中不断发展的，其作用和成就应该予以肯定。但是，随着我国经济社会发展，公路建设的外部环境和内在要素正在发生重大变化，主要体现在四个方面。一是国家治理思路正在变化。围绕全面深化改革的总目标，随着财税体制改革、投融资体制改革、行政管理体制改革、行政审批制度改革的不断推进，对公路建设管理体制机制必将产生重大影响。二是公路建设重心发生变化。由东部地区向中西部地区、集中连片地区和建设条件复杂的地区推进，由高速公路向国省干线和农村公路逐渐转移。四项制度最初是从东部地区快速发展中总结提炼出来的，公路建设主战场的转移，对建设管理提出了新的要求。三是公路建设管理模式正在变化。国家进一步加大政策支持力度，鼓励社会投资进入公共基础设施领域，特别是鼓励采用公私合营模式，债券、基金等融资方式开始投资公路基础设施建设项目，将带来公路建设管理模式的改革探索。四是基础设施建设发展环境不断变化。近十多年的大规模公路建设，使得当前项目法人的构成及其管理能力，工程监理的角色定位及其责任担当，设计、施工、咨询业的规模及其经营能力，从业人员的结构及其专业素质都较之改革开放初期明显不同。此外，土地、环境、资源等要素的刚性制约日益凸显，社会公众对公路质量、安全、服务功能和建设品质的要求越来越高，这些都需要我们认真审视现行公路建设管理体制的利与弊、是与非，使好的制度更加成熟定型，不适应时代变化要求的制度及时得以改革完善。

按照中央深化改革的要求，推进公路建设管理体制改革，我认为，要切实把握好三个切入点：

1. 坚持以问题导向为切入点。目前全行业对于公路建设管理体制改革是有思想共识的，大家都认为公路建设发展到今天，应该对四项制度进行全面评估，找准存在的问题，进行系统的顶层设计。不能再仅仅局限于一些制度的零散调整或修订，要统筹考虑四项制度之间的联系，加强相关改革方案的衔接和协调推进。深化公路建设管理体制改革，首先要坚持问题导向，改革特别是有效的改革，往往是问题倒逼的，否则就不会有内生动力；依靠外部推力的改革，往往也都是被动的，是难以有"壮士断腕"的勇气的。深化公路建设管理体制改革，就要以推行现代工程管理、推动公路建设科学发展作为标尺，来审视公路建设体制机制和政策规定，哪里有不符合科学发展、不适应现代工程管理的问题，哪里就需要改革；哪个领域哪个环节问题突出，哪个领域哪个环节就是改革的重点。部里挖掘的是共性问题，将来发的改革意见也是指导性意见。各地要找出本地区的突出问题，特别是要找出哪些是阻碍或束缚生产力发展的问题，找准制约公路建设科学发展的关口所在，不断创新公路建设管理体制机制，切实增强自我革新的勇气和能力，改革绝不是为改革而改革、口号式的改革、被动式的改革。

为深入推进公路建设管理体制改革，部公路局组织有关单位开展了全面调研，调研过程中大家讨论比较集中的，首先是项目法人制的问题。有的同志问，投资人和项目法人两者之间是什么关系？政府投资项目到底应当怎样组织实施？从本质上讲，设立项目法人的主要目的在于通过责权利相对统一的法人机制的激励与约束，充分发挥市场主体能动作用，规范项目运作程序，加强项目内部管理，提升工程管理水平。工程建设领域实施项目法人制以来，项目法人的规范名称、真正属性、功能定位一直没有很好的得到解决，不少地方项目法人的作用并没有得以发挥，职责并没有体现，也没有体现出专业化管理团队的水平。究竟是工程建设指挥部叫项目法人，还是项目公司叫项目法人，都不是很清晰，需要重新厘定项目法人的概念，从市场角度和项目法人设立的初衷来界定，对不同类型项目的出资人、建设管理法人和运营管理法人进行区分，明确准入标准，加强考评监督。

又如工程监理制度。借鉴发达国家做法，监理制度最初作为工程建设管理的第三方，是一种比较科学的制度设计，对于加强工程质量安全监管，提升项目管理水平具有不可或缺的作用。但随着建设环境的不断变化、建设规模的不断攀升和建设模式的逐渐多元化，监理职能定位开始出现分歧，监理责权不对等、职责交叉问题比较普遍，很多业主把监理主要作为旁站、试验检测人员，监理作用得不到有效发挥。部组织的监理体制调研表明，45%的业主单位认为"监理存在越位、缺位、错位等情况"，61%的监理企业认为"无法全面履行监理义务"，81%的交通运输主管部门及质监机构认为"监理队伍参差不齐、整体素质不高"，监理制度的转型发展、监理人员素质和队伍建设等关键问题面临亟待突破的瓶颈，必须放在更大的平台以更为开阔的思路进行研究解决。各地在公路建设中遇到的问题是多样的、复杂的，一定要找出主要问题和矛盾，把改革的意识贯穿始终来加以解决。解决好这些问题，就是深化公路建设管理体制改革的重要内容。

2. 坚持以适应国家治理体系和治理能力现代化为切入点。要按照国家全面深化改革总目标的要求，主动融入国家治理体系和治理能力现代化的进程，主动破除公路建设体制机制的弊端。公路建设与国家产业布局和投资政策、财政税收和金融政策、行政审批与许可等宏观调控政策密切相关，深化公路建设管理体制改革，就要深入研究国家投融资体制、财税管理体制和行政管理体制改革对公路建设管理体制机制的影响，及早谋划，主动与之相适应。

应根据国家财税体制改革要求，认真研究公路建设的事权划分、投资政策和管理体制改革，逐步建立财权与事权、支出责任相匹配的公路建设管理体制。按照发展"两个公路体系"的总体思路，区分不同公路的功能作用，根据受益原则、能力原则、效率原则和与国情相适应原则，明确各类投资主体，包括中央、省、市、县政府在公路建设中的角色定位，选择与之相适应的公路建设管理模式进行建设管理，推动建立"事权清晰、责任明确、架构合理、制度科学"的公路建设管理体制机制。

十八届三中全会关于深化经济体制改革总体部署中，明确提出要发展混合所有制经济，鼓励更多的社会投资进入基础设施建设领域，这也意味着今后公路建设中，投融资模式会更加多元化。随着改革的深入，在现有的政府投资项目和社会资本投资项目之外，也将会出现混合型投资项目。投资主体和投资模式的不同，直接导致了项目管理模式和监管重点的差异，但不管是哪种投资渠道和项目管理模式，都要加强政府监管，有效防范工程建设风险，确保投资效益和工程建设目标实现。

《招标投标法实施条例》颁布后，允许具备建设能力的投资人自行设计、施工，在法规层面回应了近年来国家重大工程项目组织实施中的相关做法，对基础设施领域投资和建设管理进行了重大革新，颠覆了传统的"一路四方"建设管理模式。在这种情况下，有些项目监理似乎成为"局外人"，如何调整和完善质量安全保证体系，加强政府的事中、事后监管，需要我们积极思考、主动应对。

3.坚持以完善市场机制为切入点。坚持社会主义市场经济体制改革方向，核心是要处理好政府和市场的关系，使市场在资源配置中起决定性作用和更好地发挥政府作用。公路建设的市场化程度是比较高的，公路建设的各个环节都离不开市场主体的作为和政府的监管。因此，需要以市场要素的自由流动、市场主体的充分竞争、市场规则的公平公正为出发点，来研究谋划公路建设管理体制改革问题。

招投标制度是市场经济环境下的有效制度，公路建设行业是国内最早实行招投标制度的行业之一。招投标制度的普遍推行，为降低公路建设成本，选择最优的参建队伍，促进市场公平竞争，创造了良好的制度环境。但是近年来，由于各种外部因素的影响和制约，一些省份招投标程序和制度设计出现了偏差，不充分考虑工程特点和技术要求，简单的以"抓阄"方式定标，没有将投标人的业务专长和建设能力作为重点考量因素，偏离了择优的基本价值导向，不利于公平竞争、良性竞争，没有充分发挥市场在资源配置中的作用。

又比如说，代建制体现了项目管理专业化的本质要求，解决了临时组建的项目管理机构专业性不强、局部地区建设管理力量不足的矛盾，能够不断积累和传承建设经验，通过市场机制优化配置建设管理资源，促进人才和技术合理流动。新疆公路代建工作的成功实践，已经充分验证了代建制的优越性。从目前建设形势看，代建市场有广阔的前景，特别是西部地区建设规模越来越大，建设条件越来越复杂，技术难度越来越高，只靠自身力量难以完成复杂艰巨的建设任务，更应打开市场，以开阔的眼界，吸收先进管理经验，提高项目管理水平。只有按照市场配置资源的规律，合理构建制度体系，加大政策引导和支持力度，不断培育和发展公路建设代建市场，才能实现全国范围内公路建设管理人才和技术资源的有序流动、均衡发展。

需要特别强调的是，市场经济体制是否完善，市场在资源配置中能否起到决定性作用，在很大程度上也取决于政府的事中、事后监管是否成熟。从以前主要靠前置审批、控制准入，转变为要以事中事后监管为主，激发市场主体的活力，对于政府职能的转变，无疑也是一次重大变革。审计工作之所以具有权威性和震慑力，就是因为能够真正发现问题，纠正问题，形成有效的责任追究机制。作为行业主管部门，我们要借鉴审计工作方式，从习惯审批的监管模式转变为事中事后的动态过程监管，改进监管方式，提高监管实效。

三、切实抓好公路建设管理体制改革重点工作

当前和今后一段时期，公路建设管理体制改革的总体思路是：按照中央全面深化改革的总要求，找准改革的主要切入点，加强顶层设计和制度创新，以"科学高效、责权一致、专业管理、循序渐进"为原则，努力构建与现代工程管理相适应的公路建设管理制度体系，促进公路交通科学发展安全发展。重点要深化六个方面的改革。

1.创新项目管理模式，探索项目管理专业化的多路径。多年来，大部分

公路建设项目采用"建设＋监理"的传统模式。结合这次公路建设管理体制改革专题研究成果，总结近年来各地项目管理实践和专业化管理的发展方向，目前对政府性投资的建设项目，提出三种项目建设管理模式。第一种模式是自管模式，由具备相应专业能力的建设管理法人统一负责项目建设管理的全部工作，不再强制实行社会监理。自管模式的优势，在于建设管理法人对工程全权负责，有利于主体责任落实，同时集中管理也提高了管理效率。第二种模式是改进的传统模式，即项目建设"管理法人＋社会监理"模式。主要改进内容是明确建设管理法人与监理职责界面，建设管理法人对项目管理负总责，监理接受委托，按照合同约定对建设管理法人负责。对于建设规模大、技术条件复杂的项目，仍然适合采用改进的传统模式。第三种模式是代建制。项目出资人或建设管理法人没有足够的专业管理能力时，应通过招标等方式选择代建单位，签订代建合同，委托其承担建设管理工作。推行代建制要抓住三个重点：一是要明确代建单位资格标准，培育代建市场，严格市场准入。代建单位直接组织项目全过程实施，必须具备管理工程项目的专业能力和合同约定的工作要求。二是要明确代建单位与投资人、建设管理法人等相关主体的职责关系，避免职责交叉。三是要建立代建目标管理、考核激励与风险防控机制，保障代建单位合理收入，确保建设管理目标得以实现。部公路局组织起草了《公路建设项目代建管理办法》，下一步要根据讨论意见和改革方案，修改完善后尽快印发。

上述三种项目管理模式是针对政府性投资项目提出的，对 BOT、BT、PPP 等社会资本投资项目，如何发挥社会资本投资的积极性，保护其合法权益，又能加强政府监管，确保项目建设目标的实现，除了可以根据各地、各项目建设要求，相应采用上述三种项目管理模式外，还可以继续探索其他有利于建设管理的项目管理模式。

此外，在工程承发包模式上，也要因地制宜，鼓励承包方式多样化。设计施工总承包能够有效整合设计和施工资源，提高管理效率，控制投资风险，可以结合各地实际情况逐步推广。有的项目试行延长工程质量保修期，把工程施工任务和一定时期的养护放在一起招标，实行"施工＋养护"承包模式。有的地方将科研、技术咨询和试验检测结合起来，开展项目管理咨询工作，提高技术管理能力。这些灵活多样的承发包模式，体现了专业化的要求，提高了建设管理水平，可以结合实际情况进行推广。

2. 落实项目法人责任制，建立以项目法人为核心的项目管理体系。项目管理是一个整体、一个系统，管理内容不可分割。项目法人是工程项目的组织者和实施者，是建设管理的龙头和核心，是责任主体。落实项目法人责任制，重点要抓好四个关键问题。

（1）厘清项目法人概念。项目法人至少要具备两个要素，要有合法注册的法人资格，还要能够承担与职责相应的法律责任，具备相应的工程管理能力。从上述两方面条件看，目前各地的高建局、建设局、高速集团或投资集团等符合条件，而一些临时性的工程指挥部、项目现场建设管理机构并不是严格意义上的项目法人。根据项目法人的职责范围不同，项目法人可分为三种：项目出资人或其依法设立的法人单位作为项目法人，承担建设管理和运营管理职能；项目法人可以仅负责项目实施，即建设管理法人；项目法人也可以负责项目运营阶段管理，即运营管理法人。

（2）明确法人资格标准和准入要求。项目出资人不具备管理能力的，应当通过购买服务的方式，委托专业化管理团队代建。要明确不同类型项目的法人认定程序。目前对于经营性公路项目投资人招标已有明确规定，对于非经营性公路的建设管理法人需要进一步细化认定程序。从国家要求政企、政事分开、监管与执行分开的改革方向看，对于由地方交通局直接组织建设的普通公路、农村公路项目，交通运输主管部门不宜直接担任建设管理法人，应逐步过渡到由其公路管理机构负责，或通过代建方式，由专业化的项目管理单位负责建设。

（3）落实建设管理法人责任。由于公路建设市场竞争放开较早，现在很多项目建设管理法人，其注册地、日常办公地点都不在工程现场，而是设立现场派出机构负责具体的建设管理。现场管理机构没有法人资格也没有民事责任能力，通常情况下也没有直接签署合同或者拨付资金的职权，只是建设管理法人的代理，就工程现场管理工作对建设管理法人负责。今后，要明确建设项目的管理主体和法律责任的承担者是建设管理法人，第一责任人是建设管理法人的法人代表，项目初步设计批复时要明确建设管理法人及法人代表、现场管理负责人，实行责任登记制度和变更备案制度，工程出了问题，必须追究建设管理法人和法人代表的责任。

（4）完善目标考核和监督约束机制。要认真落实部《关于进一步加强公路项目建设单位管理的若干意见》等规定，对项目法人开展考核和信用评价，完善责任追究机制。考核工作要以项目为基本单位，考核内容要涵盖现场管理机构和建设管理法人的管理行为，通过考核激励，强化建设管理法人的主体责任意识，进一步提高项目管理专业化水平。

3. 改革工程监理制，促进监理行业转型发展。我国的工程实践和国外的管理经验都表明，监理的职责和工作内容不是可有可无，而是要把握准确定位，明确在不同的建设项目管理模式下工程监理可以有不同的实现形式。围绕更好发挥监理作用，要抓好五个关键问题。一是正确认识新形势下监理的定位。要继续坚持工程监理制，但是要调整监理的定位，明确监理不是独立第三方，而是对委托人负责的受托方，按合同要求和规范开展监理工作。二是明确监理职权。监理工作是项目建设管理工作的一部分，是一种咨询服务，监理单位根据委托方要求，通过合同明确责任和权利。三是调整监理工作机制和工作重点。修订《监理规范》，引导监理回归"工程咨询服务"的本质属性，突出程序控制、工序验收和抽检评定职能，适当减少旁站工作量、平行试验工作量和内业工作量，加大质量安全关键问题的话语权和否决权。四是要进一步强化施工单位、勘察设计单位的质量安全主体责任。五是鼓励扶持监理企业转型发展。引导监理企业逐步向代建、咨询、可行性研究、设计和监理一体化等方向转型，结合《公路工程施工监理规范》《公路工程施工监理招标投标管理办法》修订工作，拓宽监理业务范围。深化监理人员职业资格制度改革，更加注重从业人员的实际专业能力和水平，采取措施保证监理企业的合理利润和监理人员的合理待遇。

4. 完善招标投标制度，优化评标办法。要坚持招标投标制度的本质特性，遵循公平、公正、公开、择优的原则，完善招投标体系，加快制定代建、设计施工总承包招投标管理办法及范本，修订完善标准招标文件。根据《招标投标法实施条例》，修订施工、设计、监理等3个招投标管理办法。针对投资人自行设计与施工的情况，完善投资人招标有关规定。完善监管机制，不干预招标人正常招标行为，切实加强标后监管，加大事中事后的监管力度。要进一步优化评标工作，改进资格审查和评标办法，加强信用评价结果在招投标中的应用，鼓励采用电子招标，加强评标专家管理，探索完善简易招标制度。

5. 强化合同管理，完善履约信用评价制度。一是完善合同管理体系。制定代建、设计施工总承包、公路简明施工等标准合同范本，研究制定《公路工程合同管理办法》，明确合同示范文本、合同签署条件、合同考核及责任追究等事项。二是要加强科学管理和专业合同人才培养，加强对合同谈判、签订、履行、变更、结算等全过程的监督管理。三是加强合同履约管理。通过履约考核、信用评价、奖惩激励等措施，强化合同执行情况的监督，促进合同双方依法履约。

6. 创新监管方式方法，维护公路建设市场公平公正。要坚持运用强制性标准，守住公路建设质量、安全的监管底线。对市场主体行为不执行或变通执行强制性标准的，要坚决予以严肃查处。要充分发挥信用体系的作用，统一平台，分类施策，完善市场主体信用信息记录，建立信用信息档案和交换共享机制，探索建立市场主体分类分级管理制度，实施动态监管、有针对性的精准监管，对违规、失信者依法依规予以惩戒。要强化建设市场监督执法力度，探索改进执法的方式方法，优化细化工作流程，确保监督检查程序公正透明。要进一步探索如何更好发挥专业化市场服务机构的监督作用，更好地发挥社会公众舆论的监督作用，及时曝光典型案件，严肃震慑违法违规行为，真正提升执政能力、维护公信力。

同志们，深化公路建设管理体制改革是认真贯彻落实党的十八届三中全会精神和部党组对全面深化交通运输改革决策部署的重要内容，是全面推进现代工程管理的重要保障，我们一定要以高度的责任感和使命感，坚定不移推进改革，为确保公路建设的科学发展、安全发展和可持续发展做出应有的贡献！

二、交通运输部关于深化公路建设管理体制改革的若干意见

交通运输部关于深化公路建设管理体制改革的若干意见

各省、自治区、直辖市、新疆生产建设兵团交通运输厅（局、委）：

为深入推进交通运输改革，全面推行现代工程管理，提高公路建设管理水平，现就深化公路建设管理体制改革提出如下意见：

一、深化改革的指导思想和基本原则

（一）指导思想。

贯彻落实党的十八大、十八届三中、四中全会精神，按照全面深化改革、全面推进依法治国、推进国家治理体系和治理能力现代化的总体要求，处理好政府和市场的关系，使市场在资源配置中起决定性作用和更好发挥政府作用，以完善市场机制、创新管理模式和政府监管方式、落实建设管理责任为重点，改革完善建设管理制度，建立与现代工程管理相适应的公路建设管理体系，为促进公路建设科学发展、安全发展提供制度保障。

（二）基本原则。

依法管理。完善公路建设管理相关法律法规，推进公路建设法治化，做到依法建设，依法管理，依法监督。

责权一致。明确公路建设项目相关主体责权，做到责权对等、责任落实。

科学高效。整合项目管理职责，减少管理层级，创新管理模式，推行专业化管理，提高管理效能和建设管理水平。

公开透明。健全和规范公路建设市场，加强政府监管，规范权力运行，铲除公路建设中滋生腐败行为的土壤和条件。

二、完善公路建设管理四项制度

（三）落实项目法人责任制。

公路建设项目法人由项目出资人和项目建设管理法人组成。项目出资人依法履行出资人职责；项目建设管理法人是经依法设立或认定，具有注册法人资格的企、事业单位，负责公路项目的建设管理，承担工程质量、安全、进度、投资控制等法定责任。

公路建设项目应实行项目法人责任制。对于目前由地方政府或交通运输主管部门直接负责建设管理的国省干线公路、农村公路项目，应按照政企分开、政事分开、监管与执行分开的原则，逐步过渡到由公路管理机构履行项目建设管理法人职责，或通过代建方式由专业化的项目管理单位负责建设。

按照项目投资性质，政府作为出资人的，应依法确定企业或事业单位作为建设管理法人；企业作为出资人的，应组建项目建设管理法人。项目建设管理法人应具备与项目建设管理相适应的管理能力，并承担项目建设管理职能及相应的法律责任。当项目建设管理法人不具备相应的项目建设管理能力时，应委托符合项目建设管理要求的代建单位进行建设管理，并依法承担各自相应的法律责任。项目法人在报送项目设计文件时，应将项目建设管理法人相关资料作为文件的组成内容一并上报。交通运输主管部门在设计审批时，应对项目建设管理法人的管理能力情况进行审核。对不满足项目建设管理要求的，应按规定要求其补充完善或委托代建。

地方交通运输主管部门应按照交通运输部《关于进一步加强公路项目建设单位管理的若干意见》（交公路发〔2011〕438号），结合本地区实际及具体项目情况，制定针对项目的建设管理能力要求，主要包括项目管理机构组成、职责分工、项目负责人等关键岗位人员的配置及资格、工程建设管理经验等方面内容。

交通运输主管部门要以项目为单位对项目建设管理法人和法人代表及项目管理主要人员开展考核和信用评价，不断完善对项目建设管理法人的监督约束机制和责任追究机制。考核内容涵盖项目建设管理法人和主要负责人的管理行为和项目建设的质量、安全、进度、造价等控制情况。通过考核激励和责任追究，强化项目建设管理法人的主体意识和责任意识，提高项目管理专业化水平。

（四）改革工程监理制。

坚持和完善工程监理制，更好地发挥监理作用。按照项目的投资类型及建设管理模式，由项目建设管理法人自主决定工程监理的实现形式。

明确监理定位。工程监理在项目管理中不作为独立的第三方，监理单位是对委托人负责的受托方，按合同要求和监理规范提供监理咨询服务。

明确监理职责和权利。监理工作是项目建设管理工作的重要组成部分。监理单位根据项目建设管理法人要求，按照合同约定的权利和义务，依法、依合同开展监理工作。工程施工质量和安全的第一责任人是施工单位，勘察设计质量和安全的第一责任人是勘察设计单位，监理单位依法承担监理合同范围内规定的相应责任。

调整完善监理工作机制。监理工作应改进方式，以质量、安全为重点，加强程序控制、工序验收和抽检评定，加强对隐蔽工程和关键部位的监理，精简内业工作量，明确环境监理和安全监理工作内容，落实对质量安全等问题的监督权和否决权。

引导监理企业和监理从业人员转型发展。引导监理企业逐步向代建、咨询、可行性研究、设计和监理一体化方向发展，拓展业务范围，根据市场需求，提供高层次、多样化的管理咨询服务。政府部门也可通过购买服务的方式委托监理企业开展相关工作。深化监理人员执业资格制度改革，提高监理人员的实际能力、专业技术水平和职业道德水平。引导监理市场规范有序发展，维护监理企业的合理利润和监理人员的合理待遇。

（五）完善招标投标制。

坚持依法择优导向。遵循"公平、公正、公开、择优"原则，尊重项目建设管理法人依法选择参建单位的自主权。改进资格审查和评标工作，加强信用评价结果在招投标中的应用，采取有效措施防止恶意低价抢标、围标串标。大力推进电子招投标，完善限额以下简易招标制度。加强对评标专家的管理，实行评标专家信用管理制度。

健全规章制度体系。加快制定公路建设项目代建、设计施工总承包招投标管理办法及标准招标文件，加快修订施工、设计、监理等招投标管理办法。对出资人自行设计和施工的项目，要进一步完善投资人招标等有关规定。

加强政府监管。交通运输主管部门要按照当地政府的有关规定，具备条件的公路建设项目招投标应进入公共资源交易市场。要依法纠正招投标中的违法行为，不得干预招标人的正常招标活动。要坚持信息公开，鼓励社会监督，规范招投标行为。

（六）强化合同管理制。

各级交通运输主管部门和从业单位应强化法律意识和契约意识，杜绝非法合同、口头协议和纸外合同等不规范现象。不断完善合同管理体系，研究制定《公路建设项目合同管理办法》，健全标准合同范本体系，制定代建、设计施工总承包、公路简明施工等标准合同范本，坚持以合同为依据规范项目建设管理工作。

加强对合同谈判、签订、履行、变更、结算等全过程管理，进一步完善工作机制和管理制度，注重培养合同管理人才，提高合同管理的科学化水平。强化合同执行情况的监督，通过履约考核、信用评价、奖励处罚等措施，督促合同双方履约守信。

三、创新项目建设管理模式

根据公路建设实际和投融资体制改革的要求，为提高项目管理专业化水平，各地可结合本地区实际情况和建设项目特点选用以下三种项目建设管理模式。同时，为进一步激发社会资本活力，鼓励各地进一步探索政府和社会资本合作（PPP）模式等新的融资模式下的其他有效建设管理模式。

（七）自管模式。由项目建设管理法人统一负责项目的全部建设管理工作和监理工作。项目建设管理法人必须具备相应的管理能力和技术能力，并配备具有相应执业资格的专业人员，能够完成项目管理全部工作，包括《公路工程施工监理规范》规定的相关工作，对项目质量、安全、进度、投资、环保等负总责。根据建设项目的规模和技术复杂程度，项目建设管理法人应依据自身监管能力从具有相应资质等级的监理单位聘请有相应资格的监理人员负责监理工作。

（八）改进传统模式。由项目建设管理法人通过招标等方式，选择符合相应资质要求的监理单位对项目实行监理。按照监理制度改革的新要求，在监理合同中应明确项目建设管理法人与监理单位的职责界面，项目建设管理法人对项目建设管理负总责，监理单位受其委托，按照合同约定和授权依法履行相应的职责。

（九）代建模式。由出资人或项目建设管理法人通过招标等方式选择符合项目建设管理要求的代建单位承担项目建设管理工作。代建单位依据代建合同开展工作，履行合同规定的职权，承担相应的责任。鼓励代建单位统一负责项目建设管理工作和监理工作。

（十）建设管理模式确定程序。项目法人在向交通运输主管部门报送设计文件时，应明确拟采用的建设管理模式（包括相应的监理选择方式）并提交相关的材料。设计文件批复时要明确项目建设管理模式，以及建设管理法人、法人代表及项目主要负责人等，采用代建模式的，应明确代建单位及主要负责人等。项目建设管理模式、项目建设管理法人等变更时，应报原审批设计文件的交通运输主管部门备案。

四、逐步推行设计施工总承包方式

（十一）各级交通运输主管部门应鼓励项目建设管理法人根据项目特点，科学选择工程承发包方式，逐步推行设计施工总承包。设计施工总承包单位应按有关规定通过招标等方式确定，由其负责施工图勘察设计、工程施工和缺陷责任期修复等工作。要通过合同明确项目建设管理法人与总承包单位的职责分工和风险划分。设计施工总承包可以实行项目整体总承包，也可以分路段实行总承包，或者对机电、房建、绿化工程等实行专业总承包。实行设计施工总承包方式，要深化初步设计及概算工作，加强设计审查及设计变更管理，确保质量安全标准不降低，工程耐久性符合要求。

探索推行设计、施工和固定年限养护相结合的总承包方式。

五、建立健全统一开放的公路建设市场体系

（十二）完善公路建设市场信用体系。

加强信用信息的基础性建设工作。完善全国统一的从业单位和从业人员数据库，利用信息化手段，实现信息共享，做到市场主体信用信息公开、透明、有效。规范信用信息的应用管理，完善守信激励和失信惩戒的相关制度。

要拓展对市场主体的评价工作。做好对勘察设计、施工、监理、试验检测等单位的信用评价工作，试行对项目建设管理法人、代建单位的信用评价，并将各市场主体的信用情况与招投标、资质审查等工作挂钩。

建立主要从业人员信用评价体系。对项目建设管理法人、代建单位、勘察设计、施工、监理及试验检测等各参建单位的项目负责人、技术负责人、安全生产负责人及其他关键岗位负责人等主要从业人员，建立个人执业信息登记和公开制度，开展个人信用评价，将评价结果计入个人信用信息档案，并与招投标等工作挂钩。大力整治从业人员非法挂靠、虚报资格（质）、履约不到位等问题，以净化市场环境。

（十三）加强代建市场的培育。各级交通运输主管部门要建立健全代建项目管理的规章制度，推进项目管理专业化。要通过政策引导和有效管理，促进代建市场规范有序发展。

（十四）加强从业人员管理工作。交通运输主管部门、项目法人及有关从业单位应充分考虑不同层次、不同岗位从业人员的差别化需求，加强各类培训和经验交流。公路建设项目各参建单位对一线操作人员要积极创造学习条件，定期举办技术交流培训，促使操作人员熟练掌握工作技能，不断提高文化和职业素质。

（十五）完善工程保险制度。根据项目规模、技术复杂程度、企业业绩、管理水平等，逐步实行差别化保险费率和浮动费率。通过市场风险管理机制，促使企业增强品牌意识、诚信意识和法律意识，规范市场行为。

六、强化政府监管

（十六）强化事中事后监管。各级交通运输主管部门要按照行政管理体制改革要求，逐步精简事前审批事项，减少市场准入限制，加强对项目的事中事后监管，特别是对项目出资人资金到位情况、招标投标、设计审查、工程变更、工程验收等关键环节的监管，重点整治招投标中的非法干预、暗箱操作、围标串标行为，以及试验数据和变更设计造假、层层转包和非法分包、虚报工程量、多计工程款等违法违规行为，加强对工人工资支付情况的监管。实行项目建设管理法人及其他参建单位责任登记制度，细化、分解相关单位及人员的责任。建立工程质量终身责任追究制度和工程造价监督管理制度，完善设计变更管理制度、工程项目信息公开制度和材料设备阳光采购制度。对存在违法违规行为的参建单位和个人要依法严惩，列入"黑名单"，给予限期不准参加招标投标、吊销资质证书、停止执业、吊销执业证书等相应处罚。

（十七）创新监管方式。要研究制定针对新的项目管理模式和新的融资方式的建设项目的监管模式、重点和措施，对社会资本投资的项目，要制定相应的监管方案，明确监管单位、人员、职责和监管措施，提高监管的针对性。要认真审核特许经营协议中关于质量、安全、工期、环保、检测频率等内容条款，明确项目建设管理法人的相关责任、义务和权利。严格审查技术标准、建设规模和重大技术方案，重点加强对建设程序执行、建设资金使用、质量安全等措施的监管。必要时政府可通过招标等方式选择第三方专业机构，提供技术审查咨询、试验检测等相关技术服务，丰富监管手段，有效发挥监管作用。

七、有关要求

（十八）提高思想认识，加强组织领导。省级交通运输主管部门要高度重视公路建设管理体制改革工作，按照部公路建设管理体制改革的总体部署，因地制宜地制定本地区改革实施方案，明确责任、精心组织、狠抓落实，推进公路建设管理体制改革不断深化。

（十九）积极开展试点，稳步推进改革。省级交通运输主管部门要结合本地区实际情况组织开展自管模式、代建模式、监理改革和设计施工总承包等试点工作，改革试点方案报部备案。处理好改革、发展、稳定的关系，既要积极推进改革，又要稳妥可靠，既要做好改革的顶层设计和总体规划，又要因地制宜提出具有可操作性的解决方案。要跟踪试点进展情况，及时研究解决试点中发现的问题，总结经验，完善制度，加以推广。

（二十）完善法规体系，实现依法建设。根据公路建设管理体制改革的总体要求，结合试点情况，及时修订有关法规、规章及规范性文件，完善管理制度，细化配套措施，健全法规体系，不断提升公路建设管理水平，实现公路建设管理的法制化。

三、公路建设项目代建管理办法

第一章　总则

第一条　为提高公路建设项目专业化管理水平，推进现代工程管理，根据《公路法》等有关法律、行政法规，制定本办法。

第二条　公路建设项目的代建活动，适用本办法。

本办法所称代建，是指受公路建设项目的项目法人（简称"项目法人"）委托，由专业化的项目管理单位（简称"代建单位"）承担项目建设管理及相关工作的建设管理模式。

第三条　交通运输部负责指导全国公路代建工作并对公路代建市场进行监督管理。

省级交通运输主管部门负责本行政区域内公路代建工作和代建市场的监督管理。

第四条　项目法人具备交通运输主管部门规定的能力要求的，可以自行进行项目建设管理。项目法人不具备规定的相应项目建设管理能力的，应当按照本办法规定，委托符合要求的代建单位进行项目建设管理。

代建单位依合同承担项目质量、安全、投资及工期等管理责任。

第五条　公路建设项目代建可以从施工阶段开始，也可以从初步设计或者施工图设计阶段开始。

第六条　公路建设项目代建应当遵循择优选择，责权一致，界面清晰，目标管理的原则。

第七条　各级交通运输主管部门应当依法加强代建市场管理，将代建单位和代建管理人员纳入公路建设市场信用体系，促进代建市场健康发展。

第二章　代建单位选择及代建合同

第八条　高速公路、一级公路及独立桥梁、隧道建设项目的项目法人，需要委托代建时，应当选择满足以下要求的项目管理单位为代建单位：

（一）具有法人资格，有满足公路工程项目建设需要的组织机构和质量、安全、环境保护等方面的管理制度；

（二）承担过 5 个以上高速公路、一级公路或者独立桥梁、隧道工程的建设项目管理相关工作，具有良好的履约评价和市场信誉；

（三）拥有专业齐全、结构合理的专业技术人才队伍，工程技术系列中级以上职称人员不少于 50 人，其中具有高级职称人员不少于 15 人。

高速公路、一级公路及独立桥梁、隧道以外的其他公路建设项目，其代建单位的选择，可由省级交通运输主管部门根据本地区的实际进行规范。

项目法人选择代建单位时，应当从符合要求的代建单位中，优先选择业绩和信用良好、管理能力强的代建单位。

省级交通运输主管部门可以根据本地公路建设的具体需要，细化代建单位的要求。鼓励符合代建条件的公路建设管理单位及公路工程监理企业、勘察设计企业进入代建市场，开展代建工作。

第九条　代建单位派驻工程现场的建设管理机构、专职管理人员应当满足项目建设管理工作需要。代建项目现场负责人、技术负责人、工程管理部门负责人应当在代建单位工作 3 年以上，且具有 10 年以上的公路建设行业从业经验、高级以上专业技术职称，以及至少 2 个同类项目建设管理经历。

代建单位派驻现场的管理人员和技术人员不得在其他公路建设项目中兼职。

第十条　代建单位应当依法通过招标等方式选择。采用招标方式的，应当使用交通运输部统一制定的标准招标文件。

代建单位在递交投标文件时，应当按照要求列明本单位在资格、能力、业绩、信誉等方面的情况以及拟任现场管理人员、技术人员及备选人员的情况。

评标可以采用固定标价评分法、技术评分合理标价法、综合评标法以及法律、法规允许的其他评标方法，并应当重点评价代建单位的建设管理能力。

第十一条　项目法人应当与所选择的代建单位签订代建合同。

代建合同应当包括以下内容：

（一）代建工作内容；

（二）项目法人和代建单位的职责、权利与义务；

（三）对其他参建单位的管理方式；

（四）代建管理目标；

（五）代建工作条件；

（六）代建组织机构；

（七）代建单位服务标准；

（八）代建服务费及支付方式；

（九）履约担保要求及方式、利益分享办法；

（十）绩效考核办法及奖励办法、违约责任、合同争议的解决方式等。

第十二条　代建服务费应当根据代建工作内容、代建单位投入、项目特点及风险分担等因素合理约定。

第十三条　代建项目实行目标管理。代建单位依据代建合同及其他参建单位签订的合同中约定的管理目标，细化、分解工程质量、安全、进度、投资、环保等目标责任，开展建设管理工作，制定代建管理的各项制度，确保目标实现。

第十四条　项目法人依据代建合同对代建单位的管理和目标控制进行考核和奖惩，督促代建单位严格履行合同。代建服务费宜按照工程进度和目标考核情况分期支付。

第十五条　由于征地拆迁或者资金到位不及时等非代建单位原因造成工期延误等管理目标无法实现的，项目法人和代建单位应当依据合同约定，合理调整代建管理目标。

第三章　代建管理

第十六条　项目法人依据代建合同对项目实施过程进行监督。

项目法人的主要职责包括：

（一）依法承担公路建设项目的工程质量和安全等管理责任。

（二）严格执行国家基本建设程序和有关规定，依法组织办理相关审批手续，督促相关参建单位落实相关要求。

（三）审定代建单位工作方案、项目管理目标和主要工作计划，定期组织检查与考核。

（四）可以授权代建单位依法选定勘察设计、施工、材料设备供应等单位，代表项目法人与上述单位签订合同，明确项目法人、代建单位与上述单位的权利义务。项目法人直接与勘察设计、施工、材料设备供应等单位签订合同的，应当在合同中明确代建单位对上述单位的管理职责。

（五）配合地方人民政府和有关部门完成征地拆迁工作。

（六）筹措建设资金，及时支付工程建设各项费用。

（七）检查项目质量、安全管理及强制性标准执行等情况，审核代建单位报送的一般、较大及重大设计变更方案，依法办理相关变更手续，督促代建单位依据概算严格控制工程投资。

（八）组织项目交工验收、竣工决算并做好竣工验收准备工作。

（九）其他法定职责。

第十七条 订立、变更、终止代建合同，项目法人应当向省级交通运输主管部门备案。

项目法人发现代建单位在建设管理中存在过失或者偏差行为，可能造成重大损失或者严重影响代建管理目标实现的，应当对代建单位法人代表进行约谈，必要时可以依据代建合同的约定终止代建合同。

第十八条 项目法人不得有以下行为：

（一）干预代建单位正常的建设管理行为；

（二）无故拖欠工程款和代建服务费；

（三）违反合同约定要求代建单位和施工单位指定分包或者指定材料、设备供应商；

（四）擅自调整工期、质量、投资等代建管理目标；

（五）国家规定和合同约定的其他禁止性行为。

第十九条 代建单位依据合同开展代建工作。主要职责包括：

（一）严格执行国家基本建设程序和有关规定，协助项目法人办理相关审批手续并落实相关要求，配合国家有关部门依法组织检查、考核等，负责落实整改；

（二）协助项目法人或者受项目法人委托，组织编制招标文件，完成勘察设计、施工、监理、材料设备供应等招标工作；

（三）对勘察设计、施工、监理、材料设备供应、技术咨询等单位进行合同管理，根据合同约定，细化、分解项目管理目标，落实目标责任；

（四）依据相关法规和合同，履行工程质量、安全、进度、计量、资金支付、环境保护等相关责任，审核、签发项目建设管理有关文件；

（五）依据合同协助完成征地拆迁工作；

（六）拟定项目进度计划、资金使用计划、工程质量和安全保障措施等，并报经项目法人同意；

（七）审定一般设计变更并报送项目法人，协助项目法人办理较大及重大设计变更报批手续；

（八）组织中间验收，协助项目法人组织交工验收；

（九）承担项目档案及有关技术资料的收集、整理、归档等工作，组织有关单位编制竣工文件；

（十）负责质量缺陷责任期内的缺陷维修工作管理，配合项目法人准备竣工验收相关工作；

（十一）代建合同约定的其他职责。

第二十条 代建单位不得有以下行为：

（一）以围标、串标等非法行为谋取中标；

（二）将代建管理业务转包或者分包；

（三）在所代建的项目中同时承担勘察设计、施工、供应材料设备，或者与以上单位有隶属关系及其他直接利益关系；

（四）擅自调整建设内容、建设规模、建设标准及代建管理目标；

（五）与勘察设计、施工、材料设备供应单位等串通，谋取不正当利益或者降低工程质量和标准，损害项目法人的利益；

（六）国家规定和合同约定的其他禁止性行为。

第二十一条 代建单位应当依法接受交通运输主管部门及其他有关部门的监督、检查和审计部门的审计。

第二十二条 代建单位具有监理能力的，其代建项目的工程监理可以由代建单位负责，承担监理相应责任。代建单位相关人员应当依法具备监理资格要求和相应工作经验。代建单位不具备监理能力的，应当依法招标选择监理单位。

第二十三条　勘察设计、施工、监理、材料设备供应等单位应当按照相关法规和合同约定，接受代建单位管理，依法承担相应职责和工程质量终身责任。

第二十四条　各级交通运输主管部门及所属监督机构应当依法加强公路代建项目的监督管理，重点对国家法律、法规、政策落实情况，基本建设程序及强制性标准执行情况，代建合同履约情况等进行监督检查，发现问题及时通知项目法人和代建单位进行整改。

第二十五条　交通运输部建立公路建设项目代建单位信用评估制度，在全国统一的公路建设市场信用信息平台上及时发布代建单位的信用信息。对违法违规、扰乱代建市场秩序或者违反本办法第二十条规定的代建单位，列入黑名单。

省级交通运输主管部门应当及时收集并记录代建单位的信用情况，建立代建单位信用等级评估机制。

第二十六条　项目法人和代建单位违反本办法及相关法规，由交通运输主管部门或者其他相关部门依法给予相应处罚。

第四章　附则

第二十七条　本办法自 2015 年 7 月 1 日起施行。

附录 D　海南省深化公路建设代建制改革试点方案

一、资质条件

为深入推进公路代建管理体制改革，进一步提升公路建设管理水平，根据交通运输部和省政府的工作部署和要求，结合海南省公路建设实际，制定本实施方案。

一、建设体制改革背景

（一）公路建设发展概述

海南省位于中国最南端，四面临海，是典型的岛屿型省份，全省陆地总面积 3.5 万平方千米，岛内运输主要依靠公路。1987 年，环岛东线高速公路破土动工；1995 年 12 月，环岛东线高速公路建成通车，结束了海南没有高速公路的历史。1999 年 9 月，环岛西线高速公路建成通车。2002 年 9 月，海文高速公路全线通车。2008 年 6 月，海口绕城高速公路建成通车。2012 年 1 月，三亚绕城高速公路建成通车，环岛高速公路实现全线贯通。2012 年 12 月，中线高速公路海口至屯昌段建成通车。2015 年 5 月，中线高速公路屯昌至琼中段建成通车。目前，海南省正在抓紧推进中线琼中至五指山至乐东高速公路、文昌至琼海高速公路和横线万宁至儋州至洋浦高速公路的前期工作，3 个项目总里程 360 千米，总投资约 320 亿元。

经过几代公路人的不懈努力，海南公路建设取得了较快发展。2014 年，海南省公路总里程 26005 千米，其中国道 1652 千米（含高速公路 613 千米）、省道 1784 千米（含高速公路 144 千米）、农村公路 22569 千米，比 2007 年的 17794 千米增长 46.1%，比 1987 年的 12791 千米增长 103.3%。基本形成了以环岛高速公路为主动脉，"三纵四横"国省道干线为主骨架，县乡道干支相连，贯通东南西北，辐射全岛的公路网络格局。

（二）建设管理模式发展历程

海南省所有公路为政府筹资建设的非经营性公路，为提高政府投资效益，保障工程质量，多年来海南省积极开展公路建设管理模式的探索和实践。

2005 年以前，海南省公路建设规模较小、总量较少，建设模式基本采用自管的指挥部模式，由海南省交通运输厅成立项目指挥部负责项目建设管理。2005 年开始，根据国务院出台《关于投资体制改革的决定》及海南省出台《关于规范政府投资项目管理的规定》《海南省政府投资项目代建制管理办法》的精神要求，海南省开展了公路建设管理体制改革，在全省范围内实施公路建设代建制的试点。

代建制实施之初主要形式：一是市县政府代建重点项目。如海口绕城、三亚绕城均由海口市、三亚市政府负责组织实施；二是委托专业公司代建。如环岛高速公路右幅万宁至陵水段、海榆东线海口至陵水段等项目均由我厅委托具备公路设计、施工专业资质的单位实行项目建设管理，并对一些涉及面较宽的省县道建设项目，由省厅分区域捆绑委托项目管理公司负责代建。如将涉及澄迈、保亭等 9 个市县的公路分为四个片区进行代建；三是下放市县交通局代建农村公路。随着公路建设代建制改革的逐步推进，结合海南省没有专门职能部门的实际，为克服传统模式下"投资、建设、管理、使用"四位一体的弊端，解决政府管理既当运动员又当裁判员的问题，我厅负责组织实施的项目基本通过代建制实行建设管理。

为加强项目管理，进一步探索新型建设管理模式，2009 年至 2012 年间，海南省分别在海榆西线改建工程、海榆东线改建工程和中线高速公路屯昌至琼中段项目上，试行了设计施工总承包及 BT 建设模式，并取得了较好的效果。

（三）现有代建制存在主要问题

代建制的实施为加快海南省公路建设发挥了重要作用，并在很大程度上缓解了海南省公路建设规模快速增长下管理人才紧缺、技术力量薄弱等问题。经过多年的项目代建管理实践，海南省取得了许多经验，但也存在不少问题，主要表现在以下几个方面：

1.缺少专门项目管理机构，公路建设管理体制亟待完善

一是建设管理体制不顺。根据交通部《公路建设市场管理办法》规定，公路建设市场实行统一管理、分级负责制，省级人民政府交通主管部门负

306

责本行政区域内公路建设市场的监督管理工作。省交通运输厅作为省级交通主管部门，负责对公路建设的项目法人、建设管理单位等实施监督管理，但目前省交通运输厅还担当了项目法人或项目建设管理单位，存在行政主管部门、项目法人、建设管理单位两位一体或三位一体的问题。二是建设管理力量薄弱。公路项目建设管理机构是公路建设的专门组织者和管理者，在保证工程建设质量和提高管理水平方面承担着重要职责。随着海南省公路建设规模的不断扩大和工程管理要求的不断提高，现有管理力量难以满足大规模建设任务需求，建设任务量与管理力量配置失衡的矛盾日益突出。三是职责划分不明确。由于未设置专门的项目管理机构，省交通运输厅职责集行业管理与项目监管于一身，存在行政监督和建设管理主体责任不清、建设程序交叉等问题，增加了政府投资项目廉政防控风险。

2. 配套制度建设相对滞后，影响代建市场培育发展

目前，海南省主要依据2004年省政府出台的《政府投资项目代建制管理办法》开展有关工作。因该办法是面向所有行业（主要是建筑行业），随着公路建设市场的发展变化，一些具体的细则和规定已不适用于公路建设，尤其是与交通运输部提出的公路建设管理体制改革的精神和要求不相适应。

3. 代建、监理部分管理职能重叠，影响管理效能发挥

在现有代建模式中，代建单位与监理单位履行项目管理职责方面：一是存在质量、投资、进度、安全等方面管理职能交叉、重叠、多头管理、推诿扯皮等现象，造成管理成本增加，管理效率不高；二是存在部分管理部门重复设置（如合同、财务、办公室等部门），相关管理人员重复配置，通信、交通、检测、办公及生活设施重复配备，资源不能集约利用的问题。

4. 代建、监理取费偏低，难以吸引高素质管理人才

代建管理费方面，因2007版定额中对公路代建服务取费没有列项，海南省代建取费是参照预算批复的建设单位管理费下浮来确定。而《公路工程基本建设项目概预算编制办法》中的建设单位管理费主要适用于传统指挥部模式，代建模式在人员、税费、履约保函、风险防范等方面的成本远远大于指挥部模式，在无节余分成或目标奖励的情况下，代建取费偏低。

工程监理费方面，与国家计委、建设部颁布的《工程勘察设计收费标准》

（2002）或《建设工程监理与相关服务收费管理规定》相比，依据《公路工程基本建设项目概预算编制办法》（JTG B06-2007）计算的公路工程监理费取费费率仅与工程定额建安费挂钩，未考虑不同工程等级、公路总里程及工程复杂程度对取费标准的影响，公路监理费取费标准偏低。在市场经济环境下，代建、监理取费偏低直接影响代建、监理市场培育，难以吸引既懂技术又富有管理经验的高素质人才，也难以保证专业管理部门提供高质量、高附加值的建设管理和监理服务，不利于整个代建市场和监理市场良性发展。

5. 监理单位内部管理不规范，人员素质有待加强

监理单位内部管理不规范，相当部分监理人员为临时聘用，受薪金、责任、工作强度等因素影响，离职率大，人员整体稳定性差，不利于监理队伍经验的积累和项目管理水平的提高。此外，现有监理人员来源离散性大，知识更新速度慢，专业知识结构不匹配，造成监理队伍整体素质、业务能力难以满足工程监管要求。

（四）管理改革政策支撑

——党的十八届三中全会上习总书记提出，经济体制改革是全面深化改革的重点，核心问题是处理好政府和市场的关系。代建制正是衔接政府投资项目与购买市场服务的关键环节。

——2014年9月，交通运输部组织召开全国公路建设管理体制改革座谈会，提出要创新项目管理模式，改革完善建设管理制度，建立与现代工程管理相适应的公路建设管理体系；并就创新项目管理模式提出了"代建制模式""改进传统监理模式""自管模式"等三种项目建设管理模式的改革思路。

——2014年12月，为进一步贯彻落实中央关于全面深化改革的工作部署，交通运输部下发了《关于开展全面深化交通运输改革试点工作的通知》和《关于全面深化交通运输改革的意见》，明确了全面深化交通运输改革试点工作的指导思想和基本原则，部署了改革公路建设管理模式、完善公路建设管理四项制度的任务，为海南省改革试点工作提供了政策依据。

——2015年3月，省委、省政府将海南省公路建设代建制改革纳入《海

南省 2015 年重点改革工作方案》，明确提出由省交通运输厅牵头推进公路建设代建制改革，完善公路工程建设代建制相关制度，选取项目开展代建制改革试点。

——2015 年 5 月，交通运输部公布《公路建设项目代建管理办法》（中华人民共和国交通运输部令 2015 年第 3 号），自 2015 年 7 月 1 日起施行。明确了代建管理相关制度，项目法人和代建单位的职责范围，代建管理相关要求等内容。

二、试点改革的总体思路

（一）总体设想

1.理顺公路建设管理体制。研究成立省级公路项目建设管理机构或部门，承担项目法人职责，进一步厘清政府行业管理与市场合同管理的职责划分界面，进一步理顺海南省公路项目建设管理体制，加强政府投资项目风险防控。

2.探索"代建＋监理"一体化建设管理模式。以代建、监理职能交叉重叠等问题为导向，整合项目管理机构，理顺工作流程，优化职能分工，严格目标考核机制，集约使用代建管理费和工程监理费，培育代建、监理市场，吸引高素质管理人才参与项目管理，提高项目管理水平。

3.试行"改进传统监理模式"。在既有公路监理法律法规及规章制度基础上，明确监理职责定位，调整监理工作机制和工作内容，完善考核体系，强化监理合同约定内容的履约力度。

4.进一步完善现有代建制模式。针对代建制实施过程中存在的问题，在总结已有代建经验的基础上，出台《海南省公路建设项目代建管理办法》，细化、完善既有信用评价体系，清晰划分项目法人和建设管理法人管理界面，严格落实项目目标考核机制，建立奖优罚劣的激励、制约机制，督促代建单位不断提升自身项目管理水平。

（二）改革试点重点解决的问题

1.落实法人责任制，明确责任主体

一是区分项目建设管理法人和项目法人。在现有法人责任制基础上，划分项目法人和项目建设管理法人工作职责和责权利。二是明确项目建设管理法人是项目建设期的责任主体。完善代建管理相关制度，落实建设管理法人责任制，严格建设管理法人资格准入。三是建立与建设管理法人责权利相统一的激励和约束机制。引入目标考核激励制度，激发代建单位工作积极性，督促落实建设管理期各项目标责任。

2. 推行"代建＋监理"一体化，提高管理效率

一是有机整合代建监理管理机制。既要理顺项目管理机构内部职能，又要明确管理界面，调整工作机制，避免相同职能管理部门的重复设置和管理职能交叉，充分发挥集约高效的管理优势。二是研究代建单位管理费和工程监理费集约使用方案，充分发挥经济杠杆对建设市场的培育作用，促进市场良性发展。

3. 改革工程监理制，引导监理转型发展

一是转变监理角色定位。明确监理定位是提供工程咨询的受托方，直接对项目建设管理法人负责，不是独立的第三方，通过调整监理工作机制和服务内容，突出监理在程序控制和抽检评定方面优势。二是促进监理企业转型发展。引导监理企业回归"工程咨询服务"的本质属性，逐步向建设管理一体化、代建、工程咨询等方向转型，促进监理企业多元化发展。

（三）试点项目的确定

1. 海南省中线琼中至五指山至乐东高速公路

项目全长 127 千米，起点顺接中线高速屯昌至琼中段，终点与环岛西线高速公路在乐东县利国镇交叉，按双向四车道高速公路标准建设，设计速度 100 千米／小时、整体式路基宽度 26 米，沥青混凝土路面。项目估算总投资 120 亿元，2015 年 5 月 30 日开工建设。

2. 文昌昌洒至铺前滨海旅游公路

项目全长 50 千米，起点位于文昌市昌洒镇，接已建成的文昌市滨海旅游公路龙楼至昌洒段，终点接铺前大桥连接线，按双向四车道一级公路标准建设，设计速度 80 千米／小时，路基宽度 24.5 米，沥青混凝土路面。项目估算总投资 24 亿元，2015 年 7 月底开工建设。

3. 部分国省道改扩建项目（略）

三、试点改革实施方案

（一）组建省公路项目建设管理专门机构

主要是代行项目法人职责，贯彻执行国家、省有关公路工程建设的法律法规，负责政府投资的公路重点项目建设管理，具体承担省高速公路、普通国省道、旅游公路等公路重点项目及其他项目建设管理工作。人员通过委派、外聘、借调专业管理人员组成，办公费用从公路项目预留的建设管理费（含历年项目）中据实列支。

（二）"代建＋监理"一体化模式

项目法人（海南省交通运输厅）通过公开招标的方式，选择满足代建和监理双资质标准及业绩要求，并具备相应管理能力的代建单位统一负责项目建设管理和监理工作。

实施项目：中线高速公路琼中至五指山至乐东项目 QL1 标（琼中至五指山段）、文昌昌洒至铺前滨海旅游公路

具体做法：

1. 公路重点项目建设管理机构履行项目法人职责，负责项目建设管理和监督协调工作。

2. "代建＋监理"实施单位履行项目建设管理法人职责，成立项目代建指挥部，负责一体化实施建设管理和监理工作。代建单位须具备以下条件之一：

（1）同时具有工程设计公路行业（公路）专业甲级及以上资质和交通运输部（原交通部）颁发的公路工程专业甲级监理资质（或其全资下属公司具有交通运输部颁发的公路工程专业甲级监理资质）。

（2）同时具有住房和城乡建设部（原建设部）核发的公路工程施工总承包一级或一级以上资质和交通运输部（原交通部）颁发的公路工程专业甲级监理资质（或其全资下属公司具有交通运输部颁发的公路工程专业甲级监理资质）。

改革试点标段不接受联合体单位参与。

3. 项目代建指挥部配备总工程师办公室、总监理工程师办公室、质量安全部、合约部、财务部、综合办公室及若干驻地监理工程师办公室等部门。各部门按《公路工程施工监理规范》有关规定（除试验检测人员）来配备工程管理人员，并负责"五控制两管理一协调"等工作。

4. 工程的试验检测工作由项目法人通过招标方式选定具有专业能力的检测单位来承担，在相应招标文件中明确检测单位的工作范围和职责，项目建设的试验检测工作全部由检测单位实施，并承担试验检测责任。

5. 项目建设中要优化和完善质量、安全生产、进度、费用、水保环保、合同管理等管理和监理制度，保证管理体系和保障机制的正常运行。一是要结合项目质量、安全、进度、计量、支付、环保和招标管理的目标要求编制符合项目实际情况的《项目管理手册》，建立、健全各项规章管理制度，整合代建、监理管理人力资源，发挥各自管理优势，简化、优化项目管理流程，解决以往代建、监理管理职能交叉、重叠带来的推诿、扯皮问题，提高工作效率；二是突出专业化管理，由独立的中心试验室承担项目所有常规试验检测及标准试验的复核工作，用数据指导施工，用数据为管理决策提供支撑的目标；三是由质量安全部负责事前、事中的工程质量控制工作，重点负责事后工程质量验证工作，使项目质量得到保证；四是深化标准化建设，编制《项目施工标准化技术指南》《项目施工标准化管理文件范本》，针对制度建设、驻地建设、人员配置、现场管理、施工作业等重点环节，具体落实标准化，并开展"标化工地""首件制"等质量管理活动，提升施工标准化水平。

6. 初步设计批复概算中的建设单位管理费和施工图设计批复预算中的工程监理费（扣除中心试验室的相关费用）下浮一定比例后作为代建招标的招标控制价。

7. 项目法人对代建项目实行目标管理，建立相关奖惩机制，根据项目管理目标完成情况，对项目代建单位进行奖惩。

（三）改进传统监理模式

由项目建设管理法人（代建单位）通过公开招标方式选择符合相应资质要求的监理单位，通过合同明确双方职责及责任，监理单位履行合同规定的有限责任并对项目建设管理法人负责。

实施项目：中线高速公路琼中至五指山至乐东项目QL2标（乐东段）

具体做法：

1. 明确监理定位：代建单位作为项目建设管理法人，通过拟定招标文件合同条款，一是明确监理单位不再是独立第三方，而是受项目建设管理法人委托履行合同约定有限责任的服务提供单位，监理单位只需按合同约定对建设管理法人负责；二是明确监理工作的本质属性是"工程咨询服务"，是项目建设管理工作组成部分之一。

2. 厘清各方职权：代建单位在委托监理合同、施工合同、检测合同等合同文件及项目管理相关文件中，将监理、施工、检测单位的工作内容、工作责权利明晰化、具体化，保证项目管理各个环节、各个方面不留空白、不留死角。

3. 监理与检测职能相对分离：监理单位和检测单位均由代建单位通过公开招标选定，在委托监理合同、委托检测合同约定职责范围内独立开展工作。监理单位侧重于事前、事中质量控制，检测单位则侧重事后质量验证。

4. 工作机制和重点：一是在现有《公路工程施工监理规范》基础上，全面修订监理服务内容，明确从施工准备期至项目竣工验收全过程中的监理工作，剔除无效、重复部分，强化必须进行监理的工作内容；二是优化项目管理各项工作流程，制定项目管理工作任务分工和管理职能分工，明确参建各方工作任务；三是科学安排日常监理巡视、旁站工作，大力精简监理人员数量，着力提升监理人员素质；四是合理授权，重点强化监理人员在工程质量、安全管理问题上的话语权、否决权。

5. 完善考核体系：一是建立代建单位对施工、监理、检测等单位的考核管理办法，狠抓人员、设备履约管理，严格人员变更要求和处罚，通过定期考核，强化各参建单位履约意识；二是完善代建单位内部考核体系，结合代建单位内部岗位职责，以项目为导向，通过考评开展奖惩，强化管理人员责任意识，转变管理人员工作作风。其中项目经理侧重目标考核，其余项目管理人员侧重工作态度、工作能力、工作业绩和团队精神方面考核。

6. 改革监理规范和质量评定标准：一是按照"监督质量保证体系为主，

突出程序控制和抽检评定工作，加强巡视、抽检等手段"的原则，调整监理工作内容，制定监理细则，明确监理工作各环节工作内容、方法；二是明确施工单位对工程质量、安全负主体责任，工程质量评定结果与施工单位的信用评价体系挂钩。

7. 项目法人对代建项目实行目标管理，建立相关奖惩机制，根据项目管理目标完成情况，对项目代建单位进行奖惩。

（四）工程奖励与惩罚

1. 工程奖励

代建单位在全面完成合同约定的项目质量、安全、进度、造价、信用评价、环保等方面的管理任务及目标后，如完全具备以下条件：

（1）项目工期控制在计划工期内（不含不可抗力因素引起的工期延长）的；

（2）交工评定合格，竣工综合评定得分大于 90 分的；

（3）决算建安费控制在批复的预算建安费 95% 内，并有节余的；

（4）项目管理过程中，无重大安全事故及责任事故的。

项目法人将对代建单位给予奖励，奖励额度为代建管理服务费的 30%，但不超过决算预算建安费的节余。

2. 工程惩罚

（1）代建单位未按合同约定进行工程招标工作，出现其所属或参股企业参加工程投标的，项目法人扣除代建单位代建管理服务费的 10% 作为违约金。

（2）代建单位违反知识产权保护规定，或者与设计、施工等其他单位串通合谋采取不正当手段提高工程造价谋取非法利益的，项目法人扣除代建单位代建管理服务费的 10% 作为违约金。

（3）代建单位未按投标文件承诺或未经项目法人批准擅自更换派驻主要管理人员，或不按项目法人要求及时撤换不合格主要管理人员的，项目法人对代建单位扣除 50 万元 / 人次的违约金。

代建单位提供的主要管理人员（指代建项目经理、代建项目总工、总监理工程师（针对"代建＋监理"一体化模式）、工程部负责人、合约部负责人、安全生产负责人等）的资质和业绩等材料存在伪造、虚假行为的，项目法人扣除代建单位代建管理服务费的20%作为违约金。

（4）代建单位采取任何形式以本项目工程名义对外进行融资，或以本项目的土地、设施等进行任何形式的抵押、质押和其他形式的担保，项目法人对代建单位扣除履约保函总金额10%的违约金。

（5）代建单位因非项目法人或不可抗力原因未按合同约定期限完成代建工作，每超工期一天项目法人从代建单位代建管理服务费中扣除人民币5000元作为违约金，最高扣除代建管理服务费的10%，逾期超过2个月的，项目法人有权单方面解除合同，由此产生的一切损失由代建单位承担。

（6）若项目发生重大安全生产事故或重大安全生产伤亡事故，项目法人对代建单位扣除不高于人民币20万元/次的安全管理违约金。

（7）若竣工验收工程综合质量评分未达到90分，处以代建管理服务费5%的违约金。

（8）代建单位进度计划完成不达标的：第一次通报批评代建单位；第二次对代建单位现场负责人诫勉谈话，并处10万元人民币违约金；第三次要求代建单位撤换现场负责人，并处20万元人民币违约金；第四次将代建单位列入海南省公路建设市场信用评价"黑名单"，三年期限内禁止承担海南省其他公路项目代建及建设活动，必要时我厅有权责令代建单位退场。

（9）代建单位在代建管理过程，应该预见到可能造成工期延误或工程质量问题的情况而没有预见到，或预见到了但采取的处理方法不当，造成不良后果的，代建单位承担管理不力责任，根据情节，每次按2万至10万元扣除违约金。

四、试点改革主要预期目标成果

本次改革试点工作将形成改革试点总结报告，并结合改革试点经验，初步建立与海南省公路建设实际及现代工程管理相适应的建设管理体系，以有效指导海南省公路建设又好又快发展。

（一）"代建＋监理一体化模式"试点预期目标：一是明确项目建设

管理法人的功能定位、工作职权和主体责任，建立健全责权利相对统一的建设管理法人责任机制，完善相关目标管理、绩效考评、奖惩激励、风险防控和信用评价制度；二是探索项目建设管理法人资格管理，初步建立项目建设管理法人的资格管理制度；三是总结"代建＋监理"一体化模式应用经验，对试点项目进行初步目标评价。

（二）"改进传统监理模式"试点预期目标：一是明确监理定位及职权，调整、完善监理工作机制和工作内容，根据项目管理模式修订公路工程施工监理规范和质量检验评定标准；二是探索建立、完善监理从业人员执业资格管理制度，初步建立监理人员信用评价体系；三是鼓励监理企业转型发展，向建设管理一体化、代建、咨询一体化转型，根据市场需求提供高水平的监理服务。

（三）代建管理配套制度建设预期目标：一是出台《海南省公路建设项目代建制管理办法》；二是拟定公路工程代建单位招标的标准招标文件和代建管理合同范本；三是制定代建制管理流程标准规范文件；四是建立代建制奖惩机制；五是进一步深化施工标准化改革，形成配套实施细则。